本书获教育部人文社会科学研究规划基金项目（项目编号：18YJA880062）资助

高校人文社科成果评价体系

Research on the Achievement Evaluation System of Humanities and Social Sciences in Universities

马永霞　仇�熙　著

社会科学文献出版社
SOCIAL SCIENCES ACADEMIC PRESS (CHINA)

前 言

高校人文社科成果评价与高等教育实践紧密相关，它既是高等教育评价的重要内容，又是对高校人文社科教师科研成果产出质量的全面考察与价值判断。其评价的科学性、合理性、准确性决定人文社科的发展方向，但由于现有评价模式固有的弱弹性弊端，评价过程中不可避免地产生评价偏差与评价风险。近年来，国家相继推出破“四唯”、反“SCI 至上”等改革我国高校人文社科成果评价体系的措施，致力于通过建立科学有效的评价模式实现高校人文社科成果评价的“破立并举”。

鉴于此，本书从人文社科成果评价的基本理论出发，通过梳理国内外高校人文社科成果评价现状，借鉴国内外主流评价方式，结合当前中国的情况，以提升质量及改进学科评价为导向，构建了一套具有动态性、情境调适性、注重成果转化、提升成果质量和降低评价风险等特征的人文社科成果评价体系模型。该模型具有“四个核心环节、两个生命周期、一个闭环体系”的特点。“四个核心环节”是指在成果转化评价、成果质量评价、评价的元评价、评价的风险管理这四个评价维度基础上实现强化与体系重构。“两个生命周期”指该指标体系包含了两个全生命周期循环体系。其一为成果评价的全生命周期，包括七项核心评价要素。其二为风险管理的全生命周期，涵盖了风险管理全过程的三个阶段、四项风控流程。“一个闭环体系”是指构建的新体系要实现成果评价从起始到终止的全生命周期监控，并建立良好的评价监督和预警机制，从而实现对评价全生命周期过程中的潜在风险的监管与防控，保证成果评价的顺利实施。

高校人文社科成果评价的改进与完善是一个重要且需深耕的研究领域，因此本书通过对典型案例的研究分析，从个案研究推导出我国高校人文社科成果评价的一般规律。本书推进了高校人文社科成果评价的理论与方法创新，在对既有评价的反思与改进等方面有诸多探索与思考，不仅丰富了高校人文社科成果评价体系改革的学术理论及视角，也为与人文社科成果评价工作相关的科技、教育和管理等部门提供了案例与参考。并且，本书拟通过对成果质量、研究热点等问题进行深入挖掘，寻找我国高校人文社科成果产出的短板，希望可以提升我国高校人文社科成果评价质量。

第一章阐述了高校人文社科成果评价的重要意义和作用，介绍了高校人文社科成果评价体系的研究进展，分析了我国高校人文社科成果评价体系长期以来存在的问题，初步构建了我国高校人文社科成果评价体系的研究框架。

第二章结合高校人文社科成果转化评价、质量评价、元评价、风险管理四方面的核心板块，梳理了内部化理论、协同理论、双因素理论、元评价理论、绩效评价理论和风险管理理论的内涵、发展及应用，并从定性评价和定量评价两个维度系统阐述了高校人文社科成果评价的主要方法——同行评议法和文献计量法的基本情况及优缺点。

第三章梳理了近年来国内外关于高校人文社科成果评价在转化评价、质量评价、元评价、风险管理等领域的相关研究，并在此基础上，总结和借鉴已有研究成果，提出待完善之处及本书的研究要点。

第四章构建了我国高校人文社科成果评价体系，其内容包括高校人文社科成果评价体系的构建基础、构建要素和构建框架三方面内容。构建基础方面，明确了基本概念，论述了体系构建的必要性和迫切性。构建要素方面，通过选取七项核心评价要素，完整演绎了我国高校人文社科成果评价实施全生命周期“由始至终”的过程。构建框架方面，构建了我国高校人文社科成果综合评价指标体系，并对指标体系进行了信效度检验。

第五章首先深入分析了我国高校人文社科成果转化为教学资源的现状和影响因素。其次，详细介绍了高校人文社科成果转化为智库和政策咨询两种成果形式的演变模式，详细分析了国内外高校智库建设现状，智库与高校人文社科成果转化之间的关系以及智库介入高校人文社科成果转化等内容。

第六章针对高校人文社科科研项目成果的质量评价展开了讨论，确定了项目成果质量高低的判定标准和影响因素。首先，从人文社科学术论文质量和学术论文影响力两个维度构建了高校人文社科成果质量评价指标体系。其次，设计了高校人文社科成果质量的测度公式，并结合同行评议的结果对该公式的合理性和适用性进行验证。最后，开展了关于高校人文社科项目成果质量影响因素的质性分析，并在此基础上得出相应的研究结论。

第七章，首先，基于我国高校人文社科成果评价中存在的“难评、错评、漏评”等现实问题，以评价全生命周期为视角切入点，选取我国高校人文社科学术领域内影响力最大、示范效应最强、覆盖面最广的国家社科基金（简称“国社科”）年度项目成果评价为对象，构建了“一个闭环、两个周期、三个主体”的元评价研究框架，设计了国社科成果评价全生命周期的元评价体系，为国社科成果评价的元评价分析奠定基础。其次，在元评价框架的基础上，对我国高校人文社科成果评价全生命周期的六要素进行了基于实用性、可行性、适当性、准确性四维度的元评价应用分析，为既有成果评价的纠偏及评价风险管理奠定基础。

第八章以国社科成果评价为对象，根据元评价案例分析得出的结论，综合运用全生命周期理论及风险管理理论，梳理了国社科成果评价中的风险源，构建了国社科成果评价全生命周期风险管理模型，形成对国社科成果评价全过程的实时监控，保证最大限度地实现高校人文社科成果评价的既定目标。

本书由马永霞教授和仇[illegible]熙共同执笔。陈家旺、施翰、陈旖旎、谢梓聪等参与了部分章节的课题研究及撰写工作。马聪颖、包泽天、顾闻达、何静、田男、张波等同学参与了部分资料的整理及搜集工作。

本书的研究工作得到了教育部人文社会科学研究规划基金项目（项目编号：18YJA880062）的资助，在此表示衷心的感谢！希望本书的分析与探讨，能为我国高校人文社科成果评价理论的丰富与评价实践的完善做出微薄的贡献。

在本书付梓之际，特别感谢对本书研究工作给予指导和帮助的同行专家及职能管理部门人员，尤其要对社会科学文献出版社的编审老师在本书出版工作中所提出的修改建议和付出的辛勤劳动表示衷心的感谢！由于时间仓促，加之作者水平有限，本书如有不当之处，真诚希望各位专家和读者予以批评和指正。

目　录

第一章
绪　论

高校人文社科成果评价与高等教育实践紧密相关，它既是高等教育评价的重要内容，又是对高校人文社科教师科研成果产出质量的全面考察与价值判断。高校人文社科自诞生伊始，便肩负着救亡图存、兴学图强、探求真理之重任，与国家和民族的命运紧密相连。构建具有中国特色、高校风格以及世界一流的高校人文社科成果评价体系，不仅有利于进一步深入贯彻习近平总书记重要指示精神和党中央决策部署，落实立德树人根本任务，也有利于加快“双一流”学科建设步伐，推动高校人文社科繁荣发展，服务国家重大战略和满足经济社会发展需求。总体而言，构建高校人文社科成果评价体系主要基于以下三方面的推动。

第一，高校人文社科成果评价的价值性应运而生。高校人文社科成果转化评价不仅是对国家创新驱动发展战略的积极响应，也是成果评价价值性的具体体现，且具备良好的外部政策环境。如 2016 年，国务院办公厅印发《促进科技成果转移转化行动方案》、教育部与科技部发布《教育部 科技部关于加强高等学校科技成果转移转化工作的若干意见》、教育部办公厅印发《促进高等学校科技成果转移转化行动计划》等。同时，高校人文社科成果的转化是驱动社会进步发展的重要动力。高校作为人文社科学术成果的主要来源地，促进其进行转化应作为高校人文社科研究工作的目标与重点。

第二，高校人文社科成果评价的导向性日益凸显。成果评价体系是高校人文社科科研发展的风向标，健全的成果评价体系是引导高校人文社科类学科良性发展的基石。近年来，国家颁布了一系列政策及文件引导高校人文社科成果评价的改革。如 2015 年国务院印发《统筹推进世界一流大学和一流学科建设总体方案》、2018 年国务院办公厅印发《关于深化项目评审、人才评价、机构评估改革的意见》、2020 年教育部和科技部联合发布《关于规范高等学校 SCI 论文相关指标使用　树立正确评价导向的若干意见》等。因此，建立兼顾中国情境及高校人文社科特质的成果评价体系，有侧重地引导我国高校人文社科朝着“一流”方向发展，是新时期人文社科建设的必然要求。

第三，高校人文社科成果评价的转型任务迫在眉睫。我国高校人文社科科研成果评价的研究重心在近年来发生了重大转变，即评价理念由初期的重视评价发展为现阶段的反观评价，研究内容从评价体系的构建演变为对现有成果评价的元评价。“十三五”以来，各利益主体对成果评价方式的争议较大，评价中存在的问题及改革诉求凸显，引发了各部委及各高校对既有评价体系局限性和科学性的思考及再审视，如相继颁布和推行破“四唯”、破除论文“SCI 至上”等相关文件和措施，并提出逐步建立评价反馈与监控体系的理念。

在此背景下，本书从人文社科成果评价的基本理论出发，梳理了国内外高校人文社科成果评价现状，构建了具有动态性、情境调适性、注重成果转化、提升成果质量和降低评价风险等特征的人文社科成果评价新体系，并对评价体系的四个核心环节展开了系统评价。此项研究不仅丰富了高校人文社科成果评价体系改革的学术理论及视角，也为与人文社科成果评价工作相关的科技、教育和管理等部门的工作提供了案例与参考。

第一节　高校人文社科成果评价体系的研究意义

本书通过构建具有动态性、情境调适性、注重成果转化、提升科研质量和降低评价风险等特征的人文社科成果评价新体系，力求解决我国高校人文社科成果评价体系现存的问题，从而归正学科评价导向。该研究具有重要的理论意义和现实意义。

一　理论意义

在理论价值上，构建新的成果评价体系不仅响应了国家政策导向，也顺应了人文社科成果评价发展的时代潮流与趋势。在当前全面建设“双一流”的关键时期，人文社科与自然科学具有同等重要的地位。而何谓“一流”的人文社科？这一问题涉及评价体系的建立。人文社科要解决明确社会前进方向、把握发展全局的问题，要在坚持中国特色的同时有批判、有选择地对标国际，才能在国际上有所“发声”，讲好中国故事，赢得话语权。这要求我们在立足本国实际的前提下，开门搞研究，批判性地借鉴英美等教育强国在成果评价体系方面的理论与经验，洋为中用地融通国外人文社科评价体系构建的成功经验。

二　现实意义

实际应用上，评价体系构建的探索研究可为与人文社科成果评价工作相关的科技、教育和管理等部门的工作提供案例与参考。国部级层面上，人文社科成果评价是以科研项目的成果鉴定或奖励申报鉴定为形式开展的，这与我国在科技计划中实行课题制管理有关。一方面，大部分人文社科成果是在国家或地方资助的基金项目研究中取得，因此，整体绩效的评价方式具有一定的针对性和高效性。另一方面，非项目成果或研究周期较长成果的评价成了盲区。高校层面上，各院校根据自身科研管理及绩效考评需求，独立设定成果评价指标及权重，然而大部分院校评价体系却流于考评形式化、定量化，质量标准参差不齐。人文社科不同于自然科学，其研究成果具有隐性特征，而目前国内人文社科评价体系不合理且缺乏监控机制的现状，不仅造成人文社科研究“重数量，轻质量”的价值导向，而且导致我国人文社科成果与经济社会发展需求相脱节。因此，通过反观高校人文社科成果评价体系的现状与不足，建立起多维度、全过程的高校人文社科成果评价体系，对避免评价碎片化、主观化具有重要意义。

第二节　高校人文社科成果评价体系的研究进展

在评价理念转型的大背景下，学界对人文社科成果评价的研究之风日盛。实践中，人文社科成果的范畴界定与分类方法众多。按照成果产出的阶段，可分为阶段性成果及最终成果两类，但二者之间存在成果形式的交集，比如阶段性成果与最终成果均包含学术论文、研究报告等成果形式；

按照成果性质的类型划分，一般分为基础型研究和应用型研究两类；按学科层面分类，又分为人文学科与社会学科[①]。然而其成果无论以何种分类方式界定，学界对人文社科成果评价的研究不外乎三种，即评价理论的研究、评价内容的研究和评价方式的研究。

一 关于评价理论的研究

绩效评价是人文社科成果评价的主要实现形式。早在 1998 年，Beamon 就提出，任何企业都要通过制定适用于自身的绩效管理模式来保证运营与协调发展[②]。随着各国科研管理的兴起，绩效管理的研究及理论成果被广泛运用于科研评价的多个方面。美国是最早开展科研绩效评价的国家，而英国政府推行的 REF 模式在注重绩效的前提下，更加强化了成果的质量导向。

近年来，各国科研评价研究表现出以下共性。第一，以绩效评价为主要理念。多数国家（包含我国）的科研评价基本都以政府为主体或者具有政府背景，以项目制为主要形式，因此对基础研究的资助及考核依赖于整体绩效评价，通过对投入产出的测算来实现管理。第二，成果评价是科研绩效评价的主要内容[③]。在美、德、英、法等科研强国的科研评价中，成果质量及创新成果的评价均是科研评价体系中的主要内容，占较高权重。事实上，绩效评价是科研评价的主要实现形式，而成果评价则是科研绩效评价的主要内容。

二 关于评价内容的研究

评价内容是评价体系的核心。人文社科成果的形式主要体现为学术论文、学术专著和学术研究报告三类。因此，对人文社科成果评价内容的研究也主要集中于对这三种成果载体的单一评价或综合评价。针对三种不同成果形式的评价方法各自有别。目前而言，我国现有的人文社科评价体系内容仅基于某一特定的科研项目成果或教师绩效来开展考评，

---

① 刘大椿等：《人文社会科学研究成果评价体系研究》，经济科学出版社，2009。

② B. M. Beamon, "Supply Chain Design and Analysis: Models and Methods," *International Journal of Production Economics*, 1998, 55 (3): 281 - 294.

③ 马恩斯等：《比较研究下高校科技评价指标的优化》，《中国高校科技》2019 年第 10 期。

缺乏对成果的整体考量，但近年来“多维度”评价理念的研究也初现端倪。

三 关于评价方式的研究

人文社科成果的评价方式一般分为三类，分别为以同行评议为主的定性评价、以指标计量为主的定量评价和定性与定量相结合的综合评价。其中，同行评议是国际上通用的评价人文社科科研成果的经典做法。但随着图情学（图书馆、情报与文献学）和文献计量学的发展，围绕哪种方法在人文社科成果评价中占主体地位这一问题，指标计量与同行评议开始处于争论及博弈状态，博弈的三种状态形成了人文社科成果评价的三类方式。首先是以同行评议为主的定性评价研究，该方法是人文社科领域认同度较高的一种评价方法，由 Merton 在 20 世纪六七十年代于《科学社会学》一书中首次提出①。这是同行评议的雏形和基础，之后对同行评议的研究都是基于“默顿学派”的理论进行的拓展。其次是以指标计量为主的定量评价研究，而人文社科成果定量评价方式主要有两种：其一是根据指标因子及权重实现量化评级；其二是依据绩效管理理论对被评价单元进行绩效考核，其中数据包络分析（DEA）法最为经典和实用。最后是定性与定量相结合的综合评价研究，该评价方法是近年的研究热点。

第三节 高校人文社科成果评价体系存在的问题

然而，由于实际开展评价过程中存在的现实问题日益凸显，我国高校人文社科成果评价体系长期存在争议，主要体现在以下四方面。

一是高校人文社科成果的特殊属性导致“评价困难”。人文社科的科研成果与自然科学成果在一定程度上具有异质性差别。不同于自然科学成果产出的显性社会效益属性，人文社科研究的成果大多具有隐形特质，成果产出周期较长，短时间内难以显现出成果价值，且更具复杂性和社会性。因此，在对高校人文社科科研成果进行评价时，必须充分考虑到学科特质与本质属性，采用区别于自然科学成果评鉴的方式，才能最大限度地

---

① 〔美〕R. K. 默顿：《科学社会学——理论与经验研究》，鲁旭东等译，商务印书馆，2009。

摘选出精品的人文社科成果①。

二是高校人文社科成果评价体系不合理造成“评价失真”。现有的人文社科成果评价体系缺乏完整性，成果界定范围较为狭隘，评价不具备“双一流”建设情境适用性，尤其是仅基于项目鉴定或绩效考核的碎片化评价模式势必会导致评价结果游离于成果实际价值之外。

三是高校人文社科成果评价方式不合理引起“评价缺陷”。我国高校人文社科成果评价属于绩效评价范畴，职能部门作为评价的主体方仅负责对科研项目执行情况的绩效考核，缺乏针对评价全过程的反馈机制。另外，各高校仅限于绩效考核的评价方式也会造成高校人文社科教师“重数量，轻质量”的价值导向，进而导致我国高校人文社科成果与经济社会发展需求相脱节，违背了“做少一点，做好一点”的朴素原则。

四是高校人文社科成果评价缺乏监控机制导致“评价偏差”。人文社科成果评价属于科研评价的子领域。纵观世界各国的科研评价，无论哪一类的评价体系都不可避免地存在评价偏差，这是由评价理念与评价客体实际情况之间存在的信息不对称所引发的。同理，高校人文社科成果评价也存在不同程度的评价失真现象，而监控机制的缺失又使得既有评价偏差难以被及时发现和纠正。

因此，在正确把握学科特点，摸清高校人文社科成果产出规律的基础上，把脉与反思现有高校人文社科成果评价体系，对促进评价体系的改进与提升具有重要意义。

第四节　高校人文社科成果评价体系的研究框架

本书通过借鉴国内外主流评价方式，结合当前中国情境，以提升质量及改进学科评价为导向，构建了一套具有中国特色的高校人文社科成果评价体系模型。该模型具有“四个核心环节、两个生命周期、一个闭环体系”的特点。“四个核心环节”是指在成果转化评价、成果质量评价、成果评价的元评价、成果评价的风险管理这四个评价维度上实现强化与体系

① 蒋玲、杨红艳：《大数据时代人文社科成果评价变革探析》，《情报资料工作》2015 年第 3 期。

重构。“两个生命周期”指该指标体系包含了两个全生命周期循环体系。其一为成果评价的全生命周期，包括七项核心评价要素。其二为风险管理的全生命周期，涵盖了风险管理全过程的三个阶段、四项风控流程。“一个闭环体系”指构建的新体系实现成果评价从起始到终止的全生命周期监控，在既有评价、元评价、风险管理三者之间形成闭环反馈系统，并建立良好的评价监督和预警机制，从而有效应对评价全生命周期过程中的潜在风险，保证成果评价的顺利实施。

本书正文除绪论外，共分七章。第一部分为理论基础篇，介绍了高校人文社科成果评价的基本理论与主要方法，并梳理了高校人文社科成果评价的国内外相关研究，包含第二章、第三章；第二部分为指标构建篇，完整构建了高校人文社科成果评价指标体系，包含第四章；第三部分为指标评价篇，为本书的核心内容，对高校人文社科成果评价体系的四个核心环节系统地开展了评价，分别为成果转化评价、成果质量评价、成果评价的元评价、成果评价的风险管理，包含第五章、第六章、第七章、第八章。

1. 第一部分：理论基础篇

第二章为高校人文社科成果评价的基本理论与主要方法。结合研究主题，本章以内部化理论、协同理论、双因素理论、元评价理论、绩效评价理论和风险管理理论这六个理论为基础，尝试构建高校人文社科成果评价的理论体系，并简要分析了各个理论的内涵、发展及应用。此外，还系统阐述了人文社科成果评价的主要代表性方法——同行评议法和文献计量法。

第三章为高校人文社科成果评价现状研究。主要从高校人文社科成果的转化评价、质量评价、元评价和风险管理这四方面进行国内外的相关文献梳理。通过回顾已有的研究内容和指出现有文献的不足，明确了本书的创新点和后续开展研究的方向。

2. 第二部分：指标构建篇

第四章为高校人文社科成果评价体系构建。本章主要包括高校人文社科成果评价体系的构建基础、构建要素和构建框架三方面内容。构建基础方面，主要论述了体系构建源于现实背景的推动，并明确了构建人文社科成果评价体系的重要理论意义和实际意义。构建要素方面，选取七项核心评价要素。这七项要素的设置和建构完整地演绎了高校人文社科成果评价实施全生命周期“由始至终”的过程。构建框架方面，完整构建了高校人文社科成果综合评价指标体系，并对指标体系进行了信效度检验。

3. 第三部分：指标评价篇

第五章为高校人文社科成果的转化评价。主要包括对高校人文社科成果转化为教学资源、智库和政府决策咨询的评价。第一部分深入分析了成果转化为教学资源的现状和影响因素。通过将十个慕课案例内容的编码结果与其对应主讲教师的近二十年研究成果的可视化结果进行逆向比对得出转化比例，并将案例结果与专家访谈结论相结合，得出研究结论。再通过对十五位高校教师展开深度访谈，三级编码处理访谈文本，阐释各因素间的关系以构建影响因素模型。第二部分详细论述了成果转化为智库和政府决策咨询这两种形式，分别介绍了国内外高校智库建设现状，智库与高校社科成果转化之间的关系以及智库介入高校人文社科成果转化等内容。

第六章为高校人文社科成果的质量评价。该章针对高校人文社科成果的质量评价展开讨论，核心在于评价成果质量高低的标准和影响因素。首先，从人文社科学术论文质量和学术论文影响力两个维度构建高校人文社科成果质量评价指标体系。其次，设计高校人文社科成果质量的测度公式，以期评出真正高质量的科研成果，并结合同行评议的结果对该公式的合理性和适用性进行验证。最后，开展关于高校人文社科成果质量影响因素的质性分析，并在此基础上得出相应的研究结论。

第七章为高校人文社科成果评价的元评价。该章以国家社科基金（以下简称“国社科”）年度项目成果评价为案例，构建了“一个闭环、两个周期、三个主体”的元评价研究框架，设计了国社科成果评价全生命周期的元评价体系，为国社科成果评价的元评价分析奠定了基础。另外，在元评价框架的基础上，以国社科成果评价为案例，开展了基于全生命周期的成果元评价分析。最后，从元评价的内部视角及外部视角出发，对高校人文社科成果评价全生命周期的六要素进行了实用性、可行性、适当性、准确性四维度的元评价应用分析，为既有成果评价的纠偏及评价风险管理奠定基础。

第八章为高校人文社科成果评价的风险管理。该章以国社科成果评价为对象，基于元评价案例分析得出的结论，梳理国社科成果评价中的风险源，构建了国社科成果评价全生命周期风险管理模型，形成对国社科成果评价全过程的适时监控，以保证最大限度地实现成果评价的既定目标。

第二章
高校人文社科成果评价的基本理论与主要方法

本章结合高校人文社科成果转化评价、质量评价、元评价、风险管理四方面的研究内容，梳理了内部化理论、协同理论、双因素理论、元评价理论、绩效评价理论和风险管理理论这六个理论的内涵、发展及应用。此外，本章还从定性评价和定量评价两个维度系统阐述高校人文社科成果评价的主要方法——同行评议法和文献计量法的基本情况及优缺点。

第一节　高校人文社科成果评价的基本理论

一　内部化理论

（一）理论内涵

内部化理论强调企业通过内部组织体系以较低成本在内部转移该优势的能力，并把这种能力当作企业对外直接投资的真正动因。在市场不完全的情况下，企业为了谋求整体利润的最大化，倾向于将中间产品特别是知识产品在企业内部进行转让，以内部市场来代替外部市场[①]。

内部化理论的两个前提假设是企业利润最大化和不完全市场。一方面，当企业认为市场的不完全性使其参加外部市场交易的成本和风险上升时，它便会创造内部市场来降低交易成本和风险，即以企业的内部市场代替外部市

---

① P. J. Buckley, M. Casson, "The Internalization Theory of the Multinational Enterprise: Past, Present and Future," *British Journal of Management*, 2020, 31 (2): 239-252.

场；另一方面，市场的不完全性或垄断因素是企业转向内部化的直接动因，其提到的市场不完全性主要是指中间产品市场，中间产品市场中的一类是知识密集型的中间产品，如技术、信息、经验、营销技巧等无形产品。

（二）理论发展

1937 年科斯（Coase）在《企业的性质》一文中提出，要成立一种组织，即企业，来降低市场运行中因资源配置不合理产生的交易成本，其产生过程被称为“内部化”，而科斯以交易成本为中心的这一理论则被称为科斯定理，是内部化理论的起源与基础[①]。内部化理论以市场的不完全性为前提。1960 年，海默提出了国际直接投资理论，该理论将跨国公司的投资行为与市场的不完全性相结合，也为内部化理论的形成与发展提供了理论基础。

1976 年，英国雷丁大学学者 Buckley 和 Casson 在《跨国公司的未来》一书中首次提出了内部化理论。他们认为，在外部市场中进行交易不仅困难而且成本高昂，所以企业更愿意将这一过程放在公司内部进行以达到降低交易成本的目的[②]。1981 年，Rugman 在《跨国公司的内幕》一书中又对内部化理论进行了进一步的阐述与发展。

近几十年来，学者们结合大环境的变化，对内部化理论不断进行完善和发展，研究着眼点从微观扩展到宏观，不仅关注企业本身，也关注跨国公司的母国和东道国对企业行为的影响；不仅关注发达国家，也逐渐开始关注中国、印度等发展中国家，内部化理论不断走向完善与成熟。

（三）理论应用

内部化理论最初用来解释外商直接投资（FDI）的产业间模式，“如果在某个地方国际资源配置的内部化方式要比市场交易成本低，就会出现跨国企业，内部化有助于跨国企业将其拥有的特殊优势内部化”[③]。后来内部化理论逐渐从企业层面扩展到行业层面[④]：由多个企业组成的全球性行业，

---

① 转引自许劲等《内部化理论起源、特征与发展的研究述评》，《经济研究导刊》2020 年第 17 期。

② P. J. Buckley，M. Casson，*The Future of the Multinational Enterprise*，London：Homes and Meier Press，1976.

③ 〔英〕尼尔·胡德、〔英〕斯蒂芬·扬：《跨国企业经济学》，叶刚等译，经济科学出版社，1990。

④ M. Casson，L. Wadeson Porter，“Internalization Theory：An Unfinished Agenda，” *International Business Review*，2016，25（6）：1223－1234.

它们会通过许可、分包等形式进行合作，但也会争夺市场份额。在行业内部，竞争决定了企业的数量，而内部化决定了企业之间的界限。

近年来，内部化理论逐渐被应用到对人文社科成果转化为教学资源这一问题的思考中来，具体逻辑表现为：首先，对于高校人文社科成果，人们的目标是对其进行最大化利用和转化；其次，由于人文社科成果的特殊性，其外部直接生产力转化效率过低时，高校就会产生内部化的动力，即将人文社科成果转化为教学资源；最后，高校是否进行人文社科成果内部化取决于内部化的预期成本和预期收益的比较，成本和收益不对等则会导致内部化难以开展，这为人文社科成果转化为教学资源的现状、对策及未来趋势提供了理论支撑。

二 协同理论

（一）理论内涵

协同理论最早于20世纪70年代由德国著名物理学家Haken提出，属于系统科学中的一个分支，即协同理论是基于系统论的观点产生的，又称“协同学”。协同理论的基本观点是将研究对象看作由多个子系统组成的复杂而开放的系统，通过各子系统间的相互制约和协作及其与外界环节的物质、信息交换，推动复杂系统在时空上逐渐由无序状态转变至有序状态，形成新结构或产生整体的协同效应①，该理论主要包括伺服原理、自组织原理和协同效应三大部分。

（二）理论发展

协同理论是1970年开始兴起的现代科学学科，在系统理论、控制理论和信息理论的基础上不断地发展。继Haken的《协同学：一门协作的科学》之后发表的《协同学导论》《高等协同学》，是协同学走向成熟的重要标志。Haken从协同学的视角出发，在《协同学——大自然构成的奥秘》中对多个学科（物理学、生物学、社会学、舆论学等）的协同现象进行了分析，至此协同学成为一门边缘性学科。协同理论的发展与很多学科密切关联，并逐渐形成了自己的跨学科研究框架，具有普适性。

① 刘晶晶：《基于协同理论的高职教育产教融合机制及优化策略研究》，硕士学位论文，华中师范大学，2019。

（三）理论应用

高校人文社科成果转化为教学资源是政府、高校、教师和学生相互协同合作、相互支配以及组织与反馈，共同促进各个环节的顺利运转才得以实现的。高校人文社科成果转化为教学资源的过程具有明显的协同特征，原因如下：一是笔者发现高校人文社科成果转化为教学资源主要是由内部因素决定的，当内部各个子系统能够为实现共同发展目标而高度协作时，高校人文社科成果才能实现有效转化，这符合协同理论的目标性特征；二是高校人文社科成果转化为教学资源还需要依靠外部环境因素发挥促进作用，需要不断与外部环境进行物质、信息等方面的协调与交换，故符合协同理论的系统开放性特征；三是当内部子系统与外部环境因素共同作用、相互促进时才能使转化最优化，实现一加一大于二的效果，这满足了协同理论提出的实现大于各子系统功能简单相加的协同效益的最终目标的要求，即符合其整体性特征。因此，协同理论有利于更加客观辩证地分析高校人文社科成果转化为教学资源的过程与现状，且为后续分析高校人文社科成果转化为教学资源的影响因素提供了内外部视角，进而能帮助研究人员从更客观全面的角度提出对策建议。

三　双因素理论

（一）理论内涵

双因素理论亦被称为双因素激励理论，有时也叫激励保健理论，是由美国著名的心理学家和行为科学家 Herzberg 提出的一种管理理论。该理论的提出打破了人们原有的通常认知，即增加工资就能提高员工的工作积极性。Herzberg 通过调查分析发现，在企业管理中，影响员工工作积极性的因素可以归为两类：一类是保健因素，另一类是激励因素。保健因素大多与工作环境和工作条件有关，它的改善可以平息职工的不满，但不能直接起到激励作用；激励因素主要与工作内容和工作本身有关，它的欠缺不会导致员工的不满，而其改善却可以使职工获得满足感，产生强大而持久的激励作用①。

① 刘洪伟、和金生：《“双因素”理论——一个具有普遍性的管理问题》，《天津大学学报》（人文社科版）2003 年第 2 期。

（二）理论发展

双因素理论的正式提出是在 Herzberg 的《工作与人性》这本书中。Herzberg 是美国著名的心理学家，曾在世界上数十个国家从事管理和咨询工作。19 世纪 50 年代末，他和他的团队在美国匹兹堡地区对 11 个不同行业的从业人员进行调查研究，询问他们影响工作满意度的因素以及这些因素持续影响满意度的时间，这些人员都是各个行业典型的技术工作人员，包括工程师和会计人员。通过对调查结果分类整理分析，发现影响员工工作满意度的因素可以分为两类，即"内在因素"与"外在因素"，如工资待遇、企业组织的管理方式、企业组织的工作环境、员工间的人际关系、上级的领导方式等。这些因素并不能激发员工工作的积极性和热情，但当这些因素不能达到标准时却会让员工感到不满意，这类因素被称为保健因素。而其他的一些因素如个人成就感、能否得到赏识、工作是否有挑战性以激发员工更强的动力、是否影响个人的职业生涯发展等令人感到满意时，员工的工作积极性则会得到极大提高，这类因素被称为激励因素。双因素理论可以帮助企业和管理机构制定合理的激励制度，促进组织和员工的发展。

1986 年我国学者吴增基对双因素理论进行了验证，他认为 Herzberg 团队的调查对象都是技术工人，那么该理论对企业的普通员工是否适用呢？他通过调查发现 Herzberg 所谓"满意的对立面不是不满意"的论断是合理的，但并不完全符合职工群众的实际情况①。随着时代的发展和人们认知能力的提高，人们逐渐认识到双因素理论也存在缺陷，如样本数量少、保健因素与激励因素是相互联系的、有些因素的作用是重叠的，因此相关研究也在逐步推动该理论走向完善。

（三）理论应用

双因素理论的应用以人为中心，主要集中在组织人员管理方面。在应用时既要重视保健因素也要重视激励因素，保健因素是根本，激励因素则关乎员工的成长和发展，两种因素缺一不可。在我国，双因素理论常用于事业单位员工的激励，为处理员工职业倦怠、提高工作绩效、建设干部人

---

① 吴增基：《"双因素理论"考证》，《管理现代化》1986 年第 3 期。

才队伍等方面的问题提供了理论基础和解决思路。例如，杨海燕和姚中源使用双因素理论研究农村小学教师职业倦怠现象，发现保健因素和激励因素与职业倦怠呈显著负相关，在相同条件下，激励因素对于降低农村小学教师职业倦怠水平、提高教师工作积极性的作用要高于保健因素，验证了双因素理论在我国的适用性①。卞辉和顾笑使用双因素理论研究大学生村官的工作积极性和工作效率，并提出相关对策建议：在保健因素方面，应加强社会交往与人际沟通，改善工作环境和生活条件，提高薪资水平和福利待遇；在激励因素方面，应健全奖惩和绩效制度，建立科学合理的晋升机制，明确角色定位和工作职责②。

借用双因素理论的思路，高校人文社科成果的形成和质量也受多种因素的影响，因此我们不仅要全方位评价高校人文社科成果，讨论其价值，而且要深入挖掘形成高质量成果的诸多因素，如保健因素和激励因素等。在此理论基础上，高校也可以通过提高科研人员的工作积极性，推动科研人员的成长和发展等方式，更好地促进高校人文社科高质量成果的产出。

四　元评价理论

（一）理论内涵

元评价是指按照一定的理论框架和评价标准对原有评价体系本身进行的再评价，这一概念是由美国学者 Scriven 于 1969 年在描述一项针对教育质量进行评鉴的评价项目时提出的③，是“对评价活动、评价系统或者评价工具的评价”，其最早应用于对教育的质量评估中，适用于对教育质量评价项目开展再评价。国内也有部分学者将其译作“元评估”“再评估”。它可以通过内部或外部人力资源来完成④，可用来评价单个评价或多个评价的质量。

---

① 杨海燕、姚中源：《农村小学教师职业倦怠原因及对策研究——基于双因素理论对 HGY 学区的案例分析》，《中国人民大学教育学刊》2018 年第 2 期。

② 卞辉、顾笑：《基于双因素理论的新时代大学生村官激励机制研究》，《甘肃农业》2021 年第 3 期。

③ M. Scriven, “An Introduction to Metaevaluation,” *Educational Product Report*, 1969, (2): 36 - 38.

④ F. L. Leeuw, L. J. Cooksy, “Evaluating the Performance of Development Agencies: The Role of Metaevaluations,” *World Bank Series on Evaluation and Development*, 2005, 7: 95 - 108.

（二）理论发展

早期的元评价研究侧重抽象概念及理论层面，多数侧重对已有评价结果的回顾与判断，也可称为总结性元评价。元评价理论的发展经历了从抽象到具体、从狭义到广义的演变。元评价思想的雏形由英国著名“元科学”研究者 Bernal 于 1939 年提出。其在《科学的社会功能》一书中提到，只有对已有的学问研究开展再研究，才能形成对原有意识的整体性反思，从而冲破自身局限性①。元科学的思维逐渐从自然学科领域扩展到人文社科领域。1969 年，Scriven 在 Bernal 的基础上首次使用了“元评价”一词，并将其定义为“对评价活动、评价系统或者评价工具的评价”②，其适用于教育质量评价项目的再评价工作。1974 年，由美国三个教育评估机构组成的美国教育评估标准联合委员会（Joint Committee on Standards for Educational Evaluation，JCSEE）出版了《教育和心理测验标准》，随后作为 JCSEE 主席的 Stufflebeam 又将元评价的理念提炼为对原有评价体系“实用性、可行性、适当性、准确性”四维度的评价③。

（三）理论应用

科研评价专业化的兴起引发了对评价质量的诉求，促进了元评价理论在科研评价中的应用。元评价是既有科研评价的循环与逻辑起点，对已有科研评价开展元评价，可以回答以下问题：是否实现了对科研项目绩效管理的目标？与原定目标的偏离点在何处，原因何在，在未来的评价活动中应该如何避免？这些问题背后各自有行为偏差产生的责任主体，而整个元评价的过程，实际就是一个自省与问责的过程。问责的最终诉求不是追责，而是以评促建，通过改进评价模式提升成果质量。

科研元评价理论的发展与运用也为高校人文社科成果元评价研究提供了坚实的理论依据。任何评价都需要开展元评价来反观其内在问题，从而实现对原有体系的修正与纠偏，高校人文社科的成果评价体系也不例外，

---

① ［英］J. D. 贝尔纳：《科学的社会功能》，陈体芳译，商务印书馆，1982。

② M. Scriven et al.，“Patterns of Condom Acquisition by Condom-Using Men in the United States，” *AIDS Patient Care and STDs*，2010，24（7）：429－433.

③ D. L. Stufflebeam，G. F. Madaus，M. Scriven，*Evaluation Models：Viewpoints on Educational and Human Services Evaluation*，Boston：Kluwer Academic Publishers，2000.

其从属于科研评价的一个专属性子领域。由于人文社科成果区别于自然科学成果的特质性，相应的评价体系不可混为一谈，更不能共用或是照搬相对较为成熟的自然科学成果评价体系。借助元评价理论及研究方法，可以对现有高校人文社科成果评价体系的优缺点进行探讨，构建更符合人文社科成果鲜明特点的评价体系，以期为相关研究提供一套成果评价的元评价指标体系，促进元评价理论在科研评价中的发展。

五　绩效评价理论

（一）理论内涵

绩效评价理论是由绩效理论演变而来的。所谓绩效是指组织运营中所取得的效益及成果等，它有多种表现形式，具体包括工作效率、取得成果的质量和数量以及工作效益三个方面[①]。而绩效评价则是通过对组织运营效率的综合评判，实现经济效益提升的目的[②]。国内外学者对绩效评价概念的解释大致分为以下两种：第一种，将绩效评价分解为结果和行为两部分。其中“绩”偏向主体发出的行为，而“效”偏向由主体行为所产生的结果。通过研究组织内部“绩”与“效”的总体业绩给出评价结果[③]。第二种，从投入产出的视角评价取得的业绩及效益，即投入产出比。

（二）理论发展

绩效评价理论的发展呈现由抽象走向具体化的趋势。复式记账法是西方绩效管理理念的发展源头。20 世纪 30 年代，美国部分企业开始尝试对企业运营管理进行绩效评价，这是绩效评价理论实践化的体现。随着绩效评估的发展，人们开始将其当作一种信息测量工具，以期在组织管理中有效使用。Farl 在 1957 年引入了基于经济理论的效益评估方法，并将其应用到对美国农业效率的评价中，但由于测量上存在局限性，并没有起到很好的作用。直到 1977 年随机前沿生产函数（SFA）和 1978 年数据包络分析

---

① 王建军：《论高校教师评价中绩效管理理论的应用》，硕士学位论文，华南师范大学，2004。

② 周云、刘沃野、王建华等：《西方绩效评价理论的发展综述》，《价值工程》2012 年第 22 期。

③ P. Folan，J. Browne，“A Review of Performance Measurement：Towards Performance Management，” *Computers in Industry*，2005，56：663 – 680.

（DEA）法的提出和应用，基于 Farl 定义的绩效的实际测量才得以实现[①]，绩效评价理论的发展也更加具体化。

1981 年 Newman 等提出针对绩效管理的绩效考核模式[②]。此后绩效管理模式大致经历了成本绩效、配置绩效、综合绩效三个阶段。绩效评价方式从初期的以主观评价为主发展为以构建评价指标体系为主[③]。同时，绩效评价的对象也实现了扩展[④]，突破早期仅针对业绩的考评方式，将环境、规模收益、企业供应全链条等因素纳入考评[⑤]。在科技成果绩效考评中，Chakrabarti 在研究中将科技评价指标分为文献类、专家意见类和调查类三类[⑥]。

到 90 年代中后期绩效评估在各学科的应用发展达到顶峰，仅在1994 ~ 1996 年就有 3615 篇关于绩效评估的文章发表，美国每两周就有一本相关书籍出版。Kaufmann 将知识转化这一要素纳入科技成果转化绩效的测评体系中考虑，量化科技成果转化过程中知识的转化效果[⑦]。O'Shea 等从资源、制度、金融、资本和知识等方面进行科技成果绩效转化[⑧]。Eric 考察了在计量经济学方法下选取环境因素作为指标对绩效评价结果的影响[⑨]。近年来，组织绩效评估具体包括平衡计分法、层次分析法、模糊综合分析法、

---

① A. Azar, A. K. Nozari, "Performance Appraisal of Iranian Municipalities by DEA Method," *International Journal of Management, Accounting & Economics*, 2015, 2 (9): 945 - 966.

② J. Newman et al., "Performance Appraisal on the Line," *Industrial & Labor Relations Review*, 1981, 36 (4): 691.

③ R. L. Holbrook, "Contact Points and Flash Points: Conceptualizing the Use of Justice Mechanisms in the Performance Appraisal Interview," *Human Resource Management Review*, 2002, 12 (1): 101 - 123.

④ M. Ikramullah, J. W. V. Prooijen, M. Z. Iqbal et al., "Effectiveness of Performance Appraisal: Developing a Conceptual Framework Using Competing Values Approach," *Personnel Review*, 2016, 45 (2): 334 - 352.

⑤ A. Neely, M. Gregory, K. Platts, "Performance Measurement System Design," *International Journal of Operations and Production Management*, 1999, 19 (3): 275 - 292.

⑥ A. K. Chakrabarti, "Technology Indicators: Conceptual Issues and Measurement Problems," *Journal of Engineering and Technology Management*, 1989, 6 (2): 99 - 116.

⑦ R. K. Kaufmann, "A Model of the World Oil Market for Project LINK Integrating Economics, Geology and Polities," *Economies Modelling*, 1995, 12 (2): 165 - 178.

⑧ R. P. O'Shea, T. J. Allen, A Chevalier et al., "Entrepreneurial Orientation, Technology Transfer and Spinoff Performance of U. S. Universities," *Research Policy*, 2005 (34): 994 - 1009.

⑨ E. C. Wang, "R & D Efficiency and Economic Performance: A Cross-country Analysis Using the Stochastic Frontier Approach," *Journal of Policy Modeling*, 2007, 29 (2): 345 - 360.

神经网络法等扩展框架和方法。

（三）理论应用

绩效评价与元评价密不可分，二者互为主客体。首先，元评价是绩效评价发展的必然产物。科研绩效评价中，可能诸多不确定性事件的发生会导致评价结果背离被评对象的客观实际。而元评价的监督，可以对既有科研绩效评价进行再次核验与风险控制，使绩效评价的准确性不断得以提升。其次，绩效评价是元评价的客观对象。元评价是建立在特定对象范畴内的再评价，绩效评价作为元评价的评价对象，也是元评价的重要载体。缺乏绩效评价的元评价如同空中楼阁，虚无一物。

六　风险管理理论

（一）理论内涵

风险管理理论起源于企业管理，是研究风险发生规律和风险控制技术的一门新兴管理科学，指风险管理单位通过风险识别、风险衡量、风险评估和风险决策管理等方式，对风险实施有效控制和妥善处理损失。风险管理作为一门新兴学科，既有管理的计划、组织、协调、指挥、控制五项职能，同时又兼具自身的独特功能。风险管理的目标由两部分组成：损前目标和损后目标。前者是避免和减少风险事故形成的机会，包括节约经营成本、减少忧虑心理；后者是降低或消除已有的风险损失，并努力恢复到损失前的状态，包括企业的继续生存、生产服务的持续、收入的稳定、生产的持续增长和社会责任等。二者有效结合，构成系统而完善的风险管理目标。风险管理包括风险识别、风险评估、风险应对、风险监控四个程序。识别风险是首先需要做的工作，是对企业、家庭或个人面临的潜在的风险加以判断、归类和对风险性质进行鉴定的过程。下一步通过风险评估与应对，评估风险可能产生的对组织的影响，量化风险的不确定性的程度及其可能造成的损失，并采取相应的措施。最后一步就是风险规避，以风险监控降低风险发生率及其损失程度。

（二）理论发展

风险管理的思想由来已久，我国古代“防患于未然”的思想就是风险管理与防控的雏形。有学者认为，风险管理起源于德国，1915 年，德国学者 Leitner 在《企业风险论》中，针对一战后德国严重通膨导致的经济衰退，为德国企业提供了切实可行的风险防控策略。1916 年，Fayol 在《工业管理与一般管理》中，首次将“安全活动”的思想引入企业管理中，由此拉开了企业风险管理与风险管理研究的序幕[①]。20 世纪 30 年代，美国首次提出了“风险管理”这一概念，即任何组织机构，只有对潜在的风险进行及时预警、规避、管理，才能保证其顺利发展[②]。20 世纪 60 年代，风险管理在美国发展成为重要的企业管理模式，并在随后的几十年间传播运用于全球范围内。Tummala 等采用系统管理的方法进行了综述，以结构化的方式实现对风险的识别、评估、监测、管理，并通过引入案例的方式，建议要在风险发生的早期对其进行识别和管理，证明系统风险管理的有效性[③]。Mowbray 等将风险管理运用于保险学的内涵及方法中进行阐述[④]。Harmes 提出企业风险管理必须贯穿于项目立项至结项的全过程的理念[⑤]。Caño 等则提出多个风险因子共同作用于组织时的集成风险管理策略[⑥]。

（三）理论应用

风险管理理论在科研评价中的应用集中体现为对科研项目、科研经费的风险管理与防控，例如孙大松等构建了多级指标的科研项目风险评估指标体系[⑦]。张志军等基于项目管理视角，对科研经费管理进行了风险识别，提出风险防控措施，并对科研经费管理进行了全过程优化改进[⑧]。邹毅基于 PDCA 循环理论对高校科研廉政管理提出了风险防控措施[⑨]。可见，风险管理理论在科研评价的风险防控方面发挥了重要作用，能及时化解科研

① ［法］亨利·法约尔：《工业管理与一般管理》，王莲乔等译，四川人民出版社，2017。

② ［美］普拉卡什·A. 希马皮等：《整合公司风险管理》，王瑾瑜、郑海涛译，机械工业出版社，2003。

③ V. M. Tummala, M. M. Rao Nkasu, K. B. Cuah, “A Systematic Approach to Risk Management,” *Journal of Mathematical Modeling and Scientific Computing*, 1994, 3 (4): 174 – 184.

④ A. H. Mowbray, R. H. Blanchard, C. A. Williams, *Insurance*, New York: McGraw-Hill, 1950.

⑤ Y. Harmes, “Total Risks Management,” *Risk Analysis*, 1991, 11 (2): 169.

⑥ A. D. Caño et al., “Integrated Methodology for Project Risk Management,” *Journal of Construction Engineering and Management*, 2002, 128 (6): 473 – 485.

⑦ 孙大松、骆海英、周杰等：《基于模糊理论的气象科研项目风险与绩效评估》，《南京信息工程大学学报》（自然科学版）2014 年第 3 期。

⑧ 张志军、马彩文、王秀菊等：《项目管理视角下科研经费风险识别与防控措施研究》，《科技进步与对策》2016 年第 4 期。

⑨ 邹毅：《基于 PDCA 循环的高校科研管理廉政风险防控研究》，《东南学术》2016 年第 2 期。

评价中存在的显性及隐性风险，降低风险发生概率，提升科研评价的效益。

风险管理理论的发展也为高校人文社科成果评价提供了理论依据。近年来学术生态环境的变化及国家政策调整等外界影响，给高校人文社科成果评价的开展带来诸多不确定性，改革不可避免地产生潜在的评价风险。因此，借鉴项目风险管理的理论与方法对高校人文社科成果评价全过程进行风险监控，具有必要性及科学性。元评价与风险管理为高校人文社科成果评价的顺利开展提供了双重保证。二者的结合是结果管理与过程管理的综合体现，通过静态评估与动态监测相结合保证高校人文社科成果评价的顺利开展。本书在风险管理理论的指导下，结合高校人文社科成果评价的全生命周期要素，制定了包含风险识别、风险评估、风险应对、风险监控四个流程的高校人文社科成果评价风险管理策略。

第二节　高校人文社科成果评价的主要方法

一　同行评议法

定性评价是不采用数学的方法，而利用专家的知识、经验和判断，通过记名表决进行评审和比较的评标方法，它主要强调观察、分析、归纳与描述。具体指根据评价者对评价对象平时的表现、现实和状态或文献资料的观察和分析，直接对评价对象做出包含定性结论的价值判断，如评出等级、写出评语等。人文社科中科研成果的定性评价以同行评议为主，本节将重点介绍该方法及其优缺点。

（一）方法简介

一般而言，科研成果同行评议法是指某一学科或某一领域的专家在同一个评价标准之下，对申请者提交的科研成果进行评价，其评价结果将对相关部门学者和项目的决策产生重要的参考价值。在对科研成果进行评估时，由科研成果评价部门或第三方评价机构遴选合适的学者和专家对申请人的科研成果进行评价，其中的专家不仅是评价过程中的主体，也是核心，不同的项目其评价体系不同，但评价步骤基本都可分为：（1）由研究人员提交科研成果，评审机构对其科研项目进行评估；（2）选择此科研成果学科门类下的若干专家学者作为评审专家；（3）将科研成果交给评审专家进行评议，专家给出评审意见；（4）评审专家将评审意见反馈给评审机构，由评审机构将最终的评审结果公示；（5）科研经费拨款机构根据评估结果决定是否予以科研资助。

（二）优势与不足

众所周知，同行评议法具有明显的优势，目前国内外主要是采用同行评议的方式去对科研成果进行评价，但同行评议显然不是评价科研成果的完美方式，它也存在一些不足。

1. 优势

（1）充分发挥评议专家的优势

对科研成果的评估是一项极为专业的工作，这就需要评审专家有非常坚实的专业基础。同时，评估科研成果也是一种探索性极强的工作，在评议过程中会充满许多不确定性，评议专家不仅要有多年的科研经历，还要准确把握所在领域未来发展的方向，所以成果评估工作只能由本领域内的专家进行。他们拥有完善的知识体系、广阔的视野以及多年从事科研工作的经验，能够在科研成果的评估过程中给出最准确的意见和结果，所以同行评议制度也是世界科学界普遍采用的评估方法。

（2）透明公平的资源分配机制

科研成果同行评议的结果与科研经费的分拨是直接关联的，所以同行评议在公开的评估机制下，使得科研成果的评估处于监督之下，也可以使资金划拨有理有据。在英国 REF 科研评价体系中，评估机构是由四个半非政府官方机构组成，这样可以在最大程度上保证评估的过程不受政府等职能机构的干预，从而给出相对公正的评估结果，再由英国政府向专门的经费拨款机构出资，拨款机构根据科研成果评估的结果进行相应的科研经费分拨，这样的评估过程也是值得我国学术界学习的。

2. 不足

（1）评审受到权威的影响

同行评议中的权威通常是把双刃剑。一方面，本领域权威的专家具有深厚的学术造诣与丰硕的学术成就，其所给出的成果评估结果具有很大的影响力。但在进行科研成果评估时，权威的专家会存在一些偏向，例如，由于担心会冒犯一些学科领域内的人物，评估专家很可能会违背公平原则，对于学术水平较高的学者所做的科研成果，在评审时放宽标准。所以在对两个水平相当的科研成果进行评估时，科研人员地位的不同会导致评估结果的不同。

（2）评审中匿名制的影响

一般认为，在评估过程中，将作者的名字去掉就可以解决上述权威的影响，其实不然，科研成果中很多地方都会暗示作者信息，去掉作者的名字并不能完全达到匿名的效果，许多较高水平的评估专家非常容易地就可以识别出评审的科研成果是由谁完成的。但从另一角度出发，如果同行评议时为了达到匿名的效果把作者的所有信息以及论文的重要部分全部去掉，那么同行评议最初的目的也就达不到了。为了规范同行评议评审制度，国家也出台过一些相关规定，但还是不能完全解决匿名制带来的影响。

另外，同行评议还包括一些其他的不足，比如专家的主观臆断，研究领域相差过大导致专家对科研成果不了解而产生的评审不公平，以及评审专家可能会因为自己手中的权力滋生腐败等。

二　文献计量法

为了弥补定性研究特别是同行评议主观评价的人为因素干扰的不足，从90年代中后期开始，许多科研人员和管理部门就提议和探讨借助科学的定量分析法来进行科研成果的评价。

定量评价操作的基本理念是：利用各种数理统计方法，对著者、论文、科学期刊等研究对象的引用和被引用现象进行分析、比较、归纳、抽象、概括等，以了解学科的交叉渗透关系，研究文献老化的速度与规律；或通过某一科研成果载体或某一科研成果引文量的多少，研究科研成果载体或研究者对学科情报信息的吸收能力，反应学科研究的积累程度与发展水平。评价经常运用的一些指标是：总被引频次、影响因子、他引率、被引半衰期、载文量、基金论文比、Web即年下载率等。通过对上述指标的考察，实现通过对学术成果载体的评价来促进学术成果载体规范，以达到提高学术成果载体质量的目的，有利于提升学术成果载体水平，从而吸引更高水平学术论文投稿的良性循环。

（一）方法简介

目前科学计量的指标越来越多地与多种管理工程中的决策方法相结合，形成更为综合的定量评价方法。对于人文社科而言，论文、著作、研究报告等是研究成果的最主要的载体形式，计量这些成果的数量关系成为衡量科研工作质量的重要途径。因此，科学计量学是目前人文社科评价的重要方法。以引文量为基础的文献计量分析又是科学计量中常用的基本方法之一，它是利用各种数学和统计学的方法以及比较、归纳、抽象、概括等逻辑方法，对期刊、论文、著者等各种分析对象的引用或被引用现象进行分析，以揭示其数量特征和内在规律的一种科学计量研究方法①。具体可以用于评价出版物质量、科学家的名望以及研究团体的威望，研究科学著者的合作情况，计算合作指数，比较不同组织、不同学科、不同国家的合作范围和个体研究者合作的趋势以及科学通讯②。

（二）优势与不足

目前文献计量学仍停留在以文献统计数据的计量为基础的发展阶段，这种基于统计数据的计量结果可以辅助文献的管理和应用。通过引文量以及以引文量为基础的统计指标进行人文社科评价目前还存在很多不妥之处，受到许多限制因素的影响。

1. 优势

（1）弥补同行评议的不足

文献计量法有其先决条件和辅助条件，不需要使用者具有十分专深的知识，这使评价过程较少受到个人主观因素以及其他非评价因素的干扰，会更加规范评价行为，弥补同行评议的不足。

（2）提高成果评价体系的客观性和科学性

由于文献计量法具有广泛适用性和简便易用性的特点，通过简单的统计和分析，就可以确定核心期刊、研究文献老化规律、研究信息用户的需求特点，甚至可以研究学科结构、评价人才等。

---

① 许海云、方曙：《人文社会科学评价中“质”与“量”相结合的评价框架研究》，《图书情报工作》2011 年第 10 期。

② 邱均平：《文献计量学的理论、方法和应用》，《图书情报知识》1984 年第 4 期。

2. 不足

(1) 时空限制的影响

引文分析法会受到时空限制。一般来说，新发表的文献被引用的次数会比较少，被引用的概率也会比较小。另外，引用次数也和刊物发行的范围有非常大的关系，一般来说刊物发行范围越广，被频繁引用的概率也越大。

(2) 参考文献标注的影响

参考文献标注得不清楚，会给引文分析法的定量评价结果造成一定的误差。

参考文献标注不清楚的原因主要有以下三点：国内目前参考文献的标注很多时候不够规范；不同学科甚至同一学科的不同院校的学生在参考文献的标注上都有所不同；国内一些文章存在抄袭现象，而部分作者为了掩盖抄袭的行为，通过不规范引用来规避一些关键的信息，导致引用的数据在引文数据库里展现得并不准确[①]。

(3) 文献滞后性的影响

文献存在滞后效益，一些文献的实验结论或者讲述的内容并不会马上产生效益，而是经过时间的沉淀才逐渐显现出该篇文献的价值。

同行评议仍然是人文社科界的主流和经典方式。但是随着学术共同体的发展及科研环境的变化，经典的同行评议日渐暴露出一些问题和局限性：权威和匿名制的影响，随机性较强[②]，遴选对评价结果的主体决策性[③]，带有偏见的“非同行”阻碍新兴研究领域的学科发展[④]等。但如果仅以计量来评定人文社科成果，不可避免会引发“五唯”旧疾，导致科研成果“重量轻质”的现象日益严重[⑤]，甚至会造成学术腐败扩大化。此外，

① 邓毅：《建立科学评价机制 改进成果评奖办法——关于人文社会科学研究成果评价的若干思考》，《华南师范大学学报》（社会科学版）2004 年第 5 期。

② 蔡蓉华：《同行评议的难点》，《甘肃社会科学》2015 年第 4 期。

③ Y. H. Sun, J. Ma, Z. P. Fan et al., “A Group Decision Support Approach to Evaluate Experts for R&D Project Selection,” *IEEE Transactions on Engineering Management*, 2008, 55 (1): 158 - 170.

④ D. Kennedy, “Disclosure and Disinterest,” *Science*, 2004, 303 (5654): 15.

⑤ 马永霞、仇筱熙：《“不唯”≠“不评”：论人文社会科学成果评价方式的改进》，《重庆大学学报》（社会科学版）2021 年第 3 期。

过度依赖学术数字，还有可能导致学术的利益集团更加庞大，学术圈的功利性和利益矛盾更加突出。可以说，评价本身是没有错误的，错误的可能在于对定性评价或定量评价的滥用。因此，需要对传统同行评议的模式进行优化，实行以同行评议法为主，计量评价为辅的策略，进一步完善高校人文社科成果评价体系。

第三章

高校人文社科成果评价现状研究

本章为高校人文社科成果评价研究的国内外文献总结，主要从高校人文社科成果的转化评价、质量评价、元评价、风险管理四方面进行文献梳理。成果转化评价方面，集中梳理了成果转化为教学资源方面的研究，具体包括转化为教学资源的现状和转化为教学资源影响因素这两部分内容。成果质量评价方面，以学术论文质量和学术论文影响力作为成果质量的具体表征指标，具体梳理了关于这两类表征指标的研究以及成果质量影响因素的研究。元评价研究方面，具体梳理了元评价的内涵、目的、方法、程序、模型与分析。风险管理研究方面，具体梳理了风险管理的研究方法和实现形式。

第一节　高校人文社科成果转化的评价研究

一　成果转化为教学资源的现状

相较于国内，国外高校更加重视将人文社科成果转化为教学资源。杜德斯达和沃马克指出美国关注科研成果的实用性和实际价值，并在成果转化方面进行了较长时间的探索，领先其他国家确立了相对完备的转化流程和体系。在众多成果转化形式中，美国尤其重视将各类研究成果或技术转化为课程等教学资源，并逐步形成与成果转化相关的教育产业链，同时尝试把将成果转化为教学资源列为衡量高校教学质量的一项重要评估指标①。

① 〔美〕詹姆斯·杜德斯达、〔美〕弗瑞斯·沃马克：《美国公立大学的未来》，刘济良译，北京大学出版社，2006。

罗德斯提出美国研究型大学的三大职能包括教学、科研和服务，其中科研职能是美国研究型大学的独特特征。自20世纪80年代起，随着约翰·霍普金斯大学的创办和其他研究型大学的纷纷效仿，美国高校科研成果数量快速增加，同时高校积极进行成果转化，取得了显著效果①。具体到学校，杨红霞指出麻省理工学院的教学与科研是紧密结合、相得益彰的，学校积极鼓励学生参与到导师的各类科研项目中去②。

国内学者关于高校人文社科成果转化为教学资源的相关研究主要集中在对成果转化的重视程度、转化的现状评价、转化的形式和转化存在的问题等领域。

对转化的重视程度方面。魏红等提出将科研成果转化为教学资源正是缓解生均教学资源不足和水平不高等问题所需要的③。于晓霞和康学伟认为将科研成果转化为教学资源是课程开发与教材建设的重要手段，当教师将自身开展科研工作时的科研精神、创新意识和价值观等一并转化为教学资源传递给学生时，还将有利于优化校园精神文化等软性教学资源④。曾芳芳等认为将科研成果转化为教学资源可以有效提高师资质量，并培养专业人才和创新性人才⑤。盛明科等指出高校往往只重视科研成果的直接经济效益，忽视其潜在的精神效益，尤其是科研成果向教学资源的转化产生的非经济价值⑥。

转化现状的评价方面。陈涛建立了科研成果向教学资源转化质量的评价指标体系，采用专家评价的形式，从转化形式、转化内容和效果、转化经济效益、转化率这四个评价指标入手进行评价，这四个指标的权重分别为15%、60%、10%、15%，专家评价分数为四个指标得分乘以相应权重

① 〔美〕弗兰克·H. T. 罗德斯：《创造未来：美国大学的作用》，王晓阳、蓝劲松等译，清华大学出版社，2007。

② 杨红霞：《架构大学与市场的桥梁：美国大学技术转化机构——麻省理工学院的个案研究》，《科技管理研究》2008年第7期。

③ 魏红、程学竹、赵可：《科研成果与大学教师教学效果的关系研究》，《心理发展与教育》2006年第2期。

④ 于晓霞、康学伟：《教学型大学科研成果转化为教学资源可行性与必要性分析》，《辽宁教育研究》2007年第10期。

⑤ 曾芳芳、朱朝枝、张雪玉：《促进科研成果转化为教学资源的研究——以〈农村发展规划〉课程为例》，《理论观察》2012年第5期。

⑥ 盛明科、杨可鑫、牛敬丹：《高校科研成果转化为教学资源的理论逻辑与实践路径》，《当代教育理论与实践》2019年第6期。

的总和（见表 3 - 1）[1]。

表 3 - 1 科研项目向教学资源转化情况专家评价分值

项目名称：		项目级别：		研究成果：	
评价专家	转化形式（15%）	转化内容和效果（60%）	转化率（15%）	转化经济收益（10%）	得分
专家 1					
专家 2					
平均得分					总分：

转化形式方面。周智华等提出当前的转化形式主要有如下四种：一是直接将科研成果纳入教学内容中，二是挑选部分优秀科研成果开发成学生参与的创新型科研项目，三是引导学生直接参与科研项目申报等科研活动，四是教师指导学生参与科研竞赛[2]。彭丽芬提出科研成果转化为教学资源的方式主要有课堂资源、具有实践性质的实验课程、创新实践项目和学术专题讲座[3]。

转化存在的问题方面。赵醒村等认为当前科研成果转化为教学资源的数量较少，且转化效果不明显，未形成规模化效益。这主要归因于成果转化为教学资源的过程中存在的几个问题：一是高校教学管理部门与科技管理部门的工作脱节，二是尚未建立专门将科研成果转化为教学资源的转化机制，三是没有形成规范化的转化方案，四是科研成果完成者的教学能力欠缺[4]。郑国萍等提出当前科研成果转化为教学资源的过程中还存在许多现实性问题。首先，科研成果与教学资源自身的内容吻合度不高，且通常仅停留在以学术报告形式进行单向灌输的层面，实际并未进一步转化为课程等教学资源，其中人文社科类成果的“两张皮”现象更为显著，没有实际发挥科研成果在教学实践中的应用价值，导致最终转化脱节。其次，转

① 陈涛：《科研成果向教学转化的机制建设初探》，《武警学院学报》2008 年第 3 期。

② 周智华、李国斌、唐安平、刘立华、徐国荣：《高校教师科研成果转化为本科教学资源的形式》，《当代教育理论与实践》2017 年第 1 期。

③ 彭丽芬：《论科研成果转化教学资源的意义、形式及影响因素》，《当代教育理论与实践》2019 年第 6 期。

④ 赵醒村、胡炜、李海燕、赵镇：《科技成果转化为教育资源的途径研究》，《科技管理研究》2010 年第 7 期。

化形式单一，较少转化为科研项目或学科教学资源，多是直接转化为学生论文选题。再次，教师的转化意识不强，对教研相融的认可度不高。最后，官方针对性的政策支持较少，实际支持值与教师期望值存在落差①。

二 成果转化为教学资源的影响因素

鉴于以美国为代表的许多国家在科研成果转化为教学资源方面表现优异，国内外众多学者也吸取优秀经验，对促进高校科研成果向教学资源转化的影响因素进行了总结。国外学者认为成果的转化主要受学生层次、教师团队、教学内容、人才观、文化背景、学校发展重心等因素的影响。

首先，高校成果转化为教学资源受学生层次的影响。Jensen 认为教学与科研相互影响最明显的阶段是在研究生层次，尚无直接证据表明本科层次教学与科研的互动性，但可以发现在本科生层次主要存在的是科研对教学的单向影响②。Ramsden 和 Moses 通过对加拿大的 80 位学者进行访谈也得出了类似结论③。其次，受授课教师和教师团队的影响。Neumann 通过对包含人文学科和人文社科等学科领域的 33 位高级学术管理者进行深度访谈，发现教师普遍坚定赞同教学与科研之间存在共生关系④。温晓阳提出在美国研究型大学中，几乎所有的教学人员或组织人员都存在共识，即所有的教授都必须参与教学，教学也是教授的重要考核工作之一⑤。再次，受教师团队和教学内容的影响。温晓阳指出美国高校认为科技成果转化的最重要的目的就是培养高质量的人才，他们的教学目的是让优秀教师将科研融入教学，实现科研与教学的共同促进，最终培养出全新一代极具创造性的高素质人才⑥。

---

① 郑国萍、张雪、姚志刚、杨玉坤：《高校科研成果转化为教学资源的困境与改进策略》，《湖北成人教育学院学报》2020 年第 1 期。

② J. J. Jensen, "Research and Teaching in the Universities of Denmark: Does Such an Interplay Really Exist?" *Higher Education*, 1988, 17 (1): 17-21.

③ P. Ramsden, I. Moses, "Associations Between Research and Teaching in Australian Higher Education," *Higher Education*, 1992, 23 (3): 273-295.

④ R. Neumann, "The Teaching-Research Nexus: Applying a Framework to University Students' Learning Experience," *European Journal of Education*, 1994, 29 (3): 324-336.

⑤ 温晓阳：《美国研究型大学科研开发与成果转化的启示》，《国家教育行政学院学报》2004 年第 6 期。

⑥ 温晓阳：《美国研究型大学科研开发与成果转化的启示》，《国家教育行政学院学报》2004 年第 6 期。

石鸥认为美国重视通过教学培养极具创造力的科研储备人才，所以美国研究型大学不仅会教授基础专业知识，还重视培养学生的应用与实践能力①。最后，受人才观和文化背景的影响。美国崇尚实用主义和个人主义的哲学思想②，刘娜和王伟认为正是这样的民族文化理念才使得美国高校能够探索出教学、科研和服务三大职能密切融合的办学模式③。此外，还受学校发展重心的影响。郭沛超提出美国高校的科研和教学的关系是逐渐从偏重一方发展到二者并重的，教研是教学和科研的传递者和中转站④。

国内关于高校人文社科成果转化为教学资源影响因素的研究很多，但是每位研究者的理解均不同，所提到的影响因素也都不全面，将国内高校人文社科成果转化为教学资源的影响因素汇总分析后可知，成果转化主要受教师积极性、科研成果自身价值、制度设施等因素的影响。例如，李飞认为之所以当前国内科研成果转化为教学资源的效果不佳，是因为受到各种因素的影响，包括科研成果的适用性、教师和学生的综合素质、教师和学生对成果转化的认知水平、不具备完善的制度保障和缺乏成熟的转化平台和物质保障⑤。于晓霞和康学伟提出高校科研成果本身的学术与教育价值是转化的基础，教学适用性是转化的前提，教师积极性是转化的内在动力和最关键因素，而转化政策与构建运行机制是顺利转化的保障⑥。曾芳芳等对科研成果转化为教学资源的可行性进行分析后提出，科研成果自身的特征是转化的基础，教师的积极性是转化的内生力量，教学资源的短缺是转化的外生力量⑦。郑国萍等认为当前科研成果转化为教学资源的过程

---

① 石鸥：《唤醒蕴藏在大学中的巨大能量——美国大学科研成果转化对我们的启示》，《高等师范教育研究》2000 年第 5 期。

② 王守昌、苏玉昆：《现代美国哲学》，人民出版社，1990。

③ 刘娜、王伟：《美国实用主义哲学与社区学院的发展关系辨析》，《石家庄经济学院学报》2007 年第 6 期。

④ 郭沛超：《美国私立大学教学与教研、科研的关系考察》，《民办教育研究》2007 年第 6 期。

⑤ 李飞：《教学型大学科研成果转化为教学资源的影响因素分析》，《通化师范学院学报》2007 年第 9 期。

⑥ 于晓霞、康学伟：《教学型大学科研成果转化为教学资源可行性与必要性分析》，《辽宁教育研究》2007 年第 10 期。

⑦ 曾芳芳、朱朝枝、张雪玉：《促进科研成果转化为教学资源的研究——以〈农村发展规划〉课程为例》，《理论观察》2012 年第 5 期。

受国家政策的导向因素、学校制度的偏向因素、教师的自利因素、科研成果自身的价值因素等四方面影响①。

三　文献总结

尽管国内外关于高校人文社科成果转化为教学资源的研究十分丰富，但仍存在以下三方面的不足。

第一，在研究数量方面。首先，关于人文社科成果转化的文献整体较少。其次，对比国内外研究成果数量可以发现，国外关于科研成果转化为教学资源的研究较少，这可能是因为国外的教学模式趋向开放，学生对科研的参与度和自主性较高，所以在一定程度上也淡化了国外学者在这方面的研究倾向。

第二，在研究方向方面。其一，目前许多研究仍聚焦于自然科学领域的实践性研究成果，对于人文社科成果的重视较少。其二，当前关于人文社科成果转化的研究大部分还是停留在转化为生产力方面，聚焦于转化为教学资源的研究相对较少。其三，转化的教学资源也多是提及引导学生参与科研项目或创新性实验，较少有研究涉及课堂教学资源的转化，关于慕课这一新型教学资源的研究更是寥寥无几。

第三，在研究内容方面。其一，关于成果转化的研究还集中在转化过程层面，关于转化的建设和改进环节的研究还有待补充。其二，当前关于高校科研成果转化为教学资源的研究仍多停留于理论层面，实践层面将科研成果转化为教学资源的成功案例仍较为匮乏。

第二节　高校人文社科成果质量的评价研究

一　学术论文质量评价

国外围绕论文质量评价这个主题展开的研究众多，但无外乎从以下几个方面来对论文进行评价，包括是否被 SCI 或 SSCI 等数据库收录，是否发

① 郑国萍、张雪、姚志刚、杨玉坤：《高校科研成果转化为教学资源的困境与改进策略》，《湖北成人教育学院学报》2020 年第 1 期。

表在核心期刊上，是不是基金论文，论文选题或研究方法是否具有创新性，是否获奖等，不一而足，不难看出探索一个科学、合理并为大家所公认的论文质量评价方法是当前的研究热点和趋势。

期刊论文评议的方法有量化和质性两种。在量化评价中，文献计量法是常用的量化分析方法之一，而评价论文常用的文献计量指标包括期刊影响因子、被引数、他引数和下载数等。1917 年，美国学者 Cole 和 Eales 选取比较解剖学这一学科，对 16 世纪 40 年代到 19 世纪 60 年代欧洲各国公开出版的解剖学著作做了计量研究，这是对书目进行计量研究的肇始，同样也是特别具有现代意义的文献计量研究[①]。Garfield 主编的美国《科学引文索引》，即我们熟知的 SCI 引文数据库的问世，为高校或其他学术组织的科研评价搭建了平台，也推动文献计量学的应用进入了实质性的阶段。而在质性评价中，同行评议则是最主要的分析方法。综合来说，现在所通行的针对学术论文的评价方法主要包括以同行评议为代表的定性评价和以被引量、论文所发表期刊的影响因子为代表的定量评价[②]。关于学术论文质量评价方法，有以下几点需要特别说明。

第一，同行评议法是一种定性评价的方法，是同一研究领域或相关领域的专家基于多年研究经验和学术积累所做出的专业评判，而这是定量分析所不及之处。该学术论文评价方法的可信度较高，无论是国内还是国外，它都是一种被广泛接受的评价方式。严格来说，同行评议，是指由从事某领域或相关领域研究的专家学者基于自身的学术经历和科研经历，按照一定的标准和程序进行评价的一种方法[③]，而科研对象包括研究人员、研究机构、研究项目等[④]。

第二，引证分析是通过各个引文数据库提供的相关指标数据来考察被研究对象引用与被引用的状况，这种引证分析法可以应用在对期刊、论文、作者、机构等对象的量化评价上。其中，就已发表的学术期刊论文的

① 庞景安编著《科学计量研究方法论》，科学技术文献出版社，2002。

② 杨远芬：《科技论文评价方法实证比较研究》，《科技管理研究》2008 年第 8 期。

③ L. Souder, "The Ethics of Scholarly Peer Review: A Review of the Literature," *Learned Publishing*, 2011, 24 (1): 55 – 72.

④ 贺颖：《基于科学计量视角的同行评议专家遴选问题研究》，博士学位论文，天津大学，2008。

评价来说，主要的评价依据是论文的被引频次。Virgo 的研究结论表明被引频次与期刊论文学术质量呈正相关，即被引频次的多少在一定程度上表征了论文的学术质量，被引频次也因此成为评价论文质量的一项指标，为相关领域研究者所应用①。但需要注意的是，不同的学科在诸多方面存在差异，例如学科属性、研究周期、研究规律、学科群规模、受关注程度、引文的习惯差异等，所以会出现有的学科被引量高，有的学科被引量低，甚至差异较大的情况，这都是受上述因素影响的结果，但引证分析给科研评价带来的便捷和高效仍然使其具有可借鉴的价值。

第三，影响因子这一概念是由美国学者 Garfield 在 1972 年提出的，属于文献计量学的一项计量指标，基本含义是一定时间内某一期刊全部论文的平均被引率，可以理解为论文的平均被引次数与载文期刊影响因子成正比，即论文平均被引用次数越多，期刊影响因子越高。一般来讲，在期刊上发表的论文只有被其他学者认可才会产生引用和被引用的行为，这也表明期刊质量的表征之一就是其学术影响力②。影响因子的高低表现了期刊在学术思想传播方面的深度和广度，其本质意义就是避免不同创刊期、不同载文量带来的不公平，提供了较公平地评价各类期刊的指标。

基于影响因子的优势，在科研评价方面不少国内学者针对这一指标也开展了研究。例如，单文戈的研究结果表明，期刊影响因子和论文被引次数两项计量指标都能表征论文的质量，但二者针对论文的评价结果存在差异，综合运用这两项指标评价论文质量可以做到优势互补③。当然，也有学者对指标选取的适切性进行了研究。金铁成在研究中指出论文评价要避免简单化，具体来说就是论文质量评价不能单纯地只看期刊是否为核心、影响因子如何，并指出这种“以刊评文”的方式存在片面性，不能很好地体现论文的实际价值④。杨远芬以量化分析来验证当前诸多评价期刊论文质量水平的指标的科学性，结合同行评议结果，对被核心期刊收录的论文数、

① J. A. Virgo, “A Statistical Procedure for Evaluating the Importance of Scientific Papers,” *The Library Quarterly*, 1977, 47 (4): 415 – 430.

② 郭丽芳：《评价论文学术质量的文献计量学指标探讨》，《现代情报》2005 年第 3 期。

③ 单文戈：《期刊影响因子与论文被引频次的关系研究》，硕士学位论文，中国人民解放军军事医学科学院，2007。

④ 金铁成：《科技论文评价中存在的三大误区》，《中国科技期刊研究》2004 年第 3 期。

影响因子、论文被引量和在重要核心期刊上的发文量等论文质量评价指标展开分析。结果显示，以影响因子和在重要核心期刊上的发文量作为评价指标可以较为准确地表征论文质量，而以论文的被引量和被核心期刊收录的论文数为指标的评价结果可信度较低，不能很好地体现论文质量[①]。

二　学术论文影响力评价

（一）评价指标

国外研究中仅有少量学者对此进行了一定的探索，在研究内容上也显得比较分散。初始，涉及人文社科学术论文影响力的内容比较少。Franceschet 和 Costantini 研究了自然科学和人文社科领域的作者合作及其对合著学术论文影响力的影响[②]。Konur 利用文献计量学方法，探讨了土耳其学者在近几十年发表的人文社科论文的特点[③]。Jie 等选取 CSSCI 数据库中的一个方向对学术论文进行深度研究，分析了中国人文社科成果的学术影响力[④]。但这些学者尚未对人文社科学术论文影响力的评价指标进行详细划分，并进行专题研究。继而，Ren 和 Gong 对学术论文的影响力评价进行了进一步探索，构建了人文社科学术论文评价的指标体系，并通过相关学术论文进行了实证分析[⑤]。例如，Hammarfelt 在人文社科学术论文影响力评价指标体系中加入了 Altmetrics 指标，并选取瑞典大学在某一年刊出的人文领域的学术论文和书籍进行统计分析，得出了 Altmetrics 指标数据覆盖率达到 66.67%，Twitter 只有 20%，而 Facebook 指标数据覆盖率相对较低的结论[⑥]。最后，经过近年来的发展，一些学者发现当前人文社科领域中

---

① 杨远芬：《科技论文评价方法实证比较研究》，《科技管理研究》2008 年第 8 期。

② M. Franceschet, A. Costantini, "The Effect of Scholar Collaboration on Impact and Quality of Academic Papers," *Journal of Informetrics*, 2010, 4 (4): 540 – 553.

③ O. Konur, "The Evaluation of the Research on the Arts and Humanities in Turkey: A Scientometric Approach," *Energy Education Science and Technology Part B-social and Educational Studies*, 2012, 4 (3): 1603 – 1618.

④ Z. Jie, S. Xinning, D. Sanhong, " The Academic Impact of Chinese Humanities and Social Science Research," *Aslib Proceedings*, 2008, 60 (1): 55 – 74.

⑤ Q. E. Ren, X. M. Gong, "Evaluation Index System for Academic Papers of Humanities and Social Sciences," *Scientometrics*, 2012, 93 (3): 1047 – 1060.

⑥ B. Hammarfelt, "An Examination of the Possibilities That Altmetric Methods Offer in the Case of the Humanities," *International Conference of the International Society for Scientometrics & Informetrics*, 2013: 720 – 727.

关于学术论文的影响力评价指标体系缺乏合理性，不能公正评价具有广泛性、复杂性和历史性的人文社科学术论文的影响力。Chen 等指出当前的指标不足以体现学术论文的影响力，并探讨了各种正式和非正式的合适指标，以更好地反映学术论文影响力①，而这也成为当前许多研究的重中之重。

国内这方面的研究也不多，研究的问题基本上都是一些基础性理论知识，属于起步阶段。例如，覃红霞和张瑞菁分析了评价标准，并倡导正确对待西方学术评价体系，正确看待人文社科与自然科学的区别并认清二者定位，深入反思了我国人文社科学术评价面临的基本问题②。朱剑对中国人文社科国际化问题即如何提升我国科研学术论文影响力，使中国人文社科研究走出去，进行了一定的思考，指出应充分考虑我国国情，并且中国人文社科研究走出去的路径也应有别于自然科学的路径③。袁曦临回顾了近十年来台湾高校人文社科学术影响力研究及其实践状况，并提出关于学术论文影响力的十点主张④。王宁则认为我国文化底蕴深厚，应在加强与国际学术界交流的同时，完善自身的评价数据库，努力跻身国际人文社科强国、学术强国与文化强国行列⑤。

当前也有一些学者对人文社科的学术论文影响力评价进行研究，但是缺乏系统性。例如，党生翠以 SSCI 为例全面分析美国标准，判断它的标准能否适用于中国并作为最高评价标准，比较了中美两国这方面的异同点及可借鉴之处，最后提出不应全盘照搬他国评价标准的建议，提倡结合国情创建自己的评价标准，同时还强调了指标体系构建的重要性⑥。此外，在

---

① K. H. Chen, M. C. Tang, C. M. Wang et al., "Exploring Alternative Metrics of Scholarly Performance in the Social Sciences and Humanities in Taiwan," *Scientometrics*, 2015, 102 (1): 97 - 112.

② 覃红霞、张瑞菁：《SSCI 与高校人文社会科学学术评价之反思》，《高等教育研究》2008 年第 3 期。

③ 朱剑：《学术评价、学术期刊与学术国际化——对人文社会科学国际化热潮的冷思考》，《清华大学学报》（哲学社会科学版）2009 年第 23 期。

④ 袁曦临：《台湾学界对人文社会科学评鉴体制的反思》，《南京大学学报》（哲学·人文科学·社会科学版）2010 年第 1 期。

⑤ 王宁：《对人文社会科学现行学术评价系统的确认与辩护》，《学术研究》2006 年第 3 期。

⑥ 党生翠：《美国标准能成为中国人文社科成果的最高评价标准吗？——以 SSCI 为例》，《社会科学论坛》2005 年第 4 期。

人文社科学术论文影响力的指标体系构建过程中，一些学者认为必须充分合理地利用好当前我国的各种数据库资源，充分探索符合我国国情的人文社科学术论文影响力评价指标，这样构建出来的指标体系才可能相对客观合理。袁颖认为虽然 SSCI 数据库与 A & HCI 数据库的学术评价功能存在明显的缺陷，但随着我国自然科学与人文社科学术评价体系对 SSCI 数据库与 A&HCI 数据库的关注的加强和利用的合理化，人文社科领域学术成果评价必然会对标国际，逐步追上国际步伐[①]。何小清利用 SSCI 数据库与 A&HCI 数据库，收集了新中国成立以来中国大陆学者在国际人文社科领域核心期刊上的发刊情况，认为我国的发展可以分为三个时期，分别是起步时期、稳步发展时期和较快发展时期[②]。顾正萍选取了 20 所中国发展情况较好的大学，探究它们发表的 SSCI 论文的情况，并对学术论文的数量、文献类型（自然科学还是人文社科）、学科领域的差异进行了仔细分析与比较，并对某一数据库的学术论文数量做了对比分析[③]。

（二）评价方法

在应用方面，无论是国外还是国内，都注重传统计量方法在学术论文影响力评价方面的应用。

在国外，West 和 Mcilwaine 以 *Addition* 期刊某三年刊登的学术论文为研究对象，以被引频次这一指标来衡量其影响力[④]。Zhou 等选取百篇学术论文的标题和摘要进行分析，研究作者本人在学术界的地位和期刊本身的影响力是否会影响学术论文本身的影响力，结果表明这些论文被引频次在 100 ~ 500 次，并得出在前 15 年刊出的学术论文当中，作者地位、声望对相关研究人员学术论文引用没有明显影响的结论[⑤]。

---

① 袁颖：《论 SSCI 和 A&HCI 数据库的局限性及其在我国人文学科评价体系的运用》，《宁波大学学报》（人文科学版）2011 年第 3 期。

② 何小清：《建国以来我国人文社会科学学术研究国际化发展学科分析——基于 SSCI、A&HCI（1956 ~ 2006）的定量分析》，《东岳论丛》2008 年第 3 期。

③ 顾正萍：《基于 SSCI 的中国高水平大学社会科学学术论文发表状况分析》，《中国高教研究》2009 年第 12 期。

④ R. West, A. Mcilwaine, "What Do Citation Counts Count for in the Field of Addiction? An Empirical Evaluation of Citation Counts and Their Link with Peer Ratings of Quality," *Addiction*, 2002, 97 (5): 501 - 504.

⑤ J. J. Zhou, M. T. Koltz, N. Agarwal et al., "100 Most Influential Publications in Scoliosis Surgery," *Spine*, 2017, 42 (5): 336 - 344.

在国内，段志光等使用量化评价方法，选取期刊影响因子和被引频次对诺贝尔生理学或医学奖获得者获奖学术论文的影响力进行研究，发现被引频次对学术论文影响力的影响最为明显[①]。金新建阐述了期刊影响因子、科研工作者发表学术论文数量及被引频次等量化指标在评价中的应用，认为文献计量评估学术论文影响力的应用前景广阔[②]。符美芬等选取某高校的某学科和某两所研究院所发学术论文，从这些学术论文中计算 g 指数和 h 指数，并探讨了这些指数对影响力评价的适用性[③]。

三　成果质量的影响因素

国外学者主要认为科研动机、培养机制、导师、学术氛围等是影响科研成果的质量的重要因素。例如，Blackburn 和 Lawrence 研究发现激发积极的科研动机对提高科研成果质量影响显著[④]。Galassi 等认为科研成果会被课程类型和发表论文的硬性要求影响，培养机制也影响着科研成果的质量[⑤]。Bucheit 等认为导师会影响科研成果质量，原因在于导师的科研经费、科研任务和科研时间等因素直接影响科研成果产出，但科学的分配可以促进科研成果产出[⑥]。Schneider 研究指出组织氛围是影响工作绩效的重要环境变量[⑦]。Ahghar 认为，良好的学术氛围能帮助高校科研人员舒缓压力[⑧]。Luthans 等补充认为良好的学术氛围能使人产生心理资本，并直接促进成果

---

① 段志光、卢祖洵、王爱珍、卢敏：《诺贝尔生理学或医学奖获得者论文影响力研究》，《科学学研究》2006 年第 5 期。

② 金新建：《文献计量学在我国科技论文评价中的应用》，《现代情报》2008 年第 5 期。

③ 符美芬、吴胜男、徐秀、张睿宇：《基于 h 指数和 g 指数的中国大气科学学科的论文评价》，《数学理论与应用》2014 年第 2 期。

④ R. Blackburn, J. Lawrence, *Faculty at Work: Motivation, Expectation, Satisfaction*, Baltimore: Johns Hopkins University Press, 1995.

⑤ J. P. Galassi, R. Stoltz, L. Brooks et al., "Improving Research Training in Doctoral Counseling Programs," *Journal of Counseling and Development*, 1987, 66 (9): 40 – 44.

⑥ S. Bucheit et al., "Intra-institutional Factors That Influence Accounting Research Productivity," *The Journal of Applied Business Research*, 2001, 17 (2): 17 – 31.

⑦ B. Schneider, "Organizational Climates: An Essay," *Personnel Psychology*, 1975, 28 (2): 447 – 479.

⑧ G. Ahghar, "The Role of School Organizational Climate in Occupational Stress among Secondary School Teachers in Tehran," *International Journal of Occupational Medicine and Environmental Health*, 2008, 21 (4): 319 – 329.

产出①。

国内学者大多将科研团队、科研制度、科研经费、科研压力等视为影响科研成果质量的因素。如张崴和王续琨认为若要取得高质量的科研成果，要事先研究和设定好科研任务的工作量，并在领导的支持下，团队成员共同努力，产出具有影响力的成果②。赵富强等调查发现，影响教师科研产出的因素有内部和外部两个方面，内部因素主要是科研团队的影响，外部因素主要表现为科研制度是否合理、科研资源是否丰富以及科研经费如何分配等③。科研活动的开展离不开科研经费的支持，因此温珂等将科研经费分为竞争性和非竞争性两类，认为非竞争性经费对高质量的项目成果产出有正向激励作用④。鲍威和王嘉颖认为科研压力这一个体认知层面的因素是影响科研产出的重要变量⑤。而尚虎平和赵盼盼发现科研压力有挑战性和阻碍性之分，挑战性的科研压力有利于提升科研绩效，反之，阻碍性的科研压力不利于科研绩效的提升，所以适度提升科研考核标准以增强挑战性，有利于提高科研产出⑥。另外，刘睿等学者指出教师的高成就动机、高情绪智力和高科研投入等也能直接促进科研产出⑦。王红梅等以有无青年基金支持来探究基金支持对科研产出质量的影响，发现无论是在数量上还是在质量上，有基金支持的项目成果质量均要高于无基金支持的项目成果质量，因此要加大对年轻学者的资金支持力度，激发科研创造活力⑧。

① F. Luthans, M. Normans, N. B. Avolio et al., "The Mediating Role of Psychological Capital in the Supportive Organizational Climate-Employee Performance Relationship," *Journal of Organizational Behavior*, 2008, 29 (2): 219 - 238.

② 张崴、王续琨：《科研团队结构对团队创造力的影响——基于研究型大学科研团队的探索性案例研究》，《软科学》2013 年第 7 期。

③ 赵富强、陈耘、张光磊：《心理资本视角下高校学术氛围对教师科研绩效的影响——基于全国 29 所高校 784 名教师的调查》，《高等教育研究》2015 年第 4 期。

④ 温珂、张敬、宋琦：《科研经费分配机制与科研产出的关系研究——以部分公立科研机构为例》，《科学学与科学技术管理》2013 年第 4 期。

⑤ 鲍威、王嘉颖：《象牙塔里的压力——中国高校教师职业压力与学术产出的实证研究》，《北京大学教育评论》2012 年第 1 期。

⑥ 尚虎平、赵盼盼：《项目申请者的哪些特征影响科研绩效提升？——一个面向国家自然科学基金产出的倒序评估》，《科学学研究》2014 年第 9 期。

⑦ 刘睿、郭云贵、张丽华：《学术氛围、科研投入对高校教师科研绩效的影响》，《现代管理科学》2016 年第 10 期。

⑧ 王红梅、智强、费继鹏：《青年科学基金对我国高校青年教师科研绩效的影响——基于 1995 ~ 2013 年国家自然科学基金的实证分析》，《教育研究》2016 年第 7 期。

四 总结

综上所述，目前高校人文社科成果转化质量评价研究主要存在以下三方面不足。

第一，在学术论文质量评价方面。对于期刊论文的质量评价，不同学者的切入点不同，既有选取被引次数这一单一指标开展深入研究的，也有从被引次数和下载次数二者的关系角度展开研究的，还有学者选取载文期刊的影响因子、载文期刊是否为核心期刊作为论文质量评价指标。这些研究都是对论文质量评价的有益尝试，对开展深入研究确有可取之处，但是，当前期刊论文评价指标显然难以对论文质量做出全面评价。

第二，在学术论文影响力方面。首先，缺乏对人文社科学术影响力评价的系统化研究。现有的研究主要照搬自然科学评价方法，缺乏对高校人文社科学术论文影响力评价指标体系的正确认识、深入思考与系统化研究。很多文献对学术论文影响力的分析也仅针对某个指标的测度，缺乏多个指标的共同测度，一定程度上使得研究结果不够客观。其次，人文社科学术论文影响力的评价理论体系尚未健全。随着社交媒体的快速发展，论文影响力的评价指标体系仍基于传统或者单个指标进行构建，无法全面测度其影响力，无法从根本上全面地去评价人文社科学术论文影响力，其根源在于第一步的指标尚未构建好，导致后续的评价结果失真。因此构建科学合理的人文社科学术论文影响力评价指标体系迫在眉睫。最后，人文社科学术论文影响力的研究层次不平衡。国内外学者的研究视角仅局限于人文社科学术论文在文献层面的影响力，而对人文社科学术论文在其他层面的影响力关注少，研究不足。

第三，在成果质量影响因素方面。不少学者都从不同层面对高校教师科研成果产出受哪些因素影响这一问题进行了探究，这些研究表明科研团队构成、科研经费、科研压力等都会在不同程度上影响科研项目成果的质量。但目前关于高校人文社科项目成果质量影响因素的研究较少，而深入开展这类研究对促进高校和高校师生的长远发展十分重要。

基于此，本书从文献计量学视角重新设计高校人文社科成果质量测度的评价方法，把量化评价与同行评价相结合进行综合评价。此外，创新性地构建学术论文影响力评价指标维度。依据比较与分类理论将本书的学术论文影响力评价指标划分为学术影响力与社会影响力两个一级指标，影响因子、被引频次、下载次数、期刊指数、社会反响和同行认可五个二级指标，顶级期刊、权威期刊、核心期刊、拓展期刊和入库期刊五个三级指标，并论述划分依据，这是研究理论上的创新。

以往由于人文社科数据获取的困难性、数据论证的艰难性以及过程操作的复杂性，实证研究步骤往往会被忽略。因此，构建出新的指标体系并算出权重后，还需要对学术论文影响力指标体系的合理性进行实践检验。本书选取第八届优秀成果奖（人文社会科学）中的全学科评选结果进行实证分析，以增加研究结论的可靠性。

第三节 高校人文社科成果评价的元评价研究

一 元评价的内涵与目的

元评价理论引入我国是在 20 世纪 80 年代，起初被译为“元评估”“元评价”等。90 年代后，元评价开始被应用于各种领域评价活动的再评价中。田腾飞等探析了专业化教育评估的内涵及方法①。孙贺群介绍了美国早期教育质量评级与促进系统（QRIS）的元评价体系涉及的四部分内容：要素划分的合理性、体系构建的科学性、评价结果的准确性、等级与实际发展的相关性②。朱少强等提出学术评价的元评价应包含评价活动的全部要素，即 2 个实体要素——评价主体、评价对象，以及 8 个非实体要素——评价目的、标准、内容、程序、方法、指标、数据和结果③。张荣娟和徐魁鸿通过分析美国高等教育元评估制度，提出了元评估法制化的重要性④。

---

① 田腾飞、刘任露：《元评估——教育评估专业化发展之必需》，《外国教育研究》2014 年第 6 期。

② 孙贺群：《基于有效性验证经验的美国早期教育质量评价的元评价研究》，《四川师范大学学报》（社会科学版）2018 年第 3 期。

③ 朱少强、唐林、柯青：《学术评价的元评价机制》，《重庆大学学报》（社会科学版）2010 年第 3 期。

④ 张荣娟、徐魁鸿：《美国高等教育元评估制度探析——以高等教育认证委员会为例》，《高教探索》2018 年第 2 期。

开展元评价的最终目的是纠正原有评价中的偏差①。Oliver 认为元评价是测量评价组织活动开展效果的有效工具②。Stufflebeam③ 认为开展元评价可以对原有评价体系去粗存精，去伪存真，有利于评价效率的提升。元评价既包含对已有评价结果的回顾与价值判断，也包含对评价活动开展情况的再审视，以此来指导评价活动的正确开展，减少评价偏差。例如，Worthen 认为对评价全过程开展元评价，有利于提高评价质量并实现评价经验的累积④。Klejinen 和 Smit 以元视角反观绩效评价存在的弊端，建议将评价视角由原来的仅限于企业内部考评延伸为战略合作企业之间的跨空间视角⑤。由此可见，评价偏差存在于评价实施的全生命周期中，即评价偏差不仅存在于评价活动的内部要素中，同时也存在于评价活动的外部要素中。对于绩效评价固有的弱弹性弊端，如果不能通过再评价（即元评价）对原有体系的评价活动及时进行调整归正，必将导致评价走向的偏移。因此，开展元评价既能及时发现科研绩效评价存在的问题，又能保证评价预期目标的实现，从而确保绩效评价顺利开展。而评价偏差存在于评价实施的全生命周期内。已有研究虽未直接指出元评价的全生命周期概念，但在评价对象的选取范围及评价指标的设置上，已经逐步体现出这一理念。因此，我们对既有评价开展元评价，务必要基于这样一种全观的视域。

元评价具有判断、修正和提高科研评价的重要作用。元评价的开展能够在一定程度上回应科研评价中的问责事件，从而使科研评价获得认可和支持。对现有科研评价活动进行再评价，既可以肯定已有评价工作取得的成绩，继续发展原有评价体系的优点，又可以检查出原体系存在的弊端，实时纠正评价偏差。问责的目标是通过元评价引起各责任主体的关注，重

---

① European Commission, *Meta-Evaluation on the Community Agency System*, Budget Directorate General, 2013.

② L. B. Oliver, "Metaevaluation as a Means of Examining Evaluation Influence," *Journal of Multi Disciplinary Evaluation*, 2009, 6 (11): 32 -37.

③ D. L. Stufflebeam, "The Metaevaluation Imperative," *American Journal of Evaluation*, 2001, 22 (2): 183.

④ B. R. Worthen, "Whither Evaluation? That All Depends," *American Journal of Evaluation*, 2001, 22 (3): 409 -418.

⑤ J. P. C. Kleijnen, M. T. Smits, "Performance Metrics in Supply Chain Management," *Journal of the Operational Research Society*, 2003, 54 (5): 507 -514.

新审视科研评价中出现的问题。保证评价的结果能最大限度地反映客观事实[①]。通过元评价对科研成果评价的全过程进行有效控制，不仅可以提高评价效率，而且能够完善绩效评价体系，提升评价结果的科学性和合理性。

二　元评价的方法与程序

随着元评价研究的深入发展，学界研究的重点逐步由理论推演聚焦到具体评价方法的选择上，并提出可测量的元评价体系及量表。此外，元评价理论及方法的应用开始跳出狭义的教育评价范畴，扩展到包含科研评价、管理评价在内的多个领域。初期的元评价是采用布鲁斯智力测量年鉴（Buros MMYs）对评价体系进行再评价[②]，并提出了对评价体系各要素进行评价的维度及指标。20 世纪 80 年代至今，元评价已突破教育质量评估这一界限，被拓展应用至多个研究领域。其中对科研评价的元评价是继对教育质量评价后备受关注的研究。美国率先推行科研事后评价[③]，英国的卓越框架（REF）是在反观原有绩效评价体系（RAE）的基础上建立的新评价体系[④]，日本开展科研评价的自评价方式则是实现元评价制度化[⑤]。

评价方法和评价程序的建立是科研元评价理念由模糊走向清晰的标志，包含以下三个步骤。第一，确定元评价的框架标准。元评价框架包括目标确定、对象选择、评价实施、风险监控和评价反馈等一系列活动的设计和安排，这是开展元评价的前提。只有在特定标准下开展的元评价才能将其理念落到实处，而不是言之无物。而标准的确立是以量表为基础，通过确定评价维度和评价内容检验已有评价。第二，制定元评价的评价量表。量表是元评价理论及标准的表现形式。以量表为基础的测评包含指标、权重等一整套科学体系，需要确定评价维度和评价内容进而开展对既

---

① 孙贺群：《基于有效性验证经验的美国早期教育质量评价的元评价研究》，《四川师范大学学报》（社会科学版）2018 年第 3 期。

② R. A. Berk, *Educational Evaluation Methodology*: *The State of the Art*, Baltimore: Johns Hopkins University Press, 1981.

③ 陈楠楠：《试论借鉴国外经验完善我国高校科研评价体系》，《高教探索》2017 年第 1 期。

④ 田锋：《英国科学研究卓越框架研究》，《高教发展与评估》2012 年第 6 期。

⑤ 刘兰剑、应海涛：《基于立法的日本科研评价体系研究》，《科研管理》2017 年第 4 期。

有评价的检验。第三，遴选元评价的评价方法。元评价的方法分为定性法、定量法和综合法三种。近年来最常用的方法是将定性、定量相结合，具体而言，就是通过问卷调查结合内容分析等具体研究方法，保证元评价的信效度。因此，根据已有研究可以看出，科研绩效评价的元评价的实现途径为：通过确立合理的评价标准，设计恰当的评价量表，并选择科学的评价方法来实现对原有绩效评价体系的检验，进而监督原有的科研绩效评价体系是否实现了原定的评价目的①。

首先，确立评价框架。元评价的目的就是通过对科研绩效评价全过程的再评价，检查绩效评价的偏差，纠正评价过程中存在的问题，不断完善绩效评价体系，元评价框架的确定是开展元评价的前提。不同的元评价标准会产生不同的评价设计。终结性元评价的基本框架为：确定目的对象、设计分析指标、元分析评价、结果处理与反馈。美、英、荷、日等国对人文社科成果评价的标准多是以成果质量为主要导向，例如，美国率先推行的科研事后评价②，日本通过立法对科研评价开展的自评价③，英国在反观原有绩效评价体系（RAE）的基础上建立的新评价体系，即卓越框架（REF）。从美、日、英的评价体系构建历程看，虽然未提及“元评价”一词，但其理念与模式均为元评价范畴，即通过反思既有评价的缺陷和劣势，形成反馈与监控机制，从而构建更具适用性的新评价体系。随着“以评促建”“质量导向”“精品文科”等理念的提出，国内学者开始对评价活动中的准确度控制展开研究，形成性元评价也因此而备受关注。形成性元评价的特殊之处就在于其增加了对评价过程的风险监控及全生命周期视角，通过借鉴企业管理中风险管理的经典理论与方法实现模型构建。因此，元评价的标准就是要围绕如何修正现有体系这一问题从而导向提升成果质量而开展再评价和再规划，目的是要立足于纠偏，通过“以评促建”“质量导向”“精品文科”等理念发现现存问题，改进人文社科成果评价体系。

其次，设计评价量表。随着元评价理论研究的发展，学界意识到元评

---

① 侯光文：《试论教育评价元评价》，《教育理论与实践》1998 年第 4 期。

② 陈楠楠：《试论借鉴国外经验完善我国高校科研评价体系》，《高教探索》2017 年第 1 期。

③ 刘兰剑、应海涛：《基于立法的日本科研评价体系研究》，《科研管理》2017 年第 4 期。

价的开展不能是空中楼阁，必须有切实可行的判断标准，于是将研究的重点转到评价量表的制定上。评价量表是评价标准的具体化和指标化形式，也是评价标准得以实现的途径。1981 年 JCSEE 集中组织了美国 12 家教育科研机构共 200 多位专家进行调查研究，制定并公布了《教育项目、计划、材料评价的专业标准》①，并在此后广泛调研的基础上经多次修改形成一整套评价标准，该标准分为三个系列：项目评价标准、人员评价标准、学生评价标准（见表 3 -2）。

表 3 -2　JCSEE 元评价标准

元评价标准	元评价对象	元评价内容
项目评价标准	项目/方案	实用性、可行性、适当性、准确性
人员评价标准	人员	实用性、可行性、适当性、准确性
学生评价标准	学生	实用性、可行性、适当性、准确性

1995 年，美国教育评估协会（AEA）针对项目评价方案制定了元评价指导标准。评价对象为原有评价的系统和数据，并纳入公众价值观因素。两个标准相比，JCSEE 标准的评价内容更为详细，提供了四个评价参考维度，而 AEA 标准的适用范围更广。在制定元评价量表时，二者也可以综合使用。Stufflebeam 以 JCSEE 量表为标准，为密西根大学评价中心设计了元评价量表②。JCSEE 量表经过 1994 年和 2010 年的两次修订，最终形成现行通用的元评价量表——项目评价标准（Program Evaluation Standards）（见表 3 -3），包含“实用性、可行性、适当性、准确性”四个一级维度。多轮修订的历程与多个实际案例的检验保证了该标准优良的信效度。该量表此后也被作为基础量表在项目评价的元评价领域广泛使用。学界对于元评价研究的思路基本都是参照该量表的一级指标，根据特定问题制定相应的二、三级指标来构建元评价体系。例如周碧华等参照 JCSEE 标准，构建可行性、效用性、适当性、准确性 4 个一级维度和 24 个

① Joint Committee on Standards for Educational Evaluation, *Standards for Evaluations of Educational Programs, Projects and Materials*, New York: McGraw-Hill, 1981.

② D. L. Stufflebeam, “The Methodology of Metaevaluation as Reflected in Metaevaluation by the Western Michigan University Evaluation Center,” *Journal of Personnel Assessmentin Education*, 2000, 14 (1): 95 -125.

指标的基层政府绩效考核活动元评价体系[①]，并参照 Stufflebeam 提出的元评价流程，对福建某县级市政府的绩效考核开展了全生命周期的元评价。严芳和汪建华选用经典的 JCSEE 四维度模型提出了一套适合我国国情的教育元评估指标体系[②]。

表 3-3　JCSEE 项目评价标准

实用性标准	可行性标准	适当性标准	准确性标准
①利益相关者 ②评价值的可靠性 ③信息范围和选择 ④价值认定 ⑤报告清晰度 ⑥报告及时并公布 ⑦评价影响	①项目可行性 ②政治可行性 ③成本有效性	①明确的服务对象 ②正式协定 ③人权保护 ④保证利益相关者的交流 ⑤完整和公正的评价 ⑥公开研究结果 ⑦利益冲突的处理与协调 ⑧财政责任的划分和程序	①项目证明资料来源可靠 ②背景分析 ③目的程序的描述 ④可靠的信息来源 ⑤有效的信息 ⑥系统信息的修正 ⑦定量定性信息的分析 ⑧支持评价结论提供论证

注：根据 JCSEE 公布的项目评价标准翻译整理形成。

最后，遴选评价方法。对科研评价开展元评价必须要有科学的方法论做指导，现有元评价多数运用系统科学的理论和方法，从整体到局部对各因素逐一进行检验。研究方法多为问卷、统计、访谈等定性与定量方法的结合。冯晖借鉴了软件工程的方法和原理提出了黑白盒测试的元评价方法[③]。贺祖斌提出的内容分析法是元评价的重要方法论，而内容分析法是根据评价目的和要求对评价材料的内容及有效性进行逐一对标[④]。戚湧和李千目通过计算评价值的肯德尔和谐系数（W 值）及专家对各因素评分值（Y 值）检验参评专家意见的一致性，并运用克朗巴赫 α 系数法分析了内部一致性[⑤]。Berk 采用因素分析及效标关联效度的方法开展对元评价的效

① 周碧华、方建云、杨婉贞：《基层政府绩效考核的元评估分析——以福建某县级市为例》，《新视野》2015 年第 4 期。

② 严芳、汪建华：《我国教育元评估指标体系构建》，《上海教育评估研究》2020 年第 2 期。

③ 冯晖：《基于测试的元评价技术》，《上海师范大学学报》（哲学社会科学版）2007 年第 5 期。

④ 贺祖斌：《高等教育评价的元评价及其量化分析模型》，《教育科学》2001 年第 3 期。

⑤ 戚湧、李千目：《科学研究绩效评价的理论与方法》，科学出版社，2009。

度分析，作为定性分析的必要补充①。

三　元评价的模型与分析

元评价的建模一般是通过构建元评价指标体系来实现。指标体系是元评价开展的核心依据。体系的构建要以评价对象为出发点，根据其特点构建既符合元评价理念，又适用于元评价体系检验与纠偏的指标体系。Helga 和 Ribeiro 建立了基于项目评价的元评价模型②。蒋悦等构建了基于绩效评估运行机制、绩效评估目标、绩效评估对象、绩效评估指标和方法的政府评价的四维度元评价模型，其中对运行机制的评价又细分为评价主体、程序、机构、保障等，在此模型的基础上又采用定性、定量相结合的方法进一步探究纠偏方法和分析控制策略③。王从双等以评价活动为对象开展元评价研究，建立了针对评价方案、评价组织实施、评价结果的三维度体系④。马宁锋等以评价全过程的要素划分为依据确定了以评价主体、评价内容、评价方法和评价结果为元评价内容的评价体系⑤。俞立平构建了包含外部元评价及内部元评价的宏观元评价体系，其中外部元评价是指第三方所做的元评价，而内部元评价则是评价主体机构自身开展的元评价⑥。

元评价体系可以看作元平价的量化形式，是元评价理论发展与完善的必经之路，构建元评价体系也是其理论发展的必然要求。正如 Scriven 所言："元评价既是评价活动发展的必然归宿，又是评价逻辑的终点，是人们追求评价科学化的目标。"⑦ 因此，如果说成果绩效评价是保证科研质量的必要条件，那么为检验成果绩效评价的合理性而构建的元评价体系，则是以系统性审

---

① R. A. Berk, *Educational Evaluation Methodology*: *The State of the Art*, Baltimore: Johns Hopkins University Press, 1981.

② H. Helga, N. G. Ribeiro, "The Contribution of Metaevaluation to Program Evaluation: Proposition of a Model," *Journal of Multi Disciplinary Evaluation*, 2009, 6 (12): 210 - 223.

③ 蒋悦、卞曰瑭、钱钢：《基于元评价的政府绩效评估模型研究》，《情报杂志》2008 年第 12 期。

④ 王从双、向德全、董彦省等：《教育评价的元评价初探》，《空军工程大学学报》（军事科学版）2005 年第 3 期。

⑤ 马宁锋、李卫东、薛艳泽：《基础教育学业成绩元评价的探析》，《中国电力教育》2009 年第 8 期。

⑥ 俞立平、潘云涛、武夷山：《元评价对提高科技评价质量的影响研究》，《科学学研究》2012 年第 4 期。

⑦ M. Scriven, *Evaluation Thesaurus*, California: SAGE Publications Incorporated, 1991.

视的观点反馈、矫正原有价值判断，判断成果绩效评价是否科学的重要依据。

四　总结

综上所述，目前高校人文社科成果的元评价研究存在以下两方面不足。

第一，在评价视角选择方面，缺乏运用元评价理论在成果评价实际运用案例中的推演分析，尤其是缺乏对成果评价质量、评价政策、评价管理等因素全生命周期的检验和再评价。另外，针对人文社科成果评价的元评价研究极少，现有研究多为质性探讨，缺乏元评价体系构建及整体流程设计。

第二，在评价体系构建方面。首先，国内外对科研元评价体系的构建多为基于某个研究点的模型构建，案例运用不足。其次，大部分元评价体系不具备内部和外部要素的区分，缺乏全观意识，即对评价全生命周期的审视。最后，目前国内的研究以定性讨论为主，缺乏量表的使用，可能会存在科学性不足的问题。

基于此，本书以元评价理论为核心理论，参照经典的元评价 JCSEE 量表，构建了以评价目的、指标体系、评价方法、监控机制、评价方案、组织实施、评价结果为内容，以实用性、可行性、适当性、准确性为考评维度的人文社科成果评价的元评价模型，为同类型研究提供实证依据，实现了元评价理论在高校人文社科成果评价领域的应用。

第四节　高校人文社科成果评价的风险管理研究

一　风险管理的研究方法

风险管理理念通过定量分析和定性分析来实现在项目管理中的应用。首先，主要的定量分析法有：层次分析法、风险影响图分析法、风险矩阵法、BP 神经网络法等。1997 年 Tiong 和 Alum 构建了行之有效的风险测量量化四维度模型法，通过对项目执行者工作熟练程度、运筹规划能力、任务执行能力、项目经费统筹等方面实行量化，实现对项目风险的监控①。

① R. Tiong, J. Alum, "Financial Commitments for BOT Projects," *International Journal of Project Management*, 1997, 15 (2): 73 – 78.

1998 年 Klein 等又提出了技术风险评估的风险矩阵方法，即通过对管理过程中实际需求和现有管理技术实现的可能进行风险定量计算，进而实现对矩阵的构建①。Garvey 和 Lansdowne 同样运用风险矩阵法对项目管理中存在的风险进行了识别、评价及排序②。2001 年 Kuchta 采用模糊数的理论对项目风险的临界值范围进行探索③。2004 年 Serguieva 和 Hunter 运用模糊区间法对投资风险开展评估④。其次，主要的定性分析法有比较分析法、文献法、多专业评估法、德尔菲法等⑤。唐圣姣运用定性分析方法，梳理了三种高校绩效奖励模式对科研绩效奖励的潜在风险，并找出存在的漏洞，从而提出相应的风险管理策略⑥。左世荣探析了定性比较分析法应用与技术创新中的风险管理的可行性⑦。吴立成对信贷风险开展了定性分析，其实现形式是通过评分卡对各类参数计分管理并以此划分风险级别⑧。

二　风险管理的实现形式

风险管理思想随着研究深入逐步渗透到多个横向领域。科研组织内部亦尝试运用风险管理的基本理论与方法，对科研项目评价过程中发生的风险进行识别和控制。而科研评价风险的发生往往和评价组织中人员对风险的识别能力及决策权限相关联。其中，识别能力是指科研评价主体方能预估和识别评价进程中出现的问题的能力⑨。对于项目制的科研成果评价而

---

① J. H. Klein, R. B. Cork, "An Approach to Technical Risk Assessment," *International Journal of Project Management*, 1998, 16 (6): 345 – 351.

② P. R. Garvey, Z. F. Lansdowne, "Risk Matrix: An Approach for Identifying, Assessing, and Ranking Program Risks," *Air Force Journal of Logistics*, 1998, 25: 16 – 19.

③ D. Kuchta, "Use of Fuzzy Numbers in Project Risk (criticality) Assessment," *International Journal of Project Management*, 2001, 19 (5): 305 – 310.

④ A. Serguieva, J. Hunter, "Fuzzy Interval Methods in Investment Risk Appraisal," *Fuzzy Sets and Systems*, 2004, 142 (3): 443 – 466.

⑤ 赵为众：《国际项目管理的风险量化分析与控制》，《项目管理评论》2019 年第 6 期。

⑥ 唐圣姣：《高校科研绩效奖励的风险管理及控制策略研究》，《宁德师范学院学报》（哲学社会科学版）2019 年第 1 期。

⑦ 左世荣：《基于定性比较分析的技术创新风险管理研究》，《环渤海经济瞭望》2018 年第 11 期。

⑧ 吴立成：《商业银行个人贷款风险管理研究》，硕士学位论文，上海交通大学，2014。

⑨ 党小松、赵小伟、霍小姣：《科研单位项目风险的多维度识别与管理》，《行政事业资产与财务》2014 年第 7 期。

言，所需识别的风险主要包括评审专家与被评项目学科不匹配、评价活动安排推进不合理等。决策权限指对于已发生的风险能采取决断的权限及能力，如风险预警信号发出后能否决定评价活动暂缓、变更、终止的能力。目前学界的普遍认识是科研评价的风险管理延续了企业风险管理的经典理论与方法，即基于全生命周期的科研评价风险管理模式①，将风险管理按照发展的不同阶段分为：风险识别②、风险评估③、风险应对、风险监控。例如，Shih 将全生命周期理论用于电子商务企业的风险管理实战中④。魏亮华提出了基于全生命周期的风险管理，即对整个项目生命周期中的风险进行动态识别、监控与管理⑤。赵恒峰等以核热堆项目为例，分析了项目风险与项目全生命周期的关系⑥。王勇和张斌翻译的《项目管理知识体系指南》（PMBOK 指南）提出了项目管理全生命周期的划分标准，并通过周期中的每个过程的数据流向分析，实现对各阶段的风险管控优化⑦。张强综合运用文献法、访谈法及 NVivo 编码等定性研究方法，建立了国际承包商全面风险管理的定性分析框架⑧。

三　总结

综上所述，高校人文社科成果的风险管理研究存在一些不足。

尽管风险管理在项目管理理论方面较为成熟，但缺乏在类似于项目管

① 王晓刚：《基于全生命周期的高铁技术知识产权风险管理研究》，博士学位论文，中国铁道科学研究院，2019。

② 张殳竹青：《一流学科建设风险评估与预警方法研究》，硕士学位论文，华南理工大学，2018。

③ 史晓东：《政府主导下高技术船舶科研项目的风险评价研究》，硕士学位论文，哈尔滨工程大学，2018。

④ 转引自王晓刚《基于全生命周期的高铁技术知识产权风险管理研究》，博士学位论文，中国铁道科学研究院，2019。

⑤ 魏亮华：《基于 BIM 技术的全寿命周期风险管理实践研究》，硕士学位论文，南昌大学，2013。

⑥ 赵恒峰、邱莞华、黄斌江：《风险间关系在研究及其在风险管理中的应用》，《科研管理》1996 年第 4 期。

⑦ 《项目管理知识体系指南》（PMBOK 指南）（第 4 版），王勇、张斌译，电子工业出版社，2009。

⑧ 张强：《顶级国际承包商的全面风险管理研究——基于 2013 年企业年报分析》，硕士学位论文，天津大学，2016。

理形式的人文社科成果评价领域的应用，尤其是成果评价过程中的风险管理亟须完善。另外，从风险管理角度看，高校人文社科成果评价的风险控制一直是管理上的漏洞，目前还缺乏对评价过程的实时监控。

因此，本书在风险管理理论的基础上，参考风险管理方法，依据元评价结论，构建了包含风险识别、风险评估、风险应对、风险监控四个流程的人文社科成果评价风险管理模型，以期对高校人文社科成果评价风险评估实现实时预警。这是风险管理理论在高校人文社科成果评价中的创新性应用，测评报告可提供给相应管理部门，进而实现成果评价中的风险管理。

第四章

高校人文社科成果评价体系构建

本章内容为高校人文社科成果评价体系的构建，主要包括高校人文社科成果评价体系的构建基础、构建要素和构建框架三方面内容。构建基础方面，论述了体系的构建主要基于三方面的推动，即评价的价值性应运而生、评价的导向性日益凸显和评价的转型任务迫在眉睫，并明确介绍了基本概念。构建要素方面，选取七项核心评价要素，具体为：评价目标、评价理念、评价原则、评价对象、评价方式、评价活动、评价监督。这七要素的设置和建构完整地演绎了高校人文社科成果评价实施全生命周期“由始至终”的过程。构建框架方面，完整构建了高校人文社科成果综合评价指标体系，并对指标体系进行了信效度检验。

第一节　高校人文社科成果评价体系的构建基础

一　现实背景

高校人文社科成果评价与高等教育实践紧密相关，它既是高等教育评价的重要内容，又是对高校人文社科教师科研成果产出质量的全面考察与价值判断。高校人文社科自诞生伊始，便肩负着救亡图存、兴学图强、探求真理之重任，与国家和民族的命运紧密相连，而高校人文社科成果是教师在进行科学研究过程中取得的具有一定创造性、权威性的研究结果。构建具有中国特色、体现高校风格以及世界一流的高校人文社科成果评价体系，不仅有利于进一步深入贯彻习近平总书记重要指示精神和党中央决策部署，落实立德树人根本任务，而且有利于加快“双一流”学科建设步伐，推动高校人文社科繁荣发展，服务国家重大战略，满足经济社会发展需求。总体而言，构建高校人文社科成果评价体系主要基于以下三方面的推动。

（一）高校人文社科成果评价的价值属性应运而生

高校人文社科成果转化评价不仅是对国家创新驱动发展战略的积极响应，也是成果评价价值性的具体表现。2016 年 4 月，国务院办公厅印发《促进科技成果转移转化行动方案》，强调促进科技成果转移转化是实施创新驱动发展战略的重要任务，是加强科技与经济结合的关键环节①。同年，教育部与科技部发布《教育部 科技部关于加强高等学校科技成果转移转化工作的若干意见》，明确科技成果转化是高校科技活动的重要内容，应全面认识和加快推动高校科技成果转移转化工作②。根据该文件，教育部办公厅印发《促进高等学校科技成果转移转化行动计划》，要求高校尽快建立和完善涉及科技成果转移转化的各项制度、工作机制，形成良好的支持科技成果转移转化的政策环境。因此，高校科研成果转化是高校的一项重要工作，并且具备良好的外部政策环境。

高校人文社科成果的转化评价应引起广泛重视。人文社科成果是人类文明与智慧的结晶，可对人们的思想与道德产生重要影响。高校人文社科成果的转化是社会进步发展的重要动力，在理论上可以丰富人文社科理论，在实践上有利于推动人文社科自身的持续繁荣和创新更迭。长久以来，人文社科类成果转化情况远比自然科学成果的转化更加严峻，易被忽视的情况使得其实际发挥作用的范围和效果大打折扣。目前，随着我国经济的发展，人们对人文社科成果的需求也日益增加，所以人文社科成果的转化中存在的明显不足和缺陷应引起全社会的广泛关注。高校作为人文社科成果的主要来源地，促进其转化应作为高校人文社科研究工作的目标与重点。

---

① 《国务院办公厅关于印发促进科技成果转移转化行动方案的通知》，科学技术部网站，2016 年 5 月 9 日，http://www.most.gov.cn/szyw/yw/201605/t20160520_125686.html。

② 《教育部 科技部关于加强高等学校科技成果转移转化工作的若干意见》，科学技术部网站，2016 年 8 月 17 日，http://www.most.gov.cn/ztzl/xyddsjd/kjgg/201710/t20171011_135269.html。

（二）高校人文社科成果评价的导向特性日益凸显

成果评价体系是高校人文社科科研发展的风向标，健全的成果评价体系是引导高校人文社科学科走向良性发展的基石。近年来，国家颁布了一系列政策及文件引导高校人文社科成果评价的改革。2015 年国务院印发《统筹推进世界一流大学和一流学科建设总体方案》。根据国家战略布局思想，人文社科与自然科学具有同等重要的地位。因此，构建与之相适应的高校人文社科科研成果评价体系不仅体现了国家的战略需求，也是"双一流"建设之文科建设改革的必然要求。而"一流"的人文社科必定需要"一流"的成果做支撑[①]。何谓"一流"的人文社科成果，这必定涉及标准及评价体系的建立。高校人文社科的研究目标是解决关于社会前进方向、把握发展全局的问题，通过优秀的成果产出实现在国际上有所"发声"，讲好中国故事，赢得话语权。建立科学的高校人文社科成果评价体系，就是要在立足本国实际的前提下，开门搞研究，批判性地借鉴英美等教育强国在成果评价体系方面的理论，吸取国外人文社科成果评价体系构建的成功经验。2016 年，习近平总书记在哲学社会科学工作座谈会上的讲话（简称"'5·17'讲话"）中强调，构建中国特色哲学社会科学的重要内容之一就是"要建立科学权威、公开透明的哲学社会科学成果评价体系"，要努力做到"把优秀研究成果真正评出来、推广开"[②]，由此奠定了人文社科成果评价的重要地位。2018 年，中共中央办公厅、国务院办公厅印发《关于深化项目评审、人才评价、机构评估改革的意见》，明确指出要统筹自然科学和哲学社会科学，推行分类评价制度，哲学社会科学类项目评价应"注重研究的政治方向、学术创新、社会效益、实践价值"[③]。2020 年，教育部、科技部联合发布《关于规范高等学校 SCI 论文相关指标使用 树立正确评价导向的若干意见》，该意见旨在破除"五唯"顽瘴痼疾，破

① 《国务院关于印发统筹推进世界一流大学和一流学科建设总体方案的通知》，中国政府网，2015 年 11 月 5 日，http://www.gov.cn/zhengce/content/2015-11/05/content_10269.htm。

② 《习近平：在哲学社会科学工作座谈会上的讲话（全文）》，河北省哲学社会科学规划办公室网站，2016 年 5 月 19 日，http://kxghw.hebnews.cn/jdt/2016-05/19/content_5514833_4.htm。

③ 《中共中央办公厅 国务院办公厅印发〈关于深化项目评审、人才评价、机构评估改革的意见〉》，中国政府网，2018 年 7 月 3 日，http://www.gov.cn/zhengce/2018-07/03/content_5303251.htm。

除论文“SCI至上”的思想，从而探索建立科学的评价体系，营造高校良好的创新环境，加快提升教育治理体系和治理能力现代化水平[①]。因此，建立兼顾中国情境及高校人文社科特质的成果评价体系，有侧重地引导我国高校人文社科朝着“一流”方向发展，是新时期人文社科建设的必然要求。

（三）高校人文社科成果评价的转型任务迫在眉睫

我国高校人文社科科研成果评价的研究重心在近年来发生了重大转移，即评价理念由初期的重视评价发展为现阶段的反观评价，研究内容也从评价体系的构建演变为通过对现有成果评价开展元评价而实现评价效率的提升。“十三五”以来，各利益主体对成果评价方式的争议较大，评价中存在的问题及改革诉求凸显，引发了各部委及各高校对既有评价体系局限性和科学性的思考及再审视，如相继颁布破“四唯”、破除论文“SCI至上”等文件和措施，并提出逐步建立评价反馈与监控体系的理念。

首先，部委方面。多措并举扎实推进高校人文社科成果评价改革，有效激发科研人员创新活力，不断提升高校人文社科研究能力和服务水平。无论是破“四唯”还是破“五唯”，其本质都是相同的，改革重点不单是在拟要破除的指标维度等具体内容上，更重要的是转变评价理念，破除“以帽子论”“以称号论”的学术之风。改革的核心是通过建立科学合理的评价体系，营造有利于创新的学术生态环境。通过“破唯”反观原有评价体系的缺陷，纠正目前仅以单一维度和指标开展评价的浮躁之风，力求将评价的重心从评价学者个人转移到评价已取得的学术成果上来。因此，所谓的“不唯”绝非“不评”，而是评价方式的转变，是要通过厘清科研成果产生的内在逻辑，在尊重知识生产方式和学科特点的基础上，构建更为恰当合理的评价方式。

其次，高校方面。部分高校通过对成果评价的反思，已逐步开展评价转型的探索与实践。以国内最早落实破“四唯”的清华大学为例，其在2018年将“完善学术评价标准”列为年度重点工作，同时作为落实中办、国办关于深化“项目评审、人才评价、机构评估改革”要求的具体举措。

---

① 《教育部 科技部印发〈关于规范高等学校SCI论文相关指标使用 树立正确评价导向的若干意见〉的通知》，中国政府网，2020年2月18日，http://www.gov.cn/zhengce/zhengceku/2020-03/03/content_5486229.htm。

另外，由校学术委员会牵头成立工作组和专家组，历时一年于2019年4月正式发布《清华大学关于完善学术评价制度的若干意见》，其中明确了学术成果在学术评价中的重要地位，鼓励教师以高质量的学术成果服务经济社会发展，并规定高质量的学术成果是“作为职务晋升和工作考评的重要学术业绩”。同时强调要“尊重学科差异，根据各学科的特点制定相应的学术评价标准”①，实现学术评价从重数量向重质量、比贡献的转变。浙江大学在2017年出台了学术论文认定新规：师生在指定的媒体发表并形成重大网络传播的作品，可申报认定为等同于国内权威学术期刊②。浙大制定的这一成果认定新规，充分考虑了包括人文社科在内的某些特殊学科的成果属性，即在当前“互联网+”的背景下，在互联网及客户端实现广泛传播的学术成果，具有不可忽视的社会影响力。将科研成果在新媒体传播的影响力这一评价维度纳入成果评价体系，综合考虑了科研成果的社会影响及贡献，实现了高校科研成果评价改革的创新③。此外，部分高校还专门建立了智库，研究主岗的人才发展通道和人才评价标准，将高质量、有实效的智库研究成果纳入科研评价体系。然而改革的尝试仅存在于个别高校中，尤其是对人文社科成果评价的改革更是寥寥无几，绝大多数高校目前仍处于观望的阶段。

二 基本概念

（一）高校人文社科成果

高校人文社科成果，是指高校教师在科学研究活动中所得出的有价值、有意义的人文社科知识结果。不同的分类方法产生不同的成果类型。根据成果产出阶段的不同，分为阶段性成果、最终成果。阶段性成果是在研究过程中取得的阶段性成就，是最终成果的必经之路。最终成果是多个阶段性成果的汇总，是阶段性成果的提炼升华。根据成果体现形式的不同，分为学术论文、学术专著、学术研究报告。

---

① 《清华大学发布〈关于完善学术评价制度的若干意见〉》，清华大学科研院网站，2019年4月19日，https://www.rd.tsinghua.edu.cn/info/1002/1063.htm。

② 《浙江大学优秀网络文化成果认定实施办法（试行）》。

③ 王贤文等：《连续、动态和复合的单篇论文评价体系构建研究》，《科学学与科学技术管理》2015年第8期。

本书所指的高校人文社科成果，在不同章节有不同的内涵，具体体现为：在成果转化评价部分，所涉及的高校人文社科成果不仅包括狭义的最终科研成果，还包括课题项目、阶段性科研成果等广义的科研成果；在成果质量评价部分，高校人文社科成果是指标有该项目立项编号的最终成果，但考虑到项目成果的可获得性和可测量性，特以作为项目成果产出形式之一的论文作为研究对象；在成果评价的元评价和风险管理部分，其主要界定为高校人文社科教师在国社科项目研究过程中取得的、公开发表并且标注基金支持号的所有项目相关成果，含阶段性成果及最终成果。

（二）成果转化评价

当前学界对科研成果转化的定义大多局限于自然科学领域，而对于何为人文社科成果转化尚未形成统一的认识。赵放人认为社科成果转化指人文社科研究成果应用于实际生活，发挥其社会贡献性作用的过程。这一过程可分为三个阶段：一是被社会了解，二是为社会所接受，三是为社会所应用并产生一定的社会效益。每一阶段都需具备相应的特定条件[①]。林素仙和何义珠认为社科成果转化是指从具有转化可能性的社科成果出发，运用先进的形式与手段，借助新的载体和视角，使社科成果能够组合成新的内容，使其价值能够服务于实际的过程[②]。

综合上述观点，本书将人文社科成果转化评价界定为对人文社科研究成果应用于实践并发挥价值时在多大程度上满足科研主体要求的价值判断过程。

（三）成果质量评价

国际标准化组织（ISO）对质量所下的定义在很大程度上为各方所认同，该定义的一个核心要义就在于只要满足主体需求就表明质量是高的。结合国际标准化组织给“质量”所下的定义，判定人文社科项目成果质量高低就离不开该科研成果满足科研主体或者说科研利益相关者要求的程

---

① 赵放人：《应重视社会科学研究成果的“转化”问题》，《社会科学管理与评论》1999 年第 4 期。

② 林素仙、何义珠：《智库参与高校人文社科研究与成果转化的对策研究》，《情报杂志》2017 年第 8 期。

度。从广义上来讲，科研主体（科研利益相关者）主要包括科研人员个人、科研人员所在的工作单位、由相关学者组建的学术共同体、高校的科研管理部门、图书和杂志等发行机构等①。

本书将质量评价拆分为质量和评价两部分来解释和说明，并将人文社科成果质量评价界定为对人文社科研究成果在多大程度上满足科研主体要求的价值判断过程。

（四）成果评价的元评价

成果评价的元评价，就是按照元评价的基本原理和框架量表，采用适当的方法和流程，构建元评价体系，对既有成果评价开展再评价的过程。元评价从不同视角出发可划分为内部元评价和外部元评价。内部元评价是从既有评价体系自身审视的角度开展的再评价。外部元评价是从外部中立角度开展的再评价。通过内部视角与外部视角的结合，确保元评价的公正性与客观性。

本书所指的成果评价的元评价，是通过梳理国社科既有评价的全生命周期各要素，构建元评价体系而开展的分析。按照元评价的两种类型，分为内部元评价和外部元评价。内部元评价是通过构建元评价量表，综合采用定性和定量方法对既有成果评价情况和评价结果开展再评价，寻找评价偏差及所存在的问题。外部元评价是针对内部元评价所得结论开展检验与审查，通过访谈收集业内专家意见，对内部元评价进行校正与原因阐述。本书对既有成果评价的元评价要素划分，是基于全生命周期理论，将既有评价全生命周期的六要素（即评价对象、评价方式、评价体系、评价目标、评价活动、评价监督）作为元评价的考核对象。

（五）成果评价的风险管理

成果评价的风险管理，是指根据元评价的分析结果，梳理评价过程中产生偏差的风险点和风险环节，从而在新一轮的成果评价中进行全过程监控与管理，实现对评价风险的预警和规避。它包含两部分：一是对已发生的评价风险及时进行疏导和减损；二是对评价中的潜在风险进行预测和规

---

① 谭春辉：《高校人文社会科学研究成果评价机理研究——基于利益相关者的视角》，《社会科学管理与评论》2013 年第 2 期。

避。通过对不同评价阶段的风险源进行风险识别、风险评估、风险应对、风险监控，实现评价前、评价中、评价后的一体化风险管理并落实系统自迭代机制。

本书所指的成果评价风险控制，是以国社科成果评价全生命周期为对象，筹建运行规范的风险管理组织机构，构建包含“一个管理机构、两个生命周期、三个评价阶段、四个风控流程”的国社科成果评价全生命周期风险管理模型，实现对国社科成果评价全生命周期“从始至终”的三个阶段的风险识别、评估、应对、监控。

第二节　高校人文社科成果评价体系的构建要素

评价体系的概念来源于管理学中的绩效评价，主要涉及评价主体、评价内容、评价目的、评价标准等。本书参照文献，基于相关理论，尝试定义了高校人文社科成果的评价体系，即人文社科成果评价中所涉及的各个环节和内容，具体包括七项核心要素：评价目标、评价理念、评价原则、评价对象、评价方式、评价活动和评价监督。七要素的设置和建构完整地演绎了高校人文社科成果评价实施全生命周期“由始至终”的过程。

一　评价目标

评价目标具有导向性，不同的评价目标决定了不同的评价角度和标准，只有先明确评价目标，整个指标体系的构建工作才能做到有的放矢。因此，对于构建高校人文社科评价指标体系来说，首要任务就是明确评价目标。评价目标主要体现在以下四方面。

（一）强化价值引领

高校人文社科成果评价，要坚守评价的本质，将以评促建作为评价的重要前置目标。通过评价发挥科研育人和学科建设的功能，促进科研与教学，科研与人才培养的深度融合，阐释中华文明传统学科体系与世界先进水平的辩证关系。

（二）注重成果转化

高校人文社科成果的转化效率虽无法比肩于自然科学，但一切有价值的学术研究都是以观照现实、解决问题为基石的。高校人文社科成果作为经世致用之学问，更应强调成果转化。尝试建立“研究—教学—咨政”三位一体的成果评价范式，进一步发挥高校人文社科成果的衍生效应，推进科研反哺教学、科研转化咨政的探索与实践，也进一步强化高校人文社科成果转化为教学资源、智库和建言献策的功能，从而促进人文社科“一流”学科建设，做好高校人文社科研究成果“顶天”和“立地”的大文章。

（三）提升成果质量

坚持质量第一的评价导向是我国高校人文社科研究得以繁荣发展的重要支柱，该评价导向着重强调科研成果的质量、贡献、学术和社会影响力，目的在于评出真正有价值、有贡献、高质量的人文社科成果。在重视科研成果质量、打造学术精品的评价体系下，该评价导向有利于学术界发挥正确的价值引领作用，端正科研人员的科研态度，促进学者产出真正的高质量成果，改善目前科研成果评价“重量轻质”的现状，也有利于进一步拓展智库领域，持续产出精品研究成果，打造中国智库品牌。

（四）监控评价风险

基于清“五唯”、“去帽子”和“去SCI化”等规范，本书构建了人文社科成果评价全生命周期风险管理模型，对科研成果评价全过程进行实时监控，以保证最大限度地实现成果评价的既定目标。元评价机制的建立能提高评价主体反观评价的意识，也能有效实现对既有评价的实时对标检验，降低因评价偏差导致的目标偏航风险，从而构建与之相适应的风险管理体系，实现对成果评价风险的监控。

二　评价理念

高校人文社科成果评价理念的合理性、科学性、准确性确定了学科价值取向及发展方向。我们应立足于国际人文社科学科发展的新阶段，悟行高质量发展的新评价理念，把握以国内大循环为主体，国际国内双循环相互促进的新发展格局，以评促建地实现我国高校人文社科成果评价体系的再提升。本书认为应遵循以下评价理念。

（一）多维度

我们在进行人文社科成果评价时，应遵循以成果转化、成果质量提升和降低评价风险为目标的多维度综合评价理念。综合评价作为多元、多维度的价值取向模式，打破了既有评价理念的固化性及评价标准的单一性，破除了评价“唯结果”“唯指标”的路径依赖，切实发挥了评价对人才培养、科研转化、风险纠偏的促进效应，以此形成有利于人文学科建设和高校科研人才成长的自由氛围。

（二）元评价

高校人文社科成果的元评价，是通过在评价中发现问题和风险，寻找既有评价的偏差点及风险源，不断对评价进行动态调适，完善风险管理体系。遵循元评价的评价理念，有利于在新一轮的成果评价循环中对偏差及风险形成实时监控，并通过纠正偏差点实现对既有成果评价模式的改进，还有利于提升成果评价结果的合理性及评价过程的稳定性，减少评价不确定性造成的偏差。

（三）全过程

全过程评价强调评价的动态性和发展性，是人文社科成果评价的重要理念，用于对被评客体在某项活动中能力提升的过程性总结。全过程评价的本质是要通过成果评价发挥高校教师开展学科研究的积极性，打造精品人文社科成果，通过对高校教师在研究过程中的增值性考核，摆脱“一评定终身”的旧模式，鼓励教师勤勉治学、潜心研究，创造出高质量、高水平的代表性成果。

三　评价原则

评价的指导思想即科学评价的原则。不同的指导思想，会产生不同的评价结果，因此在对高校人文社科学术论文影响力进行评价指导时，遵循科学的评价原则尤为重要。科学评价的基本原则一般包括：客观性原则、综合性原则、可行性原则、分类比较原则和导向合理原则等。

（一）客观性原则

在评价过程中，要遵循实事求是、客观、公正评价的原则，不掺杂个人的感情与主观臆断。合理看待评价的结果，公开透明、公平公正的评价标准是对人文社科学术论文影响力评价结果的保障。可见在评价过程中评价客观性、公开、公正和公平相互制约，成为评价的准绳。

（二）综合性原则

定性评价主要依靠同行专家对评价过程、评价结果进行把关，具有一定的主观性。而定量评价是以相关数据为基础，通过数学、统计学等科学计量的方法对评价对象进行评价。由于评价活动的特殊性，定性评价与定量评价相结合的方法已成为目前成果评价的主流，这在一定程度上使得评价结果更科学、更准确。

（三）可行性原则

评价的目的在于指导学术科研实践活动，反映学术科研活动的价值。在评价过程中除系统性之外，还要考虑到实用性与可操作性，选择可获取的指标进行评价，在可控的时间范围内得出评价结果。在实际的评价活动中，难以做到面面俱到，因此在评价时，应遵循实用性原则与灵活性原则，使评价活动易于操作，得到科学的结果。

（四）分类比较原则

由于评价对象的特殊性，分类和比较是针对同一对象的不同评价方面而言的。评价是一个复杂的过程，包含多种要素、多重关系。对于不具可比性的评价对象，在设计评价体系时要根据对象分类进行有针对性的评价，确保对评价对象的不同评价方面进行科学、准确的划分，这样才能保证评价结果的科学性与合理性。

（五）导向合理原则

科学评价的结果具有较强的引导性，而不同评价活动的导向也是不同的。所有的评价活动都是为了科学活动的健康、积极，向良性发展，提高科研效率。在人文社科学术论文影响力评价活动开始前就要明确评价目标，遵守导向合理原则，这样才会避免对科学评价产生不良影响，提高评价活动的效率。

四　评价对象

评价对象界定规则影响评价结果。不同的评价对象界定规则对评价结果的整体走向会产生不同的影响。通过梳理国家的一系列政策可以看出，成果转化和成果质量评价在高校人文社科成果评价中占重要地位，如2018年中共中央办公厅、国务院办公厅印发《关于深化项目评审、人才评价、机构评估改革的意见》①，2020年教育部印发《关于破除高校哲学社会科学研究评价中“唯论文”不良导向的若干意见》②，2021年教育部、财政部、国家发展改革委联合印发《“双一流”建设成效评价办法（试行）》③。

然而，由于实际开展评价过程中存在的现实问题日益凸显，我国高校人文社科成果评价体系长期存在争议，主要体现在四方面：高校人文社科成果的特殊属性导致“评价困难”，高校人文社科成果评价体系不合理造成“评价失真”，高校人文社科成果评价方式不合理引起“评价缺陷”，高校人文社科成果评价缺乏监控机制产生“评价偏差”。

基于国家政策导向和现实评价中存在的问题，我们将成果转化评价、成果质量评价、成果评价的元评价和成果评价的风险管理这四部分作为高校人文社科成果评价的主要对象。

（一）成果转化评价

高校人文社科成果可转化为教学资源、智库、政府政策咨询等形式，本书主要对科研成果转化为慕课这种教学资源进行评价，并积极探索人文社科成果如何能够有效转化和紧密融入慕课中。积极推动高校人文社科成果转化为教学资源，也是对“将科研成果转化为教育教学、学科专业发展资源，提高人才培养质量”政策导引的回应。

（二）成果质量评价

建设新文科、打造创新成果是当前高校人文社科发展提出的新要求。作为高校科研成果有机组成部分的人文社科成果，对其质量的评价不仅体

---

① 《中共中央办公厅 国务院办公厅印发〈关于深化项目评审、人才评价、机构评估改革的意见〉》，中国政府网，2018年7月3日，http://www.gov.cn/zhengce/2018-07/03/content_5303251.htm。

② 《教育部印发〈关于破除高校哲学社会科学研究评价中“唯论文”不良导向的若干意见〉的通知》，教育部网站，2020年12月10日，http://www.moe.gov.cn/srcsite/A13/moe_2557/s3103/202012/t20201215_505588.html。

③ 《教育部 财政部 国家发展改革委关于印发〈“双一流”建设成效评价办法（试行）〉的通知》，教育部网站，2021年3月23日，http://www.moe.gov.cn/srcsite/A22/moe_843/202103/t20210323_521951.html。

现了国家科研水平的软实力，还为高校学科发展提供了人文滋养。

（三）成果评价的元评价

鉴于我国高校人文社科成果的特殊性及评价的重要性，特别是由于高校现有人文社科成果评价体系监测反馈不及时、科研与教学“两张皮”等弊端和问题，通过元评价对既有评价体制进行反观与审视，纠正评价偏差并制定出相应的评价风险监测与管理策略，改进不合理的评价方式成为迫切需要。

（四）成果评价的风险管理

元评价与风险管理是高校人文社科成果评价顺利开展的双保险，二者的结合体现了高校人文社科成果评价的结果管理与过程管理，即将静态评估与动态监测结合来保证高校人文社科成果评价的信效度。

五　评价方式

评价是意识的对象化活动，其作用是通过判断被评客体的特性揭示其客体价值[①]。相应地，评价方式可以说是判断价值属性的“公认模型或模式”[②]。随着学术共同体的发展及科研环境的变化，经典的同行评议日渐暴露出一些问题：随机性较强[③]，遴选对评价结果的主体决策性[④]，带有偏见的“非同行”阻碍新兴研究领域的学科发展[⑤]等。然而如果仅以计量来评定人文社科成果，则会不可避免地引发“五唯”旧疾，导致科研成果“重量轻质”的现象日益严重[⑥]。另外，目前国内评价中普遍只对结果进行考评，缺乏对科研过程的监督与管理。因此，需要建立多元结合的评价方式，优化现有的评价方式，破除评价对“唯结果”“唯指标”的旧模式的依赖，进一步完善高校人文社科成果评价治理模式。

---

① 马俊峰：《评价活动论》，中国人民大学出版社，1994。

② 〔美〕托马斯·库恩：《科学革命的结构》，金吾伦、胡新和译，北京大学出版社，2003。

③ 蔡蓉华：《同行评议的难点》，《甘肃社会科学》2015年第4期。

④ Y. H. Sun，J. Ma，Z. P. Fan et al.，“A Group Decision Support Approach to Evaluate Experts for R&D Project Selection，” *IEEE Transactions on Engineering Management*，2008，55（1）：158－170.

⑤ D. Kennedy，“Disclosure and Disinterest，” *Science*，2004，303（5654）：15.

⑥ 马永霞、仇筢熙：《“不唯”≠“不评”：论人文社会科学成果评价方式的改进》，《重庆大学学报》（社会科学版）2021年第3期。

（一）定性评价与定量评价相结合

破除旧“四唯”或“五唯”后，如何避免新构建的评价体系不会迈入另一种新“唯”，是需要思考的问题。本书认为在开展人文社科成果评价时，要遵从学科特点，实行以专家评议最终成果为主，计量评价阶段性成果为辅的综合评价方式，且在评价方式上使二者结合，这是彻底破“唯”的有效手段。

定性、定量相结合的综合评价是当前学界最主流、最科学的评价方式。同行评议既保证了科研质量，又对人文社科成果的隐性特质进行了最大限度的发掘，是人文社科成果评价中应当坚持的主体评价方式。而计量评价的指标具有易于量化、数据客观等特点，能规避一部分由同行评议带来的个人主观因素的干扰，对同行评议具有重要的补充作用，是同行评议的重要辅助方式。国家社科基金项目的成果鉴定方式虽然从表面上看是单一的定性评价模式，但实质上也包含了定量评价的理念和思维，专家评分归根到底也是一种量化的评价方式。可见，定性评价与定量评价可以相互渗透、互为补充。通过实行双管齐下的综合测评方式，或可抵消一部分由单一同行评议方式带来的“人情因素”影响，降低非学术偏见的发生概率，使评价方式更为科学、公正。

（二）过程性评价与终结性评价相补充

针对既有成果评价方式仅以最终成果为评价对象的单一性和片面性问题，本节主张采用过程性与终结性评价相补充的评价方式，以最终成果为主、阶段性成果为辅的评价策略，实现评价对象的扩展。等效成果不仅包含实体性的阶段成果，也包含学科贡献、人才培养等非实体性成果。

加强人文社科的过程管理，利用好阶段性成果指标时效性强的优点，有利于知识的扩散与传播，并且由于数据易于计量，其纳入考评的可操作性也很强。过程性评价与终结性评价相结合的评价方式，可以使学者更全面、更有针对性地开展科研评价，避免其仅盯着最终成果来搞科研的急功近利行为，也可解决目前依靠单一同行评议带来的片面性问题。因此，可通过建立相对齐备的项目阶段性成果数据库，分析研究过程中存在的问题以及研究过程与研究结果之间的关系。在原有的对最终成果进行鉴定的基础上，增加对科研过程的绩效评价模块，包括将学科贡献度、人才培养、经费使用等情况适度向评审专家公开，从而形成完备的人文社科科研成果评价体系。

六 评价活动

管理部门是否存在渎职风险，主客体双方对评价的支持程度都会影响成果评价活动的推进。完善顶层设计，实现多部门耦合联动，建立健全的评价制度和科研诚信制度，有利于完善评价规划，实现评价活动的顺利开展。具体主要从以下两方面推进科研评价活动。

（一）健全制度保障

深入贯彻落实习总书记关于教育和哲学社会科学的重要讲话，从完善顶层设计入手，进一步落实“放管服”改革，推进“一站式”服务，优化审批流程，促进高校人文社科评价管理的内部联动。另外，通过“法治—规范—道德”三管齐下的策略，聚焦高校人文社科成果评价中存在的突出问题，完善成果评价的顶层设计，提升我国高校人文社科的学术创新能力及战略问题服务水平。

（二）坚守诚信红线

完善监督约束和教育引导，推进高校人文社科教师的科研诚信教育，加强人文伦理与道德建设。明确学术不端行为的认定范围及处理措施，对该类行为实行“零容忍”。在评价中加入“信用模块”并将其作为项目申请及职称评定的重要参考依据，推行高校人文社科科研诚信承诺制度。惩治与防范相结合，以此营造潜心研究、风清气正的高校人文社科科研氛围。

七 评价监督

针对既有成果评价风险控制及过程管理机制有待进一步完善的现状，可通过建立与成果评价相适应的风险监控机制，夯实人文社科成果评价的过程管理，调解评价主客体双方的利益冲突，全方位、全过程实现对成果评价的监督与保障。

（一）注重过程评价管理

过程评价强调评价的动态性和发展性，是高等教育评价的重要理念，用于对被评客体在某项活动中能力提升的过程性总结。高校人文社科的成果评价监督，体现了过程管理的理念。通过在评价中发现问题和风险，不断对评价进行动态调适，完善风险管理体系。在下一轮评价实施中形成对过往问题及风险的实时监控。过程管理的本质是通过成果评价激发高校教师开展学科研究的积极性，打造精品人文社科成果，通过对高校教师在研究过程中的增值性考核，摆脱“一评定终身”的旧模式，鼓励教师勤勉治学、潜心研究，创造出高质量、高水平的代表性成果。

（二）建立风险管理机制

风险管理机制的建立是保证高校人文社科成果评价顺利运行的基石。首先，成立风险管理领导小组。领导小组由评价主体的各级单位组成，委任组长，并设置相关职能部门的组员，负责高校人文社科成果评价的统筹协调、宣传引导、监督落实。其次，设立评价申诉制度。建立成果评审意见的申诉制度，能在一定程度上解决同行评议带来的知识结构断层的问题。即当被评价者对评审结果有异议时，其可以通过提交证明材料或说明的方式进行申诉，并由原评审专家进行回应，以此来维护被评价者权益，保证同行评议的科学性。尤其是在对某些冷门学科成果开展评价时，要进一步强化评价主客体双方的沟通反馈机制，减少由学科差异引致的评价误差，提升评价的精准性。

第三节　高校人文社科成果评价体系的构建框架

一　评价指标体系

本节建立的高校人文社科成果评价指标体系是由一系列相关联又富有逻辑层次的评价指标组成，具体包括成果转化评价、成果质量评价、评价的元评价和评价的风险管理这四部分。该指标体系具有动态性、情境适应性和导向性等特征，符合具有中国特色、高校风格和世界一流的指标体系构建。

根据上述评价体系构建的目标、理念和原则等，在借鉴国内外高校人文社科成果评价有关研究成果和相关理论的基础上，构建出了如表 4－1 所示的高校人文社科成果综合评价指标体系。整个评价体系的构建具体体现了“四个核心环节、两个生命周期、一个闭环体系”的特点。

表 4－1 高校人文社科成果综合评价指标体系

一级指标	二级指标	三级指标
成果转化评价	教学资源	十门慕课
成果质量评价	学术论文质量	载文期刊影响因子、被引数和他引数
	学术论文影响力	学术影响力：被引频次、期刊指数与下载次数
		社会影响力：同行认可与社会反响
评价的元评价	实用性	范围选择合理性、评价结果可靠性、评价结果有效性
	可行性	评价项目可行性、评价政治可行性、评价经济可行性
	适当性	评价方法适切性、公正性与合法性、利益冲突协调度
	准确性	评价信息真实性、评价目标适配性、评价指标科学性
评价的风险管理	风险管理全生命周期	风险识别、风险评估、风险应对、风险监控
	成果评价全生命周期	初审监管、评议监管、终审监管

（一）四个核心环节

“四个核心环节”是指在成果转化评价、成果质量评价、评价的元评价、评价的风险管理这四个评价维度上实现强化与体系重构。

成果转化评价。鉴于慕课这一教学资源的开放性和突破传统教学形式的时代性，所以选取慕课作为本书中教学资源的研究文本。慕课的采集范围设定在教育部2018年推出的人文社科领域的国家精品在线开放课程中(除去部分公共课程)，采用随机抽样的方式从中抽取十门慕课，然后对这十门慕课进行语音转录以作为教学资源的研究文本。

成果质量评价。高校人文社科项目的最终成果表现形式多样，选择成果形式之一学术论文进行质量评价和研究主要原因在于其合理性和适用性，具体体现为学术论文具有较高的认可度和可测量性。因此，选定该指标的二级评价指标为学术论文质量和学术论文影响力。具体来看，学术论文质量用载文期刊影响因子、被引数、他引数来衡量；学术论文影响力指标评价用“学术影响力”与“社会影响力”这两个指标来衡量。“学术影响力”指标下设三个指标“被引频次”、“下载次数”和“期刊指数”。其中，“期刊指数”将使用“期刊影响因子”作为代理指标。“社会影响力”下设两个指标“社会反响”和“同行认可”。其中，“社会反响”使用“百度搜索指数”作为代理指标；“同行认可”使用“发表层次”作为代理指标。

成果评价的元评价。本书以国社科成果评价全生命周期六要素（评价对象、评价方式、评价体系、评价目标、评价活动、评价监督）为对象，借鉴元评价经典 JCSEE 量表并做案例适用性调整之后形成评价指标体系。一级指标方面，借鉴了 JCSEE 量表的四个指标，即“实用性、可行性、适当性、准确性”；二级指标方面，综合调研、访谈、文献、文本等资料，构建基于国社科全生命周期六要素的指标内容。

成果评价的风险管理。“风险管理全生命周期”体现在横向架构方面，即风险识别、风险评估、风险应对、风险监控。这四个流程风险管理经典模型的实践化形式，是风险从发现到解决的一个完整循环。“成果评价全生命周期”体现在纵向架构方面，即初审监管、评议监管、终审监管，相应的评价风险可能存在于这三个阶段。

（二）两个生命周期

全生命周期理念是秉承“从始至终”的基本思想，将研究对象的全生命过程作为一个整体的研究客体进行分析，并将这个完整的过程按照不同形态特点划分为不同的研究阶段，选取具有针对性的方式进行管理。“两个生命周期”具体指该指标体系包含了两个全生命周期循环体系。其一为成果评价的全生命周期，包括七项核心评价要素；其二为风险管理的全生命周期，涵盖了风险管理全过程的三个阶段、四项风控流程。

（三）一个闭环体系

“一个闭环”是指构建的新体系要实现成果评价从起始到终止的全生命周期监控，在既有评价、元评价、风险管理三者之间形成闭环反馈系统，并建立良好的评价监督和预警机制，从而有效应对评价全生命周期过程中的潜在风险，保证成果评价的顺利实施。一方面，通过元评价，可以发现既有评价存在的问题，对其进行纠偏调整；另一方面，元评价的结果可以指导构建一套适用于成果评价的风险管理策略，在下一轮的评价中实现实时监控，规避评价风险。同时，在评价开展的过程中可将评价偏差问题形成同期反馈再次反馈给元评价体系。

以上三位一体可持续提升的闭环架构能在一定程度上弥补高校人文社科评级评价形式化、定量化的不足，改变质量标准参差不齐、缺乏元评价及风险管理的现状，实现多维度、元评价和全过程理念的结合与运用。有利于提升成果评价结果的合理性及评价过程的稳定性，减少评价不确定性产生的偏差。

二　信效度检验

本节构建的高校人文社科成果综合评价指标体系一级指标的设计来源于相关理论基础、国内外文献和国家政策文本三方面的内容。而对二、三级指标的设计，则是在相关理论和文献的基础上，针对案例特点进行了调整，并且经过了多轮实地调研与焦点团体访谈，集中了领域专家对构建高校人文社科成果综合评价指标体系的建议。因此，可以保证该综合评价指标体系的效度。

信度方面，本节采用肯德尔和谐系数法，选取10位领域专家对已构建的综合评价指标体系表进行打分，运用肯德尔和谐系数的计算公式进行一致性分析。公式如下：

$$W=\frac{s}{\frac{1}{12}m^{2}(n^{3}-n)}\text{，其中 } s=\sum_{j=1}^{n}R_j^2-\frac{1}{n}\left(\sum_{j=1}^{n}R_j\right)^2 \qquad (4-1)$$

式（4－1）中：m为专家人数，n为综合评价指标个数，R_j为第j个评价指标的得分数，s为第j个评价指标得分数与所有指标得分数的平均数之差的平方和。根据公式计算得出，$W=0.807$。根据肯德尔和谐系数法的要求，$W\geqslant 0.5$即可认为专家之间的评价意见显著一致。由此可以得出，本节构建的综合评价指标体系具有较高的评价信度。

第五章

高校人文社科成果的转化评价

科研成果转化是高校的一项重要工作，在国家创新驱动发展战略背景下，科研成果转化工作被赋予了新的内涵与意义，在政策层面上也获得了极大的重视和支持，例如 2016 年国务院办公厅印发《促进科技成果转移转化行动方案》[①]，同年，教育部、科技部发布《教育部 科技部关于加强高等学校科技成果转移转化工作的若干意见》[②]，教育部办公厅印发《促进高等学校科技成果转移转化行动计划》[③]。这些政策均强调了高校科技成果转移转化工作在国家建设、社会发展、高校培养和学科发展等方面的关键作用，并对科研成果转移转化工作做出了相应部署，高校科研成果转化成为我国创新驱动发展的重要动力。

教学资源是高校人文社科成果转化必要且可行的一种形式，而慕课是近年来教育领域发展最为迅猛、引发关注最多的一类教学资源，这使得高校科研成果向慕课转化极具开放性和时效性。随着我国经济的发展，人们对高质量人文社科成果的需求日益增加，现代教学新技术的兴起和发展也为人文社科成果向慕课转化提供了新的机遇和支持。例如，教师可以利用慕课把科研成果融入网络课堂教学，有效提高科研成果传播的便捷性和即

---

① 《国务院办公厅关于印发促进科技成果转移转化行动方案的通知》，中国政府网，2016 年 4 月 21 日，http://www.gov.cn/zhengce/content/2016-05/09/content_5071536.htm。

② 《教育部 科技部关于加强高等学校科技成果转移转化工作的若干意见》，中国政府网，2016 年 8 月 3 日，http://www.gov.cn/gongbao/content/2017/content_5191706.htm。

③ 《教育部办公厅关于印发〈促进高等学校科技成果转移转化行动计划〉的通知》，教育部网站，2016 年 10 月 20 日，http://www.moe.gov.cn/srcsite/A16/moe_784/201611/t20161116_288975.html。

时性，极大地补充和丰富了传统教学资源。所以，在时代变革与技术更新的背景下，我们要大胆尝试，推进科研成果向慕课的转化，增加课堂的时代感和吸引力，积极探索人文社科成果有效转化和紧密融入慕课的有效路径。因此，本章第一部分深入分析了高校人文社科成果转化为教学资源的现状和影响因素。本章采用案例分析法，借助软件，对高校人文社科成果转化为慕课现状展开分析。将十个慕课案例内容的编码结果与其对应主讲教师的近 20 年研究成果的可视化结果进行逆向比对得出转化比例，并将案例结果与专家访谈结论相结合，得出研究结论。再采用访谈法挖掘高校人文社科成果转化为慕课的影响因素。通过对 15 位高校教师展开深度访谈，依据扎根理论质性分析法和借助 NVivo11.0 软件对访谈文本进行三级编码处理，阐释各因素间的关系，由此得以构建影响因素模型。第二部分，详细论述了高校人文社科成果转化为智库和政府决策咨询这两种形式，分别介绍了国内外高校智库建设现状，智库与高校人文社科成果转化之间的关系以及智库介入高校人文社科成果转化等情况。

第一节　高校人文社科成果转化为教学资源

一　成果转化为教学资源的现状

本部分从十个慕课案例展开分析，结合质性分析的佐证支持，探讨高校人文社科成果向教学资源转化的现状。

（一）数据来源

基于研究目的，本节内容主要涉及高校人文社科成果和以慕课为例的教学资源这两个研究对象，因此本节的研究文本也包含以下两个部分。

1. “慕课”教学资源的选取

鉴于慕课这一教学资源的开放性和突破传统教学形式的时代性，所以选取其作为本节教学资源的研究文本。自慕课产生起，我国众多高校在慕课探索上已积累了许多宝贵经验，在慕课的筛选上，本节主要有以下四个步骤：第一，为使本节的研究文本更具代表性，即所挑选的慕课课程需具备课程质量高、传播范围广等特点，因此本节慕课课程的采集范围设定在教育部 2018 年推出的 490 门“国家精品在线开放课程”中；第二，由于研究的是人文社科成果的转化情况，所以根据学科分类，本节从中筛选出200门人文社科领域的国家精品在线开放课程；第三，由于研究的是专业成果转化情况，所以按照课程类型，本节筛除了人文社科类国家精品在线开放课程中的部分公共课程，如“思想道德修养与法律”“马克思主义基本原理概论”等；第四，综合考虑高校类型的多样性及慕课资源的可获得性，采用随机抽样的方法，最终选取其中十门慕课进行调查，共计406个课时，课程原始时长78小时53分46秒，课程配套测验117次，文件169个，参与讨论105次，完成作业24份。本节研究对这十门慕课进行语音转录，从而获取教学资源的研究文本。

2. 高校人文社科成果文本的选取

本节根据所选取的十门慕课，逆向搜寻每一门慕课主讲教师近20年公开发表的研究成果。为确保研究文本的权威性和全面性，高校人文社科成果的研究文本均来自中国知网（CNKI）数据库。具体检索步骤如下：通过教师名字+任职学校进行高级精确检索，时间跨度为2000~2020年，获取到十位主讲教师共计384篇文献，以Refworks文献导出格式导出。必要时，会附加主讲教师的著作、课题等文本以丰富和补充本节人文社科成果研究文本。本节通过将每一门慕课主讲教师的研究方向及热点与慕课教学资源的研究文本进行对比，深入分析高校人文社科成果向教学资源转化的现状。

（二）案例分析

1. 分析方法及运用

（1）NVivo编码分析的运用

本节基于扎根理论，并借助NVivo11.0软件对十门慕课文本进行编码统计。NVivo11.0软件是一个适用于多类学科，能够处理大量文本资料，并对其展开质性分析的多功能软件。本节借助该软件对慕课进行编码分析是为了通过编码和数据，分解和梳理十门慕课文本的主要内容及其特点。

整个编码操作是将无附加意义的研究文本转化成具有规律的概念化文本的过程。首先，将研究文本进行裂解，给每一部分赋予具有概括性和代表性的概念，即形成一个个“自由节点”/“子节点”。其次，将每一个概念按照规律或特点自下而上地进行归纳和关联，整合成各个特定的类型或单位，即形成“树状节点”/“父节点”。“树状节点”是将单一的“自由节点”进行关联并建立逻辑，“自由节点”对应的原始文本资料称为“参考点”，而“树状节点”的参考点数为“自由节点”的参考点数之和。

由于研究对象十门慕课的资料属性是视频，因此 NVivo 软件对这十门慕课进行文本编码的操作流程是：首先将慕课视频文件下载并导入 NVivo11.0 软件，之后对慕课内容一句句转录并建立逐字稿，最后通过记笔记或填写备忘录的方式，不断复查和调整编码和节点，力求编码的完整性和有效性。

（2）CiteSpace 科技文本挖掘及可视化的运用

本节主要利用 CiteSpace 科技文本挖掘软件对十门慕课主讲教师的研究成果进行挖掘和可视化分析。CiteSpace 软件是一款基于 Java 语言开发的，能够直观呈现关键词、作者、机构等共现或聚类知识图谱，识别研究文本中的热点关键词、研究进展和前沿方向并将结果可视化的软件。CiteSpace 软件自产生后已进行了数个版本的更新与迭代，本节采用的是 CiteSpace 5.6.R3 这一最新版本。我们对每一个关键词共现知识图谱进行多次绘制和参数调适，力求得到清晰、理想的知识图谱绘制结果。CiteSpace 可视化分析中字号越大表示该节点作为关键词出现的频次越多，连线表示节点之间具有相关性，连线越多表示相关性越强。

关键词是作者对文献主题进行高度概括和凝练而得出的词或词组，每一个关键词都能够很好地代表文献的核心思想与内容。研究者在较长时间跨度内大量公开发表的学术研究成果的关键词的集合，可以体现研究者研究成果的总体内容特征、研究内容之间的内在联系、学术研究的发展脉络与发展方向等①。因此，本节对十门慕课的主讲教师近 20 年公开发表的学术研究成果进行汇总，利用 CiteSpace 信息可视化分析软件对这些文献的关键词进行可视化分析，从而得到高频关键词共现和可视化的关键词共现知识图谱，进一步分析得出该主讲教师的研究方向、热点和趋势。

2. 十个案例分析结果

本节主要通过对比两种文本分析方式的结果来探讨高校人文社科成果转化为慕课的现状，即把 NVivo11.0 软件编码分析的十门慕课内容与

---

① 李文兰、杨祖国：《中国情报学期刊论文关键词词频分析》，《情报科学》2005 年第 1 期。

CiteSpace 科技文本挖掘及可视化软件分析得出的关键词共现知识图谱一一进行逆向比对分析，若比对成功则说明人文社科成果实现了向教学资源的转化。

为使得到的结果更加客观全面，在逆向比对分析时，本节研究主要按照以下两个步骤：第一步是粗筛，通过节点名称的高度相似性可以粗略判断教师研究方向与慕课课程方向一致，即主讲教师的研究成果在其慕课中有较明显的转化。第二步是精筛，结合阅读作者的文献原文、科研项目成果或著作进行详细准确的比对分析。对关键词共现知识图谱中的每一个节点标签都可通过右键点击“Node Details”来获取与每个节点相关联的所有文献，即原始文献。精筛环节的判断标准是慕课编码节点须吻合其对应节点标签所关联的原始文献内容或其他能够佐证的科研成果。粗筛和精筛后，只有当慕课编码信息表中的节点既能够在关键词共现知识图谱上找到对应的节点标签，又能够吻合该节点标签所关联的原始文献内容，我们才判定其比对成功，即人文社科成果成功转化到慕课，转化比例为慕课中存在转化的节点频数在总频数中的占比。需说明的是，一个节点标签通常能够对应多篇佐证文献，但为了节省篇幅和增强文章条理性，本节在文中对每个节点标签仅列出一篇佐证文献。

案例一：北京大学汪琼教授“翻转课堂教学法”的转化结果分析

案例一为汪琼教授在中国大学 MOOC 平台上的慕课课程，其讲授的“翻转课堂教学法”课程共计 51 个课时，视频时长共计 6 小时 58 分 49 秒，课程配套测验 11 次，课后文件 94 个，讨论 38 次，作业 4 个。本节运用 NVivo11.0 质性分析软件对该课程进行视频转录和编码处理，最终建立了 5 个树状节点、21 个自由节点和 159 个参考点。编码结果如表 5－1 所示。

表 5－1　汪琼教授慕课课程“翻转课堂教学法”的编码信息

自由节点	参考点数	树状节点	参考点数
感受翻转课堂	8	翻转课堂教学法入门	25
认识翻转课堂	5		
翻转课堂学习理论	6		
尝试翻转设计	6		

续表

自由节点	参考点数	树状节点	参考点数
课前学习任务设计	10	课前设计	36
课前学习任务理论	6		
ARCS 完善教学设计	12		
培养学生自主学习能力	8		
展示多样教学视频	8	制作优质教学视频	42
录制教学视频的要点和原则	11		
录制教学视频的经验分享	5		
录制翻转课堂教学视频五步骤	6		
教学视频制作实战	12		
课堂教学活动设计步骤	5	组织课堂学习活动	41
成功的教学模式与方法	8		
教学问题设计	6		
有效小组学习活动设计	8		
课堂驾驭术	14		
翻转课堂教案回顾	3	实施翻转课堂教学	15
翻转课堂的实施保障	6		
翻转课堂的成功进阶	6		

在中国知网上对汪琼教授近 20 年公开发表的文献进行高级检索，检索条件为“作者 = 汪琼，作者单位 = 北京大学，时间跨度 = 2000 ~ 2020”，再筛除重名的作者文献及非研究型文献，共检索出 87 篇有效文献。将文献以 Refworks 文献导出格式导出，并在 CiteSpace 信息可视化软件中进行知网数据转化和制图，将 Node types 选择为 keyword，时间切片 = 1 年，运行 CiteSpace，从而得到总节点数量 N = 280 个，连线数量 E = 437 条，密度 Density = 0. 0112 的汪琼教授近 20 年文献的关键词共现知识图谱。由于总节点数量过多，为了使关键词共现知识图谱更加清晰明了，特将标签频数 Threshold 设置为 2，即显示节点作为关键词在汪琼教授近 20 年的文献中出现的频次均大于 2，如图 5 – 1 所示。

获取慕课的编码结果和授课教师近 20 年文献的关键词共现知识图谱后，还需初筛和精筛两个步骤来判定转化结果。

第一步，通过初筛来判断授课教师研究方向与慕课课程的吻合度。首

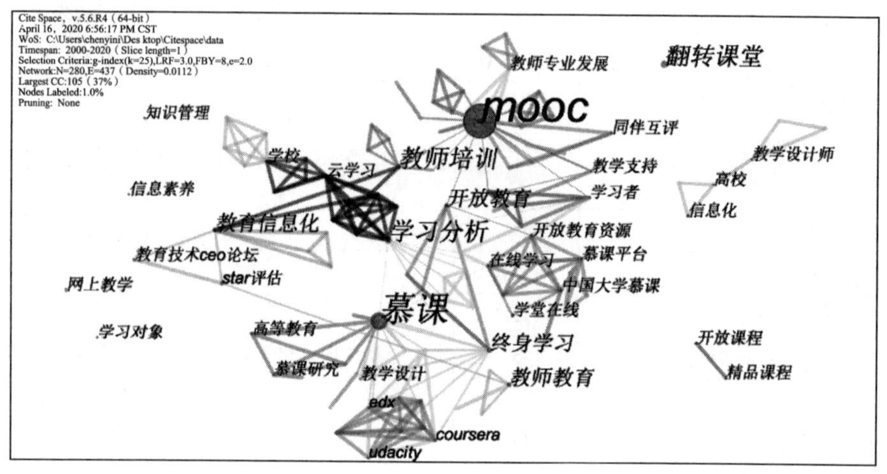

图 5-1　汪琼教授近 20 年公开发表文献的关键词共现知识图谱

先，从北京大学教育学院官网上获取到汪琼教授的主要研究兴趣之一是翻转课堂教学法。而其近 20 年公开发表文献的关键词共现知识图谱中频次前十的关键词也包含“翻转课堂”（排名第七）。所以，初步判断慕课“翻转课堂教学法”即为汪琼教授自身研究成果在教学资源中的一个转化与延伸。

第二步，具体到慕课中，以精筛来看转化比例。本书将汪琼教授主讲慕课“翻转课堂教学法”编码信息表中的节点自上而下与汪琼教授近 20 年的人文社科研究成果一一逆向比对分析。研究发现，慕课“翻转课堂教学法”中的树状节点“翻转课堂教学法入门”（参考点数 25）和树状节点“实施翻转课堂教学”（参考点数 15）可对应关键词共现知识图谱中的节点标签“翻转课堂”，辅以佐证的参考文献有《我国高校翻转课堂实施情况分析》等。树状节点“组织课堂学习活动”（参考点数 41）可对应节点标签“合作学习”“同伴互评”，辅以佐证的参考文献是《慕课学习者在线合作学习体验探究》等。综上，在汪琼教授主讲慕课“翻转课堂教学法”与其研究领域相匹配的情况下，汪琼教授的人文社科成果共对应其主讲慕课中的 81 个参考点，占总参考点的 50.94%。

案例二：清华大学罗燕副教授“教育社会学”的转化结果分析

案例二为罗燕副教授在学堂在线平台上的慕课课程“教育社会学”，该课程共计 33 课时，视频时长共计 6 小时 30 分 21 秒，课程配套测验 32

次。本节运用NVivo11.0质性分析软件对该课程进行视频转录和编码处理，最终建立了9个树状节点、36个自由节点和157个参考点。编码结果如表5－2所示。

表5－2　罗燕副教授慕课课程“教育社会学”的编码信息

自由节点	参考点	树状节点	参考点
社会学名著《自杀论》	3	社会学	22
知识的社会发生史	5		
社会学与经济学的视角差异	5		
社会学分析的概念工具	5		
自我的构建：社会学解释	4		
学科与专业概念	2	教育社会学	10
教育社会学的萌芽与发展	3		
教育社会学在中国的引进	5		
社会分层现象	2	社会平等与分层	14
社会不平等原因	4		
社会分层的理论解析	4		
当今社会分层现状	4		
社会流动概念	2	教育与社会流动	19
社会流动分类	3		
社会流动影响因素	4		
社会流动的测量	5		
出身和教育路径选择	5		
性别属性与社会性别角色界定	6	性别与教育平等	16
性别平等构建运动	4		
我国女性地位的失落	3		
教育在性别平等中的作用	3		
班级的概念及社会属性	5	班级社会学	16
班级结构的社会学分析	6		
课程的社会学分析	5		
组织的起源	4	学校组织的社会学分析	22
学校的产生	5		
学校组织的社会属性	8		
我国学校的变革：去单位制	5		

续表

自由节点	参考点	树状节点	参考点
职业分化	3	教师职业的社会学分析	15
职业专业化理论	3		
职业专业化的社会变迁	3		
教师职业的专业化	6		
全球化的定义	5	全球化与中国教育变革	23
全球化的测量	5		
中国与全球化	6		
全球化驱动下的中国教育变革	7		

对罗燕副教授近20年公开发表的文献进行高级检索，检索条件为“作者 = 罗燕，作者单位 = 清华大学，时间跨度 = 2000 ~ 2020”，再筛除重名的作者文献及非研究型文献，共检索出发表于2001 ~ 2020年的有效文献29篇。将文献以Refworks文献导出格式导出，并在CiteSpace信息可视化软件中进行知网数据转化和制图，Node types选择为keyword，时间切片 = 1年，运行CiteSpace，最终得到总节点数量N = 78个，连线数量E = 58条，密度Density = 0.0193，节点标签频数Threshold = 1的关键词共现知识图谱，如图5 - 2所示。

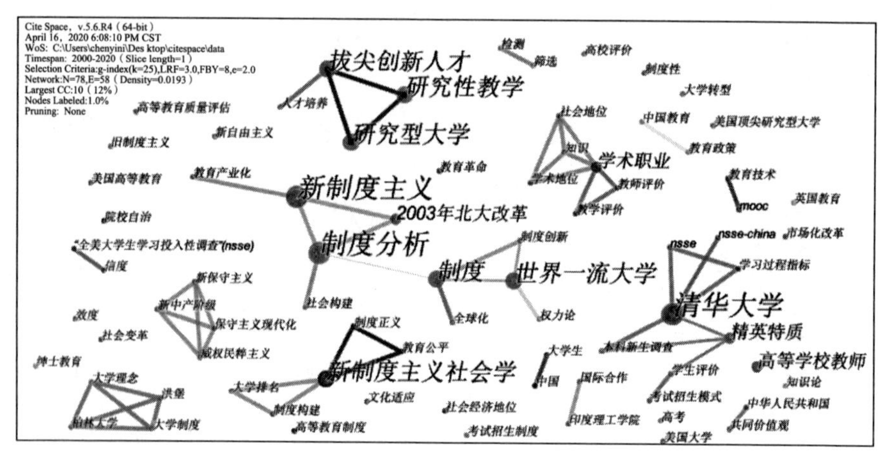

图5 - 2　罗燕副教授近20年公开发表文献的关键词共现知识图谱

获取慕课的编码结果和授课教师近20年文献的关键词共现知识图谱后，要通过初筛和精筛两个步骤来判定转化结果。

第一步，通过初筛来判断授课教师研究方向与慕课课程的吻合度。首先从清华大学教育研究院官网上获取到罗燕副教授的主要研究领域为教育社会学，主要研究方向为新制度主义社会学理论等。而近20年其公开发表文献的关键词共现知识图谱中频次前十的关键词包含“制度分析”“拔尖创新人才”“世界一流大学”“新制度主义社会学”等。因此，初步判断慕课“教育社会学”为罗燕副教授自身研究成果在教学资源中的一个转化与延伸。

第二步，具体到慕课中，通过精筛来看转化比例。本书将罗燕副教授主讲慕课“教育社会学”的编码信息表中的节点与罗燕副教授近20年的人文社科研究成果进行逆向比对分析。本书认为，慕课“教育社会学”中的树状节点“教育与社会流动”（参考点数19）所属的慕课内容提及“中国传统科举和高考改革”等，所以可对应节点标签“高考”“考试招生制度”“检测”“筛选”，辅以佐证的参考文献是《高考改革的新时代：制度重构的教育和社会分析》。自由节点“我国学校的变革：去单位制”（参考点数5）所属的慕课内容提及“高校去单位制就是要把市场体制引入学校组织的建构过程中”等，所以可对应节点标签“院校自治”“高等教育制度”，辅以佐证的参考文献是《中国大学制度变革：新制度主义社会学分析》等。树状节点“全球化与中国教育变革”（参考点数23）所属的慕课内容提及“中国主动应对全球化，在高等教育提出建设全球一流大学”“高等教育扩张”等，所以其可对应节点标签“全球化”“中国教育”“制度创新”“社会变革”，辅以佐证的参考文献有《全球化与中国大学的转型》等。综上，在罗燕副教授主讲慕课“教育社会学”与其研究领域相匹配的情况下，其人文社科成果共对应其主讲慕课中的47个参考点，占总参考点的29.94%。

案例三：复旦大学郁喆隽副教授“《新教伦理与资本主义精神》导读”的转化结果分析

第三个案例是郁喆隽副教授在中国大学MOOC平台上的慕课课程“《新教伦理与资本主义精神》导读”，该课程共计26课时，视频时长共计4时34分26秒，课程配套测验5次，讨论7次，作业2次。对该课程在NVivo11.0质性分析软件中进行视频转录和编码处理，最终建立了6个树状节点、23个自由节点和126个参考点。表5-3是郁喆隽副教授慕课课程“《新教伦理与资本主义精神》导读”的编码结果。

表 5-3　郁喆隽副教授慕课课程“《新教伦理与资本主义精神》导读”的节点编码信息

自由节点	参考点	树状节点	参考点
何为反思	4	现时代的伦理危机	15
为何反思	6		
如何反思	5		
如何了解学者	2	韦伯和他的时代	33
韦伯的精神特征	3		
韦伯的成长过程	12		
韦伯的时代	16		
信仰与社会分层	3	宗教和资本主义	21
出世与俗世：一种定式化的解释	3		
何谓“苦行”	4		
资本主义“精神”	6		
路德的职业观	5		
世界宗教状况	3	基督宗教与西方文明	22
什么是基督宗教	3		
基督宗教的历史脉络	12		
基督宗教对西方文明的塑造	4		
信仰与理性	4	入世苦行的宗教基础	16
苦行与新教教派	2		
苦行与资本主义精神	10		
韦伯问题	4	韦伯与亚洲	19
儒教与道教	5		
儒家伦理与东亚文明	5		
总结与启示	5		

对郁喆隽副教授近 20 年公开发表的文献进行高级检索，检索条件为“作者 = 郁喆隽，作者单位 = 复旦大学，时间跨度 = 2000 ~ 2020”，再筛除重名的作者文献及非研究型文献，共检索出 2003 ~ 2018 年发表的有效文献 13 篇。考虑到按作者和单位精确筛选后得出的文献有限，所以为了对郁喆隽副教授有更加全面的了解，去掉“作者单位”这一检索条件，搜寻到郁喆隽副教授的一些补充文献：《马克斯 · 韦伯：历史性的现代界碑》《在文化差异中寻求“共存理性”》《碎片时代的先知——一战中的马克斯 · 韦

伯》《两种繁荣夹缝中的文本——对汉语学界关于马克斯·韦伯〈新教伦理与资本主义精神〉误读的类型学分析》。另搜寻复旦大学哲学学院官网对郁喆隽副教授的介绍对本书研究文本加以补充。除在 CNKI 可获取的文献外，与本书相关的文献还有《马克斯·韦伯北美新教教派研究的宗教学意义》《马克思的宗教剥夺论与补偿论》《“后世俗社会”解析》。将文献以 Refworks 文献导出格式导出，并在 CiteSpace 信息可视化软件中进行知网数据转化和制图，将 Node types 选择为 keyword，时间切片 = 1 年，运行 CiteSpace，从而得到总节点数量 N = 52 个，连线数量 E = 20 条，密度 Density = 0. 0151，节点标签频数 Threshold = 1 的郁喆隽副教授近 20 年公开发表文献的关键词共现知识图谱，如图 5 – 3 所示。

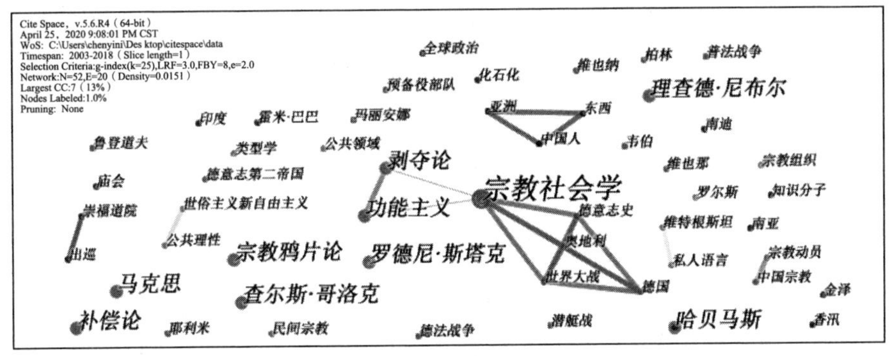

图 5 – 3　郁喆隽副教授近 20 年公开发表文献的关键词共现知识图谱

获取慕课的编码结果和授课教师近 20 年文献的关键词共现知识图谱后，要通过初筛和精筛两个步骤来判定转化结果。

第一步，通过初筛来判断授课教师研究方向与慕课课程的吻合度。首先，从复旦大学哲学学院官网上获取到郁喆隽副教授的主要研究领域为宗教社会学、马克斯·韦伯，而《新教伦理与资本主义精神》是德国著名哲学家马克斯·韦伯创作的社会学著作。此外，其近 20 年公开发表文献的关键词共现知识图谱中频次前十的关键词包含“宗教社会学”等。所以，可以初步判断慕课“《新教伦理与资本主义精神》导读”即为郁喆隽副教授自身研究成果在教学资源中的转化与延伸。

第二步，具体到慕课中，通过精筛来看转化比例。本书将郁喆隽副教授主讲慕课“《新教伦理与资本主义精神》导读”的编码信息表中的节点与郁喆隽副教授近20年的人文社科研究成果进行逆向比对分析。其中树状节点“韦伯和他的时代”（参考点数33）所属的慕课内容提及“韦伯的成长历程和时代背景”等，树状节点“宗教和资本主义”（参考点数21）所属的慕课内容提及“资本主义的宗教特质”，树状节点“入世苦行的宗教基础”（参考点数16）所属的慕课内容提及“苦行和资本主义”，均可对应节点标签“韦伯”“宗教组织”“宗教社会学”，辅以佐证的参考文献是《马克斯·韦伯：历史性的现代界碑》。树状节点“韦伯与亚洲”（参考点数19）所属的慕课内容提及“韦伯与儒家伦理”，可对应节点标签“韦伯”“中国宗教”，辅以佐证的参考文献是《两种繁荣夹缝中的文本——对汉语学界关于马克斯·韦伯〈新教伦理与资本主义精神〉误读的类型学分析》等。综上，在郁喆隽副教授主讲慕课“《新教伦理与资本主义精神》导读”与其研究领域完全呼应的情况下，郁喆隽副教授的人文社科成果共对应其主讲慕课中的89个参考点，占总参考点的70.63%。

案例四：华东理工大学刘金祥教授“大学生劳动就业法律问题解读”的转化结果分析

刘金祥教授在智慧树平台上的慕课课程“大学生劳动就业法律问题解读”课程共计34课时，12个章节。教学团队共有8个人，包含授课教师5人和该领域专家3人，刘金祥教授是该课程的学术总策划和主讲教师，主讲其中的6个章节（全部课程共12章）。为了更加准确地分析刘金祥教授的转化占比，本部分只对刘金祥教授主讲部分进行编码。所以本部分研究的视频时长共计3时44分30秒，课程配套测验24次，课后文件6个，讨论6次，作业2次。本书对该课程在NVivo11.0质性分析软件中进行视频转录和编码处理，最终建立了6个树状节点、19个自由节点和125个参考点。表5-4是刘金祥教授“大学生劳动就业法律问题解读”的节点编码结果。

表5-4　刘金祥教授慕课课程“大学生劳动就业法律问题解读”的节点编码信息

自由节点	参考点	树状节点	参考点
劳动关系的概念和确立标准	4	劳动关系主体法律解读	27
用人单位法律解读	13		
劳动者法律解读	10		

续表

自由节点	参考点	树状节点	参考点
劳动关系的分类	4	劳动关系与用工形式	25
主要用工形式与特点	18		
《劳动合同法》的适用范围	3		
录取通知书的法律性质	6	大学生就业环节与权益保障	24
三方协议签订注意事项	8		
劳动合同签订时的关注要点	10		
劳动合同的形式	5	劳动合同基本概念解读	19
劳动合同的主要条款	3		
劳动合同期限的种类	3		
劳动合同的特别事项	8		
劳动合同的解除	5	劳动合同的解除与终止	15
劳动合同的终止	4		
解除和终止相关经济补偿金的规定	6		
大学生外出打工受侵害的维权途径	4	劳动争议仲裁和诉讼	15
大学生就业后的劳动争议仲裁程序	5		
大学生就业后的劳动争议诉讼程序	6		

对刘金祥教授近 20 年公开发表的文献进行高级检索，检索条件为“作者 = 刘金祥，作者单位 = 华东理工大学，时间跨度 = 2000 ~ 2020”，再筛除重名的作者文献及非研究型文献，共检索出发表于 2002 ~ 2019 年的有效文献 53 篇。将文献以 Refworks 文献导出格式导出，并在 CiteSpace 信息可视化软件中进行知网数据转化和制图，将 Node types 选择为 keyword，时间切片 = 1 年，运行 CiteSpace，从而得到总节点数量 N = 171 个，连线数量 E = 277 条，密度 Density = 0. 0191，节点标签频数 Threshold = 1 的关键词共现知识图谱（见图 5 - 4）。

获取慕课的编码结果和授课教师近 20 年公开发表文献的关键词共现知识图谱后，通过初筛和精筛两个步骤来判定转化结果。

第一步，通过初筛来判断授课教师研究方向与慕课课程的吻合度。首先，从华东理工大学法学院官网上获取到刘金祥教授的主要研究方向是劳动法和社会保障法。而其近 20 年公开发表文献的关键词共现知识图谱中频次前十的关键词包含“《劳动合同法》”“劳资关系”等。其主讲的慕课课程“大学生劳动就业法律问题解读”主要讲解大学生在就业过程中将要面临的

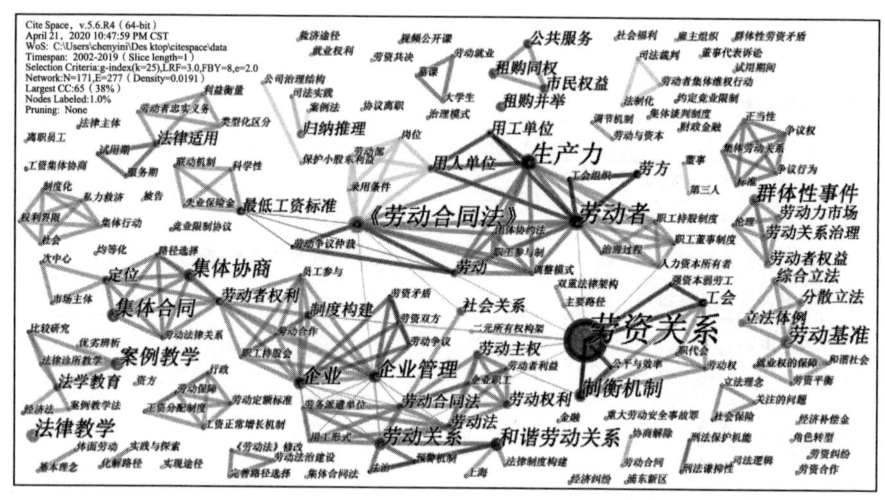

图 5－4　刘金祥教授近 20 年公开发表文献的关键词共现知识图谱

一系列法律问题，旨在让大学生能够依法维护自身合法权益。并且，该慕课不同于普通通识课程或专业课，在全国尚未有同类课程，参考书目和讲义较少，直接适配的一本参考讲义就是刘金祥教授 2013 年编写的讲义《大学生劳动就业法律问题解读》。所以，初步判断慕课“大学生劳动就业法律问题解读”即为刘金祥教授自身研究成果在教学资源中的一个转化与延伸。

第二步，具体到慕课中，通过精筛看转化比例。本书将刘金祥教授主讲慕课“大学生劳动就业法律问题解读”的编码信息表中的节点自上而下一一与刘金祥教授近 20 年的人文社科研究成果进行逆向比对分析。刘金祥教授主讲的“大学生劳动就业法律问题解读”与一般法学专业课程不同，该门课程不仅介绍了完整的专业法律知识，还在讲述时结合了大量的刘金祥教授研究过程中积累的实际案例，刘金祥教授还涉猎了案例教学法的研究，如《论案例教学法》《国家精品视频公开课内容设计的探索——以〈大学生劳动就业法律问题解读〉为例》《浅述“案例教学法”在经济法教学中的作用》。所以结合精筛，本书认为，树状节点“劳动关系主体法律解读”（参考点数 27）和树状节点“劳动关系与用工形式”（参考点数 25），可对应节点标签“劳动关系”“劳务派遣单位”“雇主组织”“劳资双方”“劳动法律关系”等，辅以佐证的参考文献有《劳动关系预警机制的法理分析》等。树状节点“劳动合同基本概念解读”（参考点数 19）、树状节点“劳动合同的解除与终止”（参考点数15）和自由节点“劳动合同签订时的关注要点”（参考点数10），都是讲述劳动合同的专业知识和经典案例，所以其可对应节点标签“劳动合同”“《劳动合同法》”“劳动者”“劳动者权益”“离职员工”，辅以佐证的参考文献有《〈劳动合同法〉是平衡劳资关系的“利器”》等。细化来看，自由节点“劳动合同签订时的关注要点”所属的慕课内容提及“试用期与服务期的法律适用问题”和“是否支付培训费用”等，所以其可对应节点标签“试用期间”，辅以佐证的参考文献是《试用期内辞职无须承担支付专项培训费用责任吗——兼论服务期与试用期之法律适用问题》；自由节点“劳动合同的特别事项”所属的慕课内容提及“服务期和竞业限制”，所以其可对应节点标签“竞业限制协议”“约定竞业限制”，辅以佐证的参考文献是《这份竞业限制协议能否生效适用》；自由节点“劳动合同的解除”可对应节点标签“协议离职”；自由节点“解除和终止相关经济补偿金的规定”所属的慕课内容提及试用期与服务期的法律适用问题，所以其可对应节点标签“协商解除”“经济赔偿金”，辅以佐证的参考文献是《对协商解除劳动合同经济补偿金问题的探讨》。综上，在刘金祥教授主讲慕课“大学生劳动就业法律问题解读”与其研究领域相匹配的情况下，刘金祥教授的人文社科成果共对应其主讲慕课中的96个参考点，占总参考点的76.8%。

案例五：福州大学陈润华副教授“孙子兵法鉴赏”的转化结果分析

笔者对陈润华副教授在中国大学MOOC平台上的慕课课程“孙子兵法鉴赏”进行深入学习，“孙子兵法鉴赏”课程共计42课时，视频时长共计16时22分55秒，课程配套测验10次，课后文件9个，讨论21次，作业10次。将课程在NVivo11.0质性分析软件中进行视频转录和编码处理，最终建立了9个树状节点、33个自由节点和225个参考点。表5-5是陈润华副教授“孙子兵法鉴赏”的编码结果。

表5-5　陈润华副教授慕课课程“孙子兵法鉴赏”的编码信息

自由节点	参考点数	树状节点	参考点数
《孙子兵法》核心思想精髓	8	《孙子兵法》概述	19
“知彼知己、百战不殆”内涵	5		
《孙子兵法》战略战术体系	6		

续表

自由节点	参考点数	树状节点	参考点数
察胜之道	5	“计胜之道”——计篇	24
经胜之道	9		
校胜之道	3		
制胜之道	2		
诡胜之道	3		
算胜之道	2		
以间侦敌的“成功之道”	2	“知彼之道”——用间篇	11
五间俱起的“驭间之道”	3		
用间使间的“间战之道”	2		
谍报活动的“统战之道”	2		
洞察利用的“智战之道”	2		
金：基胜之道	2	“速胜之道”——作战篇	16
胜：决胜之道	5		
速：辩证之道	2		
输：备战之道	2		
足：养战之道	2		
善：胜敌之道	3		
全：全全之道	5	“全胜之道”——谋攻篇	14
谋：全争之道	3		
用：用兵之道	2		
统：统御之道	2		
知：知胜之道	2		
形胜之道	17	军形篇、兵势篇	34
势胜之道	17		
致人之道	16	虚实篇、军争篇	37
争胜之道	21		
机胜之道	11	九变篇、行军篇	35
行胜之道	24		
客胜之道	15	九地篇、地形篇	35
地胜之道	20		

在中国知网上对陈润华副教授近20年公开发表的文献进行高级检索，

检索条件为“作者 = 陈润华，单位 = 福州大学，时间跨度 = 2000 ~ 2020”，再筛除重名作者文献及非研究型文献，共检索出发表于 2001 ~ 2018 年的有效文献 19 篇。将文献以 Refworks 文献导出格式导出，并在 CiteSpace 信息可视化软件中进行知网数据转化和制图，将 Node types 选择为 keyword，时间切片 = 1 年，运行 CiteSpace，从而得到总节点数量 N = 27 个，连线数量 E = 9 条，密度 Density = 0. 0256，节点标签频数 Threshold = 1 的关键词共现知识图谱（见图 5 – 5）。

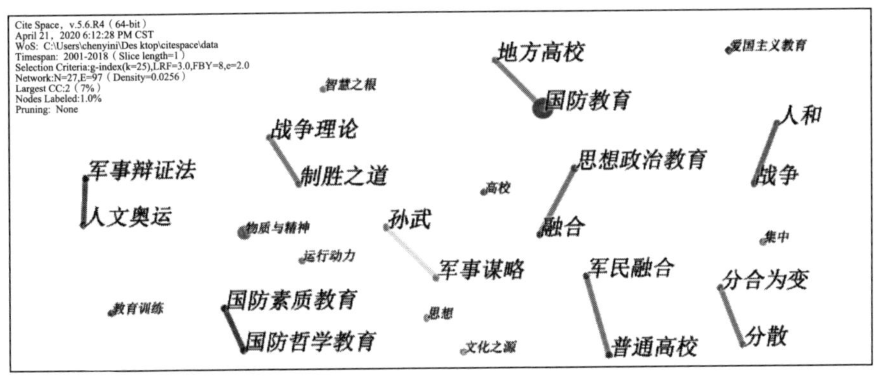

图 5 – 5　陈润华副教授近 20 年公开发表文献的关键词共现知识图谱

获取慕课的编码结果和授课教师近 20 年公开发表文献的关键词共现知识图谱后，通过初筛和精筛两个步骤来判定转化结果。

第一步，通过初筛来判断授课教师研究方向与慕课课程的吻合度。首先，从福州大学官网上获取到陈润华副教授主要研究方向是国防教育，特别对《孙子兵法》进行了深入、系统的研究，出版专著有《军事理论教学法》《孙子兵法鉴赏》《孙子兵法教程》《谋略艺术教程》《大学军事学教程》《军事学概论》等。此外，近 20 年公开发表文献的关键词共现知识图谱中频次前十的关键词包含“孙武”“国防教育”等。所以，初步判断慕课“孙子兵法鉴赏”即为陈润华副教授自身研究成果在教学资源中的一个转化与延伸。

第二步，具体到慕课中，通过精筛看转化比例。本书将陈润华副教授主讲慕课“孙子兵法鉴赏”的编码信息表中的节点与陈润华副教授近 20 年的人文社科研究成果进行逆向比对分析。其中树状节点“《孙子兵法》概述”（参考点数 19）所属的慕课内容提及“《孙子兵法》核心思想精髓、内涵和战略战术体系”，可对应节点标签“孙武”“军事谋略”“思想”“智慧之根”“文化之源”，辅以佐证的参考文献是《试探孙武军事思想根柢》。树状节点“‘计胜之道’——计篇”（参考点数24）所属的慕课内容提及《孙子兵法》第一篇“计篇”中的“经五事、校七计”，可对应节点标签“战争理论”“制胜之道”“战争”“人和”，辅以佐证的参考文献是《试论战争制胜之道的辩证关系》等。树状节点“军形篇、兵势篇”（参考点数34）所属的慕课内容提及《孙子兵法》第四、五篇“军形篇、兵势篇”内容鉴赏，分析了孙武的“形胜之道”“势胜之道”，可对应节点标签“孙武”“分合为变”，辅以佐证的参考文献是《论孙武的“分合为变”战术》。综上，陈润华副教授的人文社科成果（CNKI发表文献部分）共对应其主讲慕课中的77个参考点，占总参考点的34.22%。考虑到陈润华副教授编写过慕课同名教材《孙子兵法鉴赏》（全国高校重点规划系列教材），中国知网上陈润华副教授近20年公开发表的文献有限（19篇），且陈润华副教授的人文社科成果中的CNKI发表文献部分只占总参考点的34.22%（低于50%），所以为了使结果更加严谨准确，本书将《孙子兵法鉴赏》这本著作也纳入成果转化比例的计算中。通过对《孙子兵法鉴赏》的内容和慕课进行一一对比，发现其中树状节点“《孙子兵法》概述”（参考点数19）对应“导论”；树状节点“‘计胜之道’——计篇”（参考点数24）对应第一章；树状节点“‘知彼之道’——用间篇”（参考点数11）对应第二章；树状节点“‘速胜之道’——作战篇”（参考点数16）除其下自由节点“输：备战之道”（参考点数2）和“足：养战之道”（参考点数2）外，均对应第三章；树状节点“‘全胜之道’——谋攻篇”（参考点数14）除其下自由节点“全：全全之道”（参考点数5）外，均对应第四章；树状节点“军形篇、兵势篇”（参考点数34）对应第五、六章；树状节点“虚实篇、军争篇”（参考点数37）对应第七、八章；树状节点“九变篇、行军篇”（参考点数35）对应第九、十章；树状节点“九地篇、地形篇”（参考点数35）对应第十一、十二章。综上，在陈润华副教授主讲慕课“孙子兵法鉴赏”与其研究领域相匹配的情况下，陈润华副教授的人文社科成果（CNKI发表文献部分）共对应其主讲慕课中的77个参考点，占总参考点的34.22%，陈润华副教授的人文社科成果（著作《孙子兵法鉴赏》）共对应其主讲慕课中的 216 个参考点，占总参考点的 96%。由于著作转化部分覆盖了 CNKI 发表文献转化部分，所以可认为陈润华副教授的人文社科成果转化占总参考点的 96%。

案例六：郑州大学王士祥教授“科举与唐诗”的转化结果分析

王士祥教授在中国大学 MOOC 平台上的慕课课程“科举与唐诗”共计 24 课时，视频时长共计 6 时 39 分 28 秒，课程配套测验 5 次，课后文件 22 个，讨论 7 次，作业 4 次。将该课程在 NVivo11.0 质性分析软件中进行视频转录和编码处理，最终建立了 9 个树状节点、20 个自由节点和 87 个参考点。表 5－6 是王士祥教授慕课课程“科举与唐诗”的编码结果。

表 5－6　王士祥教授慕课课程“科举与唐诗”的编码信息

自由节点	参考点数	树状节点	参考点数
唐代以诗取士的背景	3	唐代以诗取士	9
唐代以诗取士的原因	6		
唐代应试诗的形式	6	唐代应试诗	12
唐代应试诗的命题	6		
唐代行卷诗的优点	4	唐代行卷诗	9
唐代行卷诗的典例	5		
李肱因诗得状元	4	科举成败的心理感受	16
科举成功的喜悦	5		
科举失败的悲哀	7		
孟郊的一生	8	《游子吟》的内涵与外延	13
孟郊科举之路的心路历程	5		
牡丹诗帮解元忙	2	应试诗的不同命运	6
两句诗惹大麻烦	2		
出水再看两腿泥	2		
《文选》的介绍	3	《文选》与科举诗	7
《文选》参与应试诗	4		
中原文化	2	中原文化与科举诗	6
中原文化入试诗	4		
传奇诗题对应试诗的影响	5	科举诗里的传奇	9
传奇事件对应试诗的影响	4		

对王士祥教授近 20 年公开发表的文献进行高级检索，检索条件为

“作者 = 王士祥，作者单位 = 郑州大学，时间跨度 = 2000 ~ 2020”，再筛除重名的作者文献及非研究型文献，共检索出发表于 2002 ~ 2019 年的有效文献 34 篇。将文献以 Refworks 文献导出格式导出，并在 CiteSpace 信息可视化软件中实现知网数据转化和制图操作，将 Node types 选择为 keyword，时间切片 = 1 年，运行 CiteSpace，得到总节点数量 N = 107 个，连线数量 E = 145 条，密度 Density = 0.0256，节点标签频数 Threshold = 1 的关键词共现知识图谱，如图5 - 6 所示。

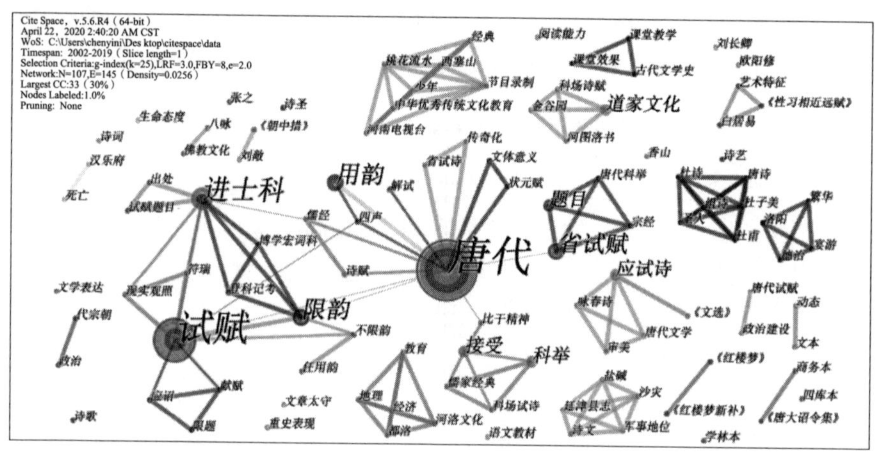

图 5 - 6　王士祥教授近 20 年公开发表文献的关键词共现知识图谱

获取慕课的编码结果和授课教师近 20 年公开发表文献的关键词共现知识图谱后，通过初筛和精筛两个步骤来判定转化结果。

第一步，通过初筛判断授课教师研究方向与慕课课程的吻合度。首先，从郑州大学文学院官网上获取到王士祥教授主要研究方向是中国古代文学和中原文化。同时，其近 20 年公开发表文献的关键词共现知识图谱中出现频次最高的关键词分别是“唐代”“试赋”“进士科”“应试诗”“科举”等，可见其对唐诗和科举进行了较为深入、系统的研究。其主讲的慕课课程“科举与唐诗”结合学术研究和《百家讲坛》中“考场风云”的部分内容，融学术观点于科举故事之中。所以，初步判断慕课“科举与唐诗”即为王士祥教授自身研究成果在教学资源中的一个转化与延伸。

第二步，通过精筛具体到慕课中看转化比例。本书将王士祥教授主讲慕课“科举与唐诗”的编码信息表中的节点与王士祥教授近 20 年的人文社科研究成果进行逆向比对分析。可知慕课“科举与唐诗”中的树状节点“唐代以诗取士”（参考点数 9）所属的慕课内容提及唐代以诗取士的背景与原因，可对应节点标签“试赋”“政治”，辅以佐证的参考文献有《唐代宗朝政治的文学性表达——以试赋为例》等。树状节点“唐代应试诗”（参考点数 12）所属的慕课内容提及唐代应试诗的形式与命题，可对应节点标签“试赋题目”，辅以佐证的参考文献是《唐代进士科试赋题目出处考述》。树状节点“《文选》与科举诗”（参考点数 7）所属的慕课内容提及《文选》对唐代科举诗的重要影响，可对应节点标签“《文选》”“试赋”，辅以佐证的参考文献是《唐代应试诗赋对〈文选〉的接受》（该文献在慕课“科举与唐诗”中被王士祥教授提及）。树状节点“中原文化与科举诗”（参考点数 6）所属的慕课内容提及中原文化与唐代科举诗的紧密联系和金谷园的例子，可对应节点标签“金谷园”“道家文化”，辅以佐证的参考文献是《中原文化在唐代科场诗赋中的体现》等。树状节点“科举诗里的传奇”（参考点数 9）所属的慕课内容提及唐代科举诗中出现的许多新异骇怪的现象，不仅会出现传奇化的命题，在科举诗中也会出现传奇化的元素，传奇事件或异闻会成为写作素材，可对应节点标签“传奇化”，辅以佐证的参考文献是《论唐代省试诗的传奇化》。综上，在王士祥教授主讲慕课“科举与唐诗”与其研究领域相匹配的情况下，王士祥教授的人文社科成果共对应其主讲慕课中的 43 个参考点，占总参考点的 49.43%。

案例七：武汉大学高文强教授“佛教文化”的转化结果分析

高文强教授在中国大学 MOOC 平台上的慕课课程“佛教文化”共计 28 课时，视频时长共计 5 时 19 分 45 秒，课程配套文件 8 个，讨论 4 次。本书对该课程在 NVivo11.0 质性分析软件中进行视频转录和编码处理，最终建立了 8 个树状节点、25 个自由节点和 149 个参考点。表 5－7 是高文强教授慕课课程“佛教文化”的编码结果。

表 5－7 高文强教授慕课课程“佛教文化”的编码信息

自由节点	参考点	树状节点	参考点
佛教形成的社会背景	3	佛教的形成	12
从太子到佛陀	4		
佛教的早期传播	5		

续表

自由节点	参考点	树状节点	参考点
四谛说（一）：苦谛	8	佛教的基本观念	26
四谛说（二）：集谛	6		
四谛说（三）：灭谛与道谛	8		
三法印	4		
原始佛教时期	4	佛教在印度的发展	16
部派佛教时期	5		
大乘佛教时期	4		
密教时期	3		
佛教入华的时间	5	佛教入华早期传播	30
佛教入华的方式	5		
佛教在汉魏西晋的传播	8		
走向兴盛的东晋佛教	12		
从外来文化到主流文化	14	佛教在中国的发展	19
佛教发展历程的回顾与反思	5		
禅宗前史概述	4	禅宗的形成及其基本观念	19
慧能与禅宗的形成	6		
禅宗的基本观念	9		
佛教与中国思想	7	佛教与中国文化的新变	15
佛教与中国艺术	4		
佛教与中国文学	4		
《心经》解读	6	佛教智慧及其当代意义	12
佛教智慧的当代意义	6		

对高文强教授近20年公开发表的文献进行高级检索，检索条件为“作者 = 高文强，作者单位 = 武汉大学，时间跨度 = 2000 ~ 2020”，筛除重名的作者文献及非研究型文献后，共检索出2005 ~ 2020年发表的有效文献51篇。将文献以Refworks文献导出格式导出，并在CiteSpace信息可视化软件中进行知网数据转化和制图，将Node types选择为keyword，时间切片 = 1年，运行CiteSpace，从而得到总节点数量N = 172个，连线数量E = 261条，密度Density = 0. 0177，节点标签频数Threshold = 1的关键词共现知识图谱（见图5 - 7）。

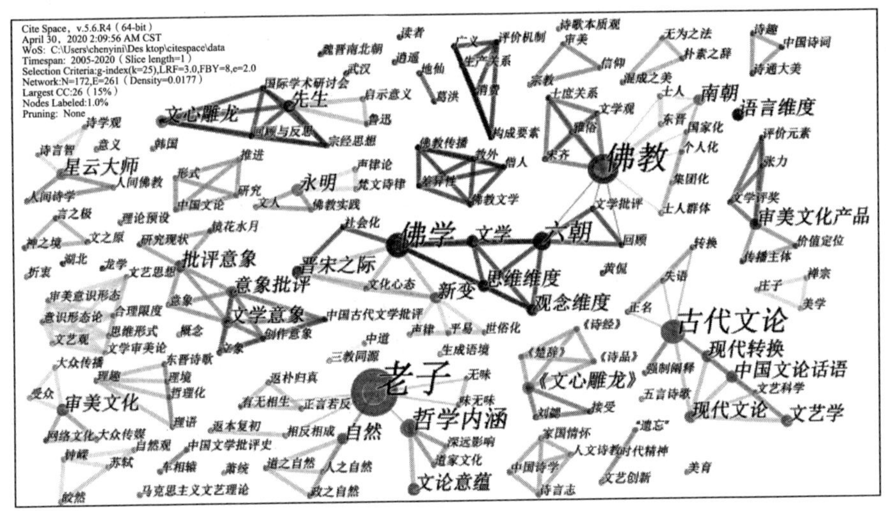

图 5 – 7　高文强教授近 20 年公开发表文献的关键词共现知识图谱

获取慕课的编码结果和授课教师近 20 年公开发表文献的关键词共现知识图谱后，通过初筛和精筛两个步骤来判定转化结果。

第一步，通过初筛来判断授课教师研究方向与慕课课程的吻合度。首先，从武汉大学文学院官网上获取到高文强教授主要研究方向是中国文学批评史和佛教文化。此外，近 20 年公开发表文献的关键词共现知识图谱中出现频次最高的关键词分别是“老子”“佛教”“佛学”等。其次，在科研项目方面，高文强教授曾主持过“佛经中的文论关键词研究”和“佛学东渐与六朝文学思潮的嬗变研究”。在著作方面，独著《东晋南朝文人接受佛教研究》和《佛教与永明文学批评》。可见高文强教授对佛教文化进行了较为深入、系统的研究。所以，初步判断慕课“佛教文化”即为高文强教授自身研究成果在教学资源中的一个转化与延伸。

第二步，具体到慕课中，通过精筛看转化比例。本书将高文强教授主讲慕课“佛教文化”的编码信息表中的节点自上而下一一与高文强教授近 20 年的人文社科研究成果进行逆向比对分析。其中树状节点“佛教入华早期传播”（参考点数 30）所属的慕课内容提及“佛教在汉魏西晋的传播”和“走向兴盛的东晋佛教”，树状节点“佛教在中国的发展”（参考点数 19）所属的慕课内容提及佛教从外来文化到成为中国的主流文化的历史和中国的文化妥协，可对应节点标签“晋宋之际”“魏晋南北朝”“东晋”

“南朝”“佛学”等，辅以佐证的参考文献有《晋宋之际佛学社会化原因初探》等。综上，在高文强教授主讲慕课“佛教文化”与其研究领域相匹配的情况下，高文强教授的人文社科成果共对应其主讲慕课中的49个参考点，占总参考点的32.89%。

案例八：中南财经政法大学王淑红副教授“组织行为学——如何有效管理员工行为”的转化结果分析

王淑红副教授在中国大学MOOC平台上的慕课课程“组织行为学——如何有效管理员工行为”共计72课时，视频时长共计14时28分37秒，课程配套测验8次，课后文件10个，讨论17次，作业1次。对该课程在NVivo11.0质性分析软件中进行视频转录和编码处理，最终建立了9个树状节点、37个自由节点和246个参考点。表5-8是王淑红副教授“组织行为学——如何有效管理员工行为”的编码结果。

表5-8 王淑红副教授慕课课程“组织行为学——如何有效管理员工行为”的编码信息

自由节点	参考点	树状节点	参考点
组织行为学概念	4	组织行为学概述	20
管理者的概述	10		
员工行为的分析框架	6		
人岗匹配理论	3	如何知人善用	60
能力的匹配	14		
职业兴趣的匹配	6		
职业价值观的匹配	8		
职业性向理论	6		
气质类型和运用	8		
人格特征对行为的影响	12		
素质冰山模型	3		
社会认知	3	准确地认识他人	20
认识他人的过程	6		
社会认知的偏差	8		
对行为原因的认知（归因理论）	3		

续表

自由节点	参考点	树状节点	参考点
需要、动机与行为	3	有效激励员工	32
内容型激励理论	9		
过程型激励理论	15		
工作特征模型	5		
认知失调理论	5	有效改变员工态度	16
态度的构成与改变	5		
工作情境中的态度	6		
群体划分	6	有效管理群体行为	38
群体相互作用	4		
群体决策	15		
管理途径	8		
群体的发展阶段	5		
团队与群体的差异	4	打造高绩效团队	23
适合团队形式的工作	3		
打造高绩效团队	16		
领导的本质	3	提高领导的有效性	22
领导者、管理者的影响力	4		
领导力修炼	5		
领导的三种理论	10		
组织结构设计的关键点	6	组织结构设计	15
常见的组织结构设计	5		
组织结构设计的影响因素	4		

对王淑红副教授近 20 年公开发表的文献进行高级检索，检索条件为"作者 = 王淑红，作者单位 = 中南财经政法大学，时间跨度 = 2000 ~ 2020"，再筛除重名的作者文献及非研究型文献，共检索出发表于 2004 ~ 2019 年的有效文献 17 篇。将文献以 Refworks 文献导出格式导出，并在 CiteSpace 信息可视化软件中进行知网数据转化和制图，将 Node types 选择为 keyword，时间切片 =1 年，运行 CiteSpace，从而得到总节点数量 N =55 个，连线数量 E =30 条，密度 Density =0. 0202，节点标签频数 Threshold =1 的王淑红副教授近 20 年公开发表文献的关键词共现知识图谱，如图 5 -8 所示。

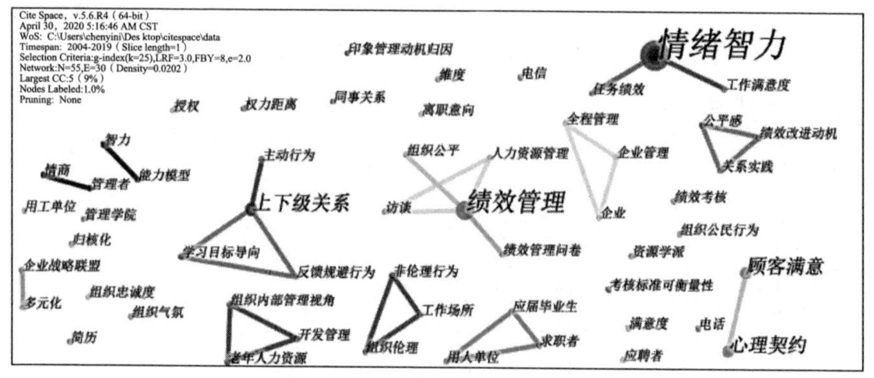

图 5-8 王淑红副教授近 20 年公开发表文献的关键词共现知识图谱

在获取慕课的编码结果和授课教师近 20 年公开发表文献的关键词共现知识图谱后，通过初筛和精筛两个步骤来判定转化结果。

第一步，通过初筛来判断授课教师研究方向与慕课课程的吻合度。首先，从中南财经政法大学工商管理学院官网上获取到王淑红副教授的主要研究方向是企业经济、管理学、贸易经济等，且王淑红副教授长期在企业担任管理顾问，为多家知名企业提供管理培训及管理咨询服务。此外，其近 20 年文献的关键词共现知识图谱中出现频次前十的关键词分别是“情绪智力”“绩效管理”“上下级关系”“顾客满意”“心理契约”“用工单位”“能力模型”“反馈规避行为”“组织内部管理视角”“工作满意度”。其次，在科研项目方面，王淑红副教授曾主持过多项关于员工管理的课题项目。在著作方面，王淑红副教授曾出版《组织中员工进谏与沉默行为研究》《领导者的情绪智力与领导有效性的关系研究》。综上，可见王淑红副教授对企业员工管理进行了较为深入、系统的研究。因此初步判断慕课“组织行为学——如何有效管理员工行为”即为王淑红副教授自身研究成果在教学资源中的一个转化与延伸。

第二步，通过精筛具体到慕课中看转化比例。本书将王淑红副教授主讲慕课“组织行为学——如何有效管理员工行为”的编码信息表中的节点与王淑红副教授近 20 年的人文社科研究成果进行逆向比对分析。其中自由节点“员工行为的分析框架”（参考点数 6）所属的慕课内容提及从个体、群体和组织三个水平去正确分析员工行为背后的原因，可对应节点标签“反馈规避行为研究”，辅以佐证的参考文献有《为何职场中的“咸鱼”

很难翻身？——基于信息寻求动机视角的员工反馈规避行为研究》。自由节点“工作情境中的态度”（参考点数 6）所属的慕课内容提及工作满意度、组织承诺和组织支持感，可对应节点标签“工作满意度”，辅以佐证的参考文献有《领导者情绪智力对员工工作满意度的影响》。树状节点“打造高绩效团队”（参考点数 23）所属的慕课内容提及从团队成员配置、外部条件、过程管理等方面来打造高绩效团队，可对应节点标签“上下级关系”“绩效考核”“公平感”“绩效改进动机”“任务绩效”“人力资源管理”等，辅以佐证的参考文献有《国内企业绩效管理维度的实证研究》。树状节点“提高领导的有效性”（参考点数 22）所属的慕课内容提及领导力的修炼和领导者影响力等，可对应节点标签“管理者”，辅以佐证的参考文献有《领导者的情绪智力与领导有效性关系的实证研究》。综上，在王淑红副教授慕课“组织行为学——如何有效管理员工行为”与其研究领域相匹配的情况下，王淑红副教授的人文社科成果共对应其主讲慕课中的 57 个参考点，占总参考点的 23.17%。

案例九：西南交通大学肖平教授“工程伦理学”的转化结果分析

肖平教授在中国大学 MOOC 平台上的慕课课程“工程伦理学”共计 42 课时，视频时长共计 10 时 59 分 42 秒，课程配套文件 16 个，讨论 5 次，作业 1 次。对该课程在 NVivo11.0 质性分析软件中进行视频转录和编码处理，最终建立了 9 个树状节点、29 个自由节点和 118 个参考点。表 5－9 是肖平教授“工程伦理学”的编码结果。

表 5－9　肖平教授慕课课程“工程伦理学”的编码信息

自由节点	参考点	树状节点	参考点
工程定义	4	工程概念	9
大工程观	5		
伦理学	4	工程伦理概念	15
工程伦理	6		
工程师的责任	2		
工程伦理学的学科教育意义	3		
文明丰碑	4	工程技术的社会贡献	8
社会使命	4		

续表

自由节点	参考点	树状节点	参考点
工程价值目标的不道德性	2	工程中的伦理问题	12
技术运用的不完全可控	2		
工程福利利弊交织	5		
工程师预见与规避风险	3		
工程与社会	3	工程中的突出问题	10
工程与自然	3		
工程与社会责任	4		
普通伦理学的价值核心——人道主义	6	人道主义	17
人道主义原则的现实困境	5		
超越人道主义	6		
可持续发展的思想	5	可持续发展	12
工程活动与资源、环境	3		
工程体现可持续发展观	4		
工程师的职责	3	工程师职业道德建设	22
工程职业自治	6		
工程伦理的制度化建设	4		
工程师的职业道德	9		
道德价值的多重性	3	工程中的价值选择	13
工程价值冲突	4		
工程价值分析	2		
工程伦理评价	4		

对肖平教授近20年公开发表的文献进行高级检索，检索条件为“作者＝肖平，作者单位＝西南交通大学，时间跨度＝2000～2020”，再筛除重名的作者文献及非研究型文献，共检索出发表于2000～2020年的有效文献45篇。将文献以Refworks文献导出格式导出，并在CiteSpace信息可视化软件中进行知网数据转化和制图，将Node types选择为keyword，时间切片＝1年，运行CiteSpace，从而得到总节点数量N＝166个，连线数量E＝151条，密度Density＝0.011，节点标签频数Threshold＝1的关键词共现知识图谱，如图5－9所示。

获取慕课的编码结果和授课教师近20年文献的关键词共现知识图谱

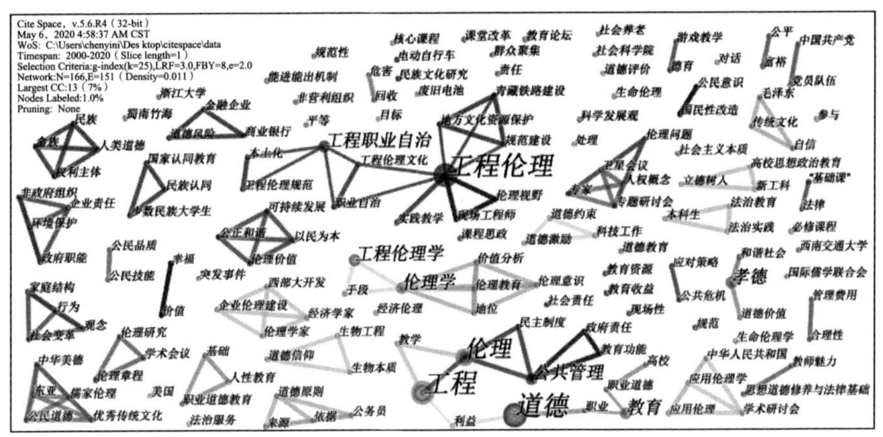

图 5－9　肖平教授近 20 年公开发表文献的关键词共现知识图谱

后，通过初筛和精筛两个步骤来判定转化结果。

第一步，通过初筛来判断授课教师研究方向与慕课课程的吻合度。首先，从西南交通大学马克思主义学院官网上获取到肖平教授的研究方向是应用伦理研究，其特色研究方向是工程伦理学。此外，其近 20 年公开发表文献的关键词共现知识图谱中出现频次较高的关键词有“工程伦理”“工程职业自治”“伦理学”等。其次，在科研项目方面，肖平教授曾主持“工程伦理研究”这一国家社科基金项目，开创了我国大陆工程伦理研究的先河。在著作方面，肖平教授曾出版《工程伦理导论》。综上，可见肖平教授对工程伦理学进行了较为深入、系统的研究。所以，初步判断慕课“工程伦理学”即为肖平教授自身研究成果在教学资源中的一个转化与延伸。

第二步，通过精筛具体到慕课中看转化比例。本书将肖平教授主讲慕课“工程伦理学”的编码信息表中的节点自上而下一一与其近 20 年的人文社科研究成果进行逆向比对分析。其中树状节点“工程中的伦理问题”（参考点数 12）下的自由节点“工程价值目标的不道德性”（参考点数 2）、自由节点“工程福利利弊交织”（参考点数 5），可对应节点标签“工程”“目标”“生物工程”“道德评价”，辅以佐证的参考文献有《工程目标与手段选择的道德关系》；自由节点“工程师预见和规避风险”（参考点数 3）所属的慕课内容提及工程师应勇于质疑并及时规避风险，所以其可对应节点标签“工程”“利益”，辅以佐证的参考文献有《工程中的利益冲突与道德选择》。自由节点“工程与社会责任”（参考点数 4）所属的慕课内容提及工程促进经济发展和社会公正的社会责任，所以其可对应节点标签“工程”“责任”“伦理”等，辅以佐证的参考文献有《利益受损方视角下的工程责任问题》（作者也将其列为该慕课的参考文献）。自由节点“普通伦理学的价值核心——人道主义”（参考点数 6）所属的慕课内容提及工程伦理的首要原则是工程造福人类以及介绍了更多的工程使命与职业责任，辅以佐证的参考书内容有《工程伦理学》（肖平主编，中国铁道出版社，1999）的第三章和第六章第一、二节，肖平教授在所授慕课的课件中对该参考书内容进行了标注。树状节点“工程师职业道德建设”（参考点数 22）下的自由节点“工程师的职责”（参考点数 3）和自由节点“工程师的职业道德”（参考点数 9），可对应节点标签“现场工程师”“工程伦理”“社会责任”，辅以佐证的参考文献有《论科技工作者的道德约束》；自由节点“工程职业自治”（参考点数 6）可对应节点标签“工程职业自治”，辅以佐证的参考文献有《工程职业自治与工程伦理规范本土化思考》；自由节点“工程伦理的制度化建设”（参考点数 4）所属的慕课内容提及开展工程伦理约束机制的建设，所以其可对应节点标签“工程伦理”，辅以佐证的参考文献有《工程职业自治与工程伦理文化建设》。综上，在肖平教授主讲慕课“工程伦理学”与其研究领域相匹配的情况下，肖平教授的人文社科成果共对应慕课中的 44 个参考点，占总参考点的 37.29%。

案例十：西安交通大学问鸿滨教授“国防教育——军事理论”转化结果分析

问鸿滨教授在中国大学 MOOC 平台上的慕课课程“国防教育——军事理论”课程共计 54 课时，共 12 章节。教学团队共有 8 人，问鸿滨教授是慕课总策划和主讲教师，主讲其中的 4 个章节（全部课程共 12 章）。为了更加准确地分析问鸿滨教授的转化占比，故只对问鸿滨教授主讲部分进行编码，该部分视频时长共计 3 时 15 分 13 秒，课程配套测验 22 次，课后文件 4 个。对该课程在 NVivo11.0 质性分析软件中进行视频转录和编码处理，最终建立了 5 个树状节点、20 个自由节点和 93 个参考点。表 5－10 是问鸿滨教授“国防教育——军事理论”的编码结果。

表 5－10　问鸿滨教授慕课课程“国防教育——军事理论”的编码信息

自由节点	参考点	树状节点	参考点
习近平强军思想的时代意义	3	习近平强军思想	15
习近平强军思想的战略地位	2		
习近平强军思想的核心要义	10		
国防相关概念	7	国防教育概述	16
国防教育相关概念	2		
国防教育发展历程	4		
国防教育相关法令简介	3		
我国周边安全环境概况	6	中国周边安全环境	17
中国周边安全环境的主流	4		
中国周边安全环境面临的主要威胁	4		
中国南海问题分析	3		
毛泽东军事思想的科学含义	4	毛泽东军事思想	21
毛泽东军事思想的形成与发展	8		
十大军事原则	5		
毛泽东军事思想的主要内容	4		
航天技术的概念	4	航天技术	24
航天技术的发展历程	3		
航天技术的应用	5		
航天技术的组成	6		
我国航天技术发展概况	6		

对问鸿滨教授近 20 年公开发表的文献进行高级检索，检索条件为“作者＝问鸿滨，作者单位＝西安交通大学，时间跨度＝2000～2020”，再筛除重名的作者文献及非研究型文献，共检索出 2004～2020 年发表的有效文献 35 篇。将文献以 Refworks 文献导出格式导出，并在 CiteSpace 信息可视化软件中进行知网数据转化和制图，将 Node types 选择为 keyword，时间切片＝1 年，运行 CiteSpace，从而得到总节点数量 N＝86 个，连线数量 E＝100 条，密度 Density＝0.0274，节点标签频数 Threshold＝1 的关键词共现知识图谱，如图 5－10 所示。

获取慕课的编码结果和授课教师近 20 年公开发表文献的关键词共现知识图谱后，通过初筛和精筛两个步骤来判定转化结果。

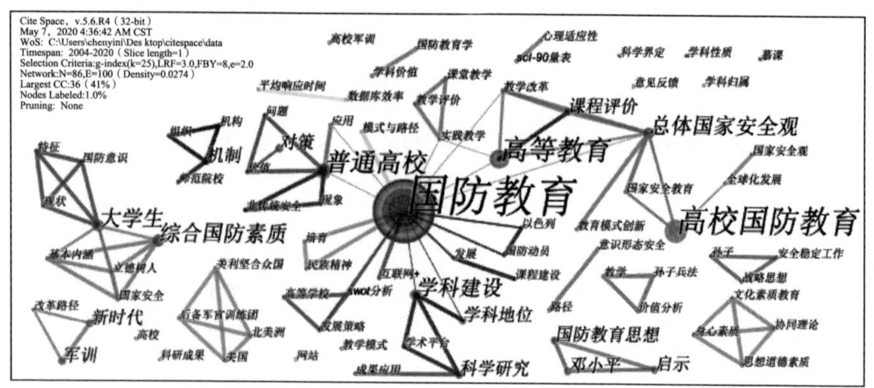

图 5－10 问鸿滨教授近 20 年公开发表文献的关键词共现知识图谱

第一步，通过初筛来判断授课教师研究方向与慕课课程的吻合度。首先，从西安交通大学马克思主义学院官网上获取到问鸿滨教授的主要研究方向是大学生国家安全教育、中国古代军事思想等。近 20 年公开发表文献的关键词共现知识图谱中出现频次较高的关键词有“国防教育”“总体国家安全观”“国防教育思想”等。其次，在科研项目方面，问鸿滨教授曾主持“普通高校国防教育课程推进策略研究——基于组织支持的视角”“大学生国家安全观念及其安全化路径研究”“中国古代军事思想与构建和谐世界关系研究”“普通高校军事课评估体系研究”“毛泽东军事思想与《孙子兵法》比较研究——毛泽东对《孙子兵法》的批判继承”等科研项目。在著作方面，问鸿滨教授曾出版《军事理论与技能教程》和《军事理论教程》（中国大学 MOOC 配套教材，高等教育出版社，2015）。综上，可见问鸿滨教授对国防教育进行了较为深入、系统的研究。所以，初步判断慕课“国防教育——军事理论”即为问鸿滨教授自身研究成果在教学资源中的一个转化与延伸。

第二步，通过精筛具体到慕课中看转化比例。本书将问鸿滨教授主讲慕课“国防教育——军事理论”的编码信息表中的节点与问鸿滨教授近 20 年的人文社科研究成果进行逆向比对分析。结合粗筛和精筛，得到的自由节点“国防教育相关概念”（参考点数 2）可对应节点标签“国防教育”“国防教育学”，辅以佐证的参考文献有《国防教育学的学科地位与学科价值及学科归属》。自由节点“中国周边安全环境面临的主要威胁”（参考点数 4）可对应节点标签“国家安全”“总体国家安全观”，辅以佐证的参考文献有《以意识形态安全为核心加强高校国防教育》。树状节点“毛泽东军事思想”

（参考点数 21）所属的慕课内容提及毛泽东思想的含义、发展历程及主要内容，辅以佐证的科研项目有“毛泽东军事思想与《孙子兵法》比较研究——毛泽东对《孙子兵法》的批判继承”。综上，在问鸿滨教授主讲慕课“国防教育——军事理论”与其研究领域相匹配的情况下，问鸿滨教授的人文社科成果共对应其主讲慕课中的 27 个参考点，占总参考点的 29.03%。

（三）研究结论

完成对上述十个慕课案例中人文社科成果转化占比的计算后，为了能够更加准确地总结人文社科成果转化为慕课的现状，发现其中的共性特征和趋势，揭示转化存在的问题，本节对上述的十个慕课案例得出的人文社科成果转化占比数据进行集中分析，并根据研究数据，对具有慕课开设经验的专家进行访谈以对案例数据进行佐证。本书对案例分析和质性访谈得出的结论进行匹配并加以分析，以期最后得出的结论能够更加客观、科学，所指出的问题能够更加鲜明。高校人文社科成果转化为慕课的主要问题的判断依据来源如图 5 – 11 所示。

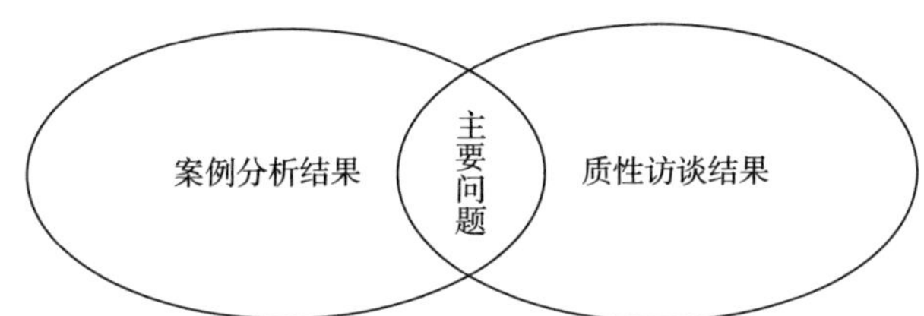

图 5 – 11　高校人文社科成果转化为慕课的主要问题的判断依据来源

研究发现高校人文社科成果转化的现状主要存在以下三方面问题：成果转化具有普遍性，但转化呈离散状态分布且比例趋低；成果转化分布不均，缺乏系统性；成果转化内容不全，与课程吻合度较低。这三方面问题都由多因素所致，所以本书也将在下一节通过深度访谈来详细分析影响高校人文社科成果转化为慕课的主要因素及其背后的内外部作用机制。

二　成果转化为教学资源的影响因素

高校是科研成果的重要产出地，而高校教师则是人文社科成果产出与转化的直接主体，另外教师也是慕课制作的主要参与者和设计者，所以对高校人文社科成果转化为“慕课”这一教学资源的具体落实情况可通过访谈高校教师加以深入了解。所以，本节旨在通过对教师展开深度访谈，立足于扎根理论，识别和提炼影响高校人文社科成果转化为慕课的主要因素，明晰各因素之间的内外部作用机制，进而构建影响因素模型。

（一）访谈情况

1. 访谈对象

本节对作为高校人文社科成果的产出者和转化者的高校教师进行访谈与分析，透过教师的切身经历和体会来分析慕课转化的现状，并挖掘背后的深层原因和作用机制，尝试发现转化过程中存在的问题并提出相关对策建议。本次访谈有针对性地选取了 15 名高校教师，每一名受访教师均拥有慕课开设经验和较为丰富的人文社科研究成果。之所以这样选取访谈对象，原因有二：一是只有受访教师有较为丰富的人文社科成果，才符合其作为高校人文社科成果的产出者这一设定；二是只有受访教师有开设慕课的经历，才符合其作为将高校人文社科成果转化为慕课的转化者这一设定。

2. 访谈设计

此次访谈采用半结构化式深度访谈的形式来收集语料文本。对 15 位受访教师的访谈都是一对一展开的，访谈的方式尊重受访者意愿，采用语音或面谈，即线上和线下相结合。访谈的步骤为：让访谈者大致浏览访谈提纲，之后展开正式访谈并在对方允许下录音，访谈结束后将录音转录成访谈逐字稿，最后利用 NVivo11.0 软件对转录文本进行三级编码和分析整理。访谈时间平均为 30 分钟，访谈录音转化后得到有效访谈记录共 15 份，文本资料共计 13.1 万字。

本节的访谈内容由三个部分组成：第一部分是高校人文社科成果转化为慕课的现状调查，第二部分是影响高校人文社科成果转化为慕课的内部因素调查，第三部分是影响高校人文社科成果转化为慕课的外部因素调查。

3. 文本分析工具

本节对访谈转录文本的质性分析均借助 NVivo11.0 软件完成。笔者将转录后的录音文本导入 NVivo11.0 软件中，立足扎根理论和研究目的对原始文本进行三级编码和汇总归纳。

（二）探究过程

本节依据扎根理论这一理论工具，借助 NVivo11.0 这一质性分析工具，对访谈文本展开深入的质性分析。质性研究的过程主要是通过研究者和被研究者双方的互动，来对个别事物进行深入、细致、长期、动态化的观察，从而得到对事物更为全面的理解和阐述[①]。因此，质性研究可以对个别事物进行更为细致、动态化的描述与分析，利于微观层面的研究。而扎根理论被称作质性研究中较为新颖和科学的一种研究方法[②]，它是一种在自然情境下，完全没有理论假设基础，严格地扎根于原始资料，不掺杂研究者主观思想来建立理论的研究方法，即直接对原始的资料进行分析与归纳，从中层层提炼概念与范畴，最后在各范畴间建立联系，从而上升到理论，构建出独立而正式的理论模型[③]。

扎根理论将资料获取、文本分析和理论模型建构组合成一个有机互动的过程[④]。而编码则是扎根理论中十分重要的环节，扎根理论的文本分析也主要依靠扎根理论三级编码技术。扎根理论三级编码的具体分析步骤主要包括：开放式编码、主轴式编码和选择式编码[⑤]。在编码过程中，需要对通过深度访谈获取的一手定性资料进行细致的对比与辨析，继而层层递进，提炼概念和确定每一级编码的范畴。另外，为了保障分析的定性资料具有代表性和可靠性，在对访谈文本进行分析时应遵循扎根理论的理论饱和原则，在分析过程中若有新概念或范畴产生，则需要将其同已有的范畴进行比较，并对其进行更新和修正，重复进行文本分析和资料补充。整个文本分析过程就是对原始资料反复分析和归纳的过程，通过持续地比较与凝练，当新范畴不再出现时，研究结束，可以得出结论。具体的扎根理论研究流程如图 5－12 所示。

---

① 陈向明：《质的研究方法与社会科学研究》，教育科学出版社，2000。

② 周媛、梅强、侯兵：《基于扎根理论的旅游志愿服务行为影响因素研究》，《旅游学刊》2020 年第 9 期。

③ 贾哲敏：《扎根理论在公共管理研究中的应用：方法与实践》，《中国行政管理》2015 年第 3 期。

④ 孙晓娥：《扎根理论在深度访谈研究中的实例探析》，《西安交通大学学报》（社会科学版）2011 年第 6 期。

⑤ 杨冉冉、龙如银：《基于扎根理论的城市居民绿色出行行为影响因素理论模型探讨》，《武汉大学学报》（哲学社会科学版）2014 年第 5 期。

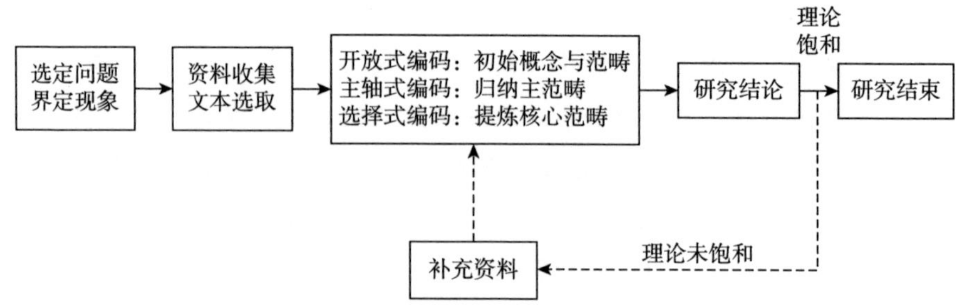

图 5－12 扎根理论的研究流程

1. *开放式编码：初始概念与范畴*

开放式编码是形成与实施扎根理论的第一个环节，也是对访谈文本进行分析和归纳的第一步。编码是对访谈文本中的自然句或自然段不断进行分析和命名，将相近内容归类的过程。开放式编码是使原始文本产生初始概念并将其范畴化的过程①，具体的操作步骤如下：首先，将原始访谈文本根据研究目的进行整理和提取，分解成独立的部分；其次，通过逐句或逐段地进行抽象化的编码和标识，使其产生初始概念；最后，经过对比、筛选和优化，将概念分类，使概念范畴化。本书在对访谈文本进行开放式编码后，共归纳整理出 29 个范畴。具体编码结果如表 5－11 所示。

表 5－11 开放式编码结果

范畴	概念	原始代表语句
教师认同感	挑战难度大	•我觉得这是一个比较大的挑战
	受众人检验	•你的教学内容的精准度，语言的表述要求要更准确、更科学，要经得起众多人的这种检验吧
	自由发挥受限	•这样其实有些内容可能在实体课堂上你可以自由发挥来讲的，但实际上在慕课上是要受到更多的限制的
	无经验参考	•慕课作为一种新媒体，对于教师来说是新鲜事物，如何有效在慕课中进行转化也没有太多经验可供参考
	提升教学	•实际上制作慕课这个过程，可以说是对自己的教学的一个提升过程
	利于成果转化	•可以说这是利于成果转化的一个途径

① 王法硕、王翔：《我国政府数据开放利用的影响因素与实现路径——一项基于扎根理论的质性研究》，《情报杂志》2016 年第 7 期。

续表

范畴	概念	原始代表语句
教师重视程度	重视程度低	•社科成果转化到教学中，不一定是转到慕课； •你是实体课堂也好，慕课也好，都存在成果转化
	教师的认知	•跟老师对慕课这种教学形式的认知有很大关系； •你愿不愿意做，有没有积极性可能跟你对慕课的了解有关系； •多数老师其实并不是很了解慕课，可能就会觉得恐怖，或者是觉得这个东西未知
	忽视教学	•有些老师会担心耽误科研
	教师积极性	•真正去接触慕课以后会发现有意想不到的收获
	有意识	•我在做这门慕课的时候就特别有意识地会进行转化； •在课后作业思考题上，我都是出比较有研究性和启发性的题目，不是那种死记硬背的知识性的，有标准答案的； 在这门课程中我做这种研究式的讲授，我实际上也是结合着自己的一些研究方向、研究成果，然后去做的慕课； •我在去设置我的教学内容的时候，实际上是依据我自己的一个研究方向； •我在选择内容时，会有倾向地去选我自己研究得多的，我自己的科研成果多的
教师精力	占用时间	•申请不复杂，为什么老师不愿意申请，因为做的过程很痛苦，占了很多时间
	耗费精力	•肯定还是需要一些精力的； •耗很多精力； •占用了极大的精力； •老师花的精力就是课程的设计，包括出思考题、考试题、弹幕题等，这些是别人也帮不了你的
	耽误科研	•然后就耽误你写论文，耽误你去做科研了，就这种牺牲
课程性质	课程性质	•我觉得转化比例没有标准的答案，那肯定是跟你课程的性质有关系； •这还是跟课程性质相关，需要具体情况具体分析的； •我觉得还是得分具体课程，因为人文社科的课其实也包含很多，有的课可能适合也能够转换，有的课可能就是这个课程自己的性质会有一些要求； •课程性质中，研究型的就比较合适； •因为学生的水平就在这儿，所以这个课程的性质我觉得是一个问题
	课程属性	•所以这一定是跟课程属性有关系的，我觉得； •我觉得不能绝对这么来讲，还是跟课程属性有关； •课程的属性肯定关系特别密切

续表

范畴	概念	原始代表语句
课程性质	专题课	•研究生的课程，有可能你开一个专题课，那你就一直是讲得很深入，这肯定是可以的； •如果是一个专题课，那肯定是基本按照自己的研究思路去讲； •我如果说把自己某个研究变成一门课程，那肯定是主要用我的成果在讲； •我现在给博士生上专题课，参考文献大多数都是我自己的著作； •如果说是专题课，肯定就会跟科研结合得更紧密一点
	研讨类课程	•研讨类的课程大多是对某个研究问题的深入探讨，教师就可以把自己的研究拿过来了； •开设的研讨类课程不够多，这也使得很多老师无法在教学中用到自己的科研成果
	基础课	•如果是偏基础的课，涉及的内容是很宽泛的； •例如法律概论课可能涉及方方面面的法律，不可能把所有的方面都去做个研究； •一些课程是讲授基本概念的，比如说像一些概论类的课程，可能原理概念这些内容比较多，它要求有一个基础的，并不是说让学生马上就能够去进行实践，进行科研，需要你在了解基本的概念、基本的理论之后，你可能慢慢才会去转化
	前修课程	•它用于低年级或者是一些课程的前修课程，这样的课程，似乎跟成果的转化之间还缺一个环节
	通识课	•通识课涉及的面宽极了，老师不可能把所有的领域都做得那么专精； •我的课是通识课，它涉及的面非常宽泛，老师不可能把涉及的所有的内容都拿去做研究
课程难度	专业课阶段	•我觉得这样的课程可能在专业课阶段才会有吧
	一定专业基础	•要在接受一定的专业基础教育之后，可能才会开设这样课程
课程目标	预期目标	•还有就是你的课程的预期目标也会产生影响
课程设计	依附实体课堂	•其实大多数老师的慕课，包括我本人的课，还是依托了我开设的实体课堂，是把大概有 20 年经验的课来做成慕课的； •我做的慕课跟实体课堂之间还是有关系的
	立足传统课堂	•我不一定是把实体课堂的内容完全搬到慕课上，我会根据慕课的特点来选择一部分内容；我可能会选择自己更擅长的，或者觉得学习者更需要的内容

续表

范畴	概念	原始代表语句
课程内容	和科研的区别	•这也是课程跟科研的区别，科研聚焦到某个领域，很窄但做得很深入；你开一门课，它的面肯定就宽多了
教学材料	自编讲义	•然后讲义基本上是你去录视频的台词的脚本
授课形式	远程授课	•慕课是远程授课
	互动方式	•传统课堂上虽然能够直接地互动，但是其实也有一个参与人数有限的问题； •线上这种互动，虽然它不是实时的，不是那种大家同步的，但是如果有一个问题在讨论区，你会发现可能会有几千人，然后甚至是更多的人都来参与讨论，而且观点完全是发散的
	研究式授课	•研究式的授课，它可能依托你的课程能够出一些研究成果，自然研究成果也可以反哺用于课程的建设
慕课筹备难度	对综合素质的挑战	•慕课肯定是相对比较有挑战性的，因为我觉得它挑战的是一个综合的素质
	对课程设计的挑战	•包括你对课程内容本身的这种设计是否严谨
	教学方法的挑战	•网络课堂在教学方法和理念上相比实体课堂具有更大的挑战性
	镜头表达	•考验你面对镜头的这种表达能力
	需要铺垫	•慕课的视频或者是讲义稿，我不能把整个的调研报告直接搬过去，我还是要在这上面做一些铺垫
	写台词脚本	•我根据我课程的这个设置，我再去写这个台词，然后我再去录，然后弄出来
	教材容易	•教材或者是这种文字性的内容会更容易一些，因为你想研究成果一般还是研究报告或者一些实体的文本； •比如前面是我讲的内容，后面还要附一些相关专题的科研成果，我就可以直接把科研成果、整个一篇文章拿过来放进教材，这个就较容易一些
其他教学资源	教材纸质留存	•教材的话，作为纸质的，在留存、传播上有它的优势； 教材的内容肯定会更多，我倒觉得是更适合学生做一些深度的学习吧； •教材里直接呈现参考文献，罗列参考书、脚注，学生就可以去追本溯源，但这些可能在慕课上老师一句话就带过了
	立体教学资源	•各有利弊，现在要我们自己打造立体的，既然做了慕课又引发了我们也在做教材，二者相结合

续表

范畴	概念	原始代表语句
慕课传播范围	慕课平台	•网络平台的局限
	受众广泛	•老师的研究毕竟还是个人的，力量有限，慕课会带动大家去研究； •实体课堂上讲的话，受众人数不总是有限吗
慕课时长	课时容量有限	•慕课的容量也还是有限的，因为它每个课时的制作成本都是比较高的
	片段化	•慕课它是片段化的，所以每一段可能是在 10 分钟左右这个样子，最多不会超过 20 分钟
	开放时段局限	•慕课受开放时段的局限
慕课呈现形式	直观生动	•慕课学习起来很直观、很生动
	灵活自由	•从学生的反馈来说，他们觉得慕课还是更灵活的
学生类型	学习者范围广	•网络学习者的范围就更广了； •学习者肯定是非常广泛的
	学生数量多	•一旦变成慕课，你等于要向可能是上万人，甚至是更多的学习者来开放； •毕竟是要面向更多的人开放
学生兴趣	激发研究兴趣	•老师在进行成果转化时，要考虑怎么激发学生的这种研究兴趣
	带动学生研究	•我觉得科研跟教学的结合也并不是单向的，并不一定是说老师要把我的科研成果转化到慕课中去，而是要考虑怎么结合着你的教学呢，也带动学生能够去做研究
学生投入精力	课余任务加重	•慕课中引入较多的科研成果，势必会要求学生课后配套查看一些相关文献，那么学生用于学习慕课的课余时间增多、任务量增大
	能够自主安排	•学生他反而会觉得更加方便，更有利于他安排自己的学习，所以其实效率并不低，他其实更自由一些
学生理解能力	学生层次差别	•学习的对象的层次差别也会比较大
	学生学习特点	•还有你对学生的学习特点的预估
	社会人士	•比如社会人士或者其学校外部的这样一些去参加网上课程学习的人，比学校里象牙塔里的学生看问题的视角就可能更加的全面

续表

范畴	概念	原始代表语句
授课团队结构	发挥所长	•团队教学肯定是更有利的，一门课跟一个研究方向的区别就在于它的面特别宽，而每一个人他自己研究的领域肯定是比较聚焦，比较窄的，这样你采用团队的话，每个人都可以发挥自己的所长
	制作团队	•授课主讲教师，我这一门课是两位，但是我也是有一个团队的
	依据课程选择	•是个人授课还是团队，需要依据课程来看老师的选择，我觉得各有特色
慕课申请难度	容易	•我觉得其实不难，但是还是有一些表格要填一下； •相对比较容易
慕课申请自主性	自主申请	•每个人都可以申请； •学校真的是很支持，这种慕课已经全面铺开了，老师个人去申报
政策环境	学校动员	•学校过去有一些精品课，它们会动员或者说建议老师去尝试开设慕课
	国家支持	•教学与科研相结合一直是被鼓励和推进的； •尤其这次疫情，应该是有更多的老师来做这个慕课
	学校大力提倡	•学校现在非常鼓励大家做慕课； •学校还是大力提倡的
资金支持	经费不到位	•有些学校可能也是表面上说希望老师都积极申报，经费部分可能没有支撑到位
	学校出资	•经费是学校出的； •我们做慕课是学校支持的，我们自己也不需要花什么钱
授课场所	录播教室	•课很多其实是在学校里找的录播教室或者是特定的这种地点
	公司录播间	•有的公司它自己是有录播间的，然后老师等于是去他们公司的录播间录
录制公司	选择公司	•你到底要选择什么样的公司去做，也直接影响了你课程最后做出来的一个效果
	专业公司	•这个都是他们找的专业的公司，这个公司来给你录制、剪辑，做后期的各种处理
	联系公司	•学校都联系好公司了，我们就负责自己课程的准备工作，然后有制作公司来跟我们对接，不用操心其他事情

续表

范畴	概念	原始代表语句
教师培训	教师经验共享	•学校比如像教务部、教师发展中心，会共同邀请前期制作慕课的一些老师进行一种经验分享，给老师提供一个互相学习交流的机会，这个还是比较多的
	资源丰富	•在慕课制作上，包括教学、科研融合上，现在这种培训的资源倒都非常多； •这些资源现在都很丰富的，学校也很愿意去提供机会，让你知道怎么来做，做一些辅导，这倒都有
	无针对慕课的转化培训	•要说专门在慕课中进行成果转化的培训，这是没有的
学校激励措施	配备助教	•学校给制作慕课的教师配备了助教，协助做一些技术上的服务，这些应该也算是一种鼓励
	无针对慕课的转化激励	•现在更多的都在探讨科研、教学的有机结合，说是在教学这个大范畴里的；学校会鼓励制作慕课，但不会专门针对慕课中的转化进行鼓励
	教师绩效	•教师考核评价，比如教师绩效、职称评定会受到成果转化为教学资源的影响，但是不与成果转化为慕课挂钩
	难控制	•将科研成果转化成教学资源很大程度上还是取决于教师，学校很难控制
成果评价	成果转化	•目前还没有将人文社科成果转化为教学资源纳入成果评价中

2. 主轴式编码：归纳主范畴

主轴式编码是实施扎根理论的第二个环节，也是对访谈文本进行二级编码的过程。开放式编码的作用是对原始访谈文本进行第一次分解与归类，提炼出文本中的初始概念和范畴。鉴于范畴的分散性和宽泛性，主轴式编码的主要任务就是发现和确立各个范畴之间的内在联结和类属关系，将范畴按照一定的潜在逻辑关系重新组织①，并归纳更具有概括性的主范畴。对上述开放式编码形成的 29 个范畴进行进一步组织后，得出“授课教师、制作团队、课程安排、慕课形式、学生水平、学校推进、政策环境、硬件资源、软件资源”9 个影响因素，即主范畴。主轴式编码的结果和各范畴的内涵，如表 5－12 所示。

① 王建明、贺爱忠：《消费者低碳消费行为的心理归因和政策干预路径：一个基于扎根理论的探索性研究》，《南开管理评论》2011 年第 4 期。

表5-12　主轴式编码结果

主范畴	对应范畴	范畴的内涵
授课教师	教师认同感	教师是否认同将科研成果转化为慕课影响成果转化
	教师重视程度	教师的重视程度影响其成果转化积极性
	教师精力	教师在转化过程中需付出的时间和完成的工作量
制作团队	授课团队结构	授课团队结构影响成果转化的难度
课程安排	课程性质	不同的课程属性直接影响是否能够进行转化
	课程难度	课程难度影响成果转化的可行性
	课程目标	不同的教师出于不同的预设目标进行授课
	课程设计	不同的教师有着不同的教学思路
	课程内容	课程内容的范围影响课程安排
	教学材料	配备的教学材料影响成果转化的质量
	授课形式	慕课的授课方式和互动形式对成果转化的影响
慕课形式	慕课筹备难度	慕课筹备的难度和挑战性影响成果转化的难度
	其他教学资源	其他教学资源与慕课对成果转化的影响差异
	慕课传播范围	慕课传播的平台和受众影响成果转化
	慕课时长	慕课的课时容量影响成果转化的可能性
	慕课呈现形式	慕课的呈现形式对成果转化的影响
学生水平	学生类型	学习者的范围与数量影响成果转化的构思
	学生兴趣	学生对研究的兴趣影响成果转化的质量
	学生投入精力	学生学习成果转化内容时需付出的精力
	学生理解能力	学生的类属和水平差异影响成果转化的设计
学校推进	慕课申请难度	教师申请制作慕课的难易程度
	慕课申请自主性	慕课申请的自主性影响成果转化的积极性
政策环境	政策环境	外部政策对成果转化为慕课的态度
硬件资源	资金支持	资金支持为成果转化建立物质基础
	授课场所	专门授课场所影响成果转化的呈现效果
	录制公司	后期制作团队影响成果转化的筹备
软件资源	教师培训	教师指导和培训影响成果转化的质量
	学校激励措施	相关激励机制影响成果转化的积极性
	成果评价	相关成果评价体系影响成果转化的积极性

3. 选择式编码：提炼核心范畴

选择式编码是实施扎根理论的最后环节，也是三级编码的核心步骤。

经过上述开放式编码和主轴式编码这两级编码，可以明晰范畴间的类属关系，且发现主范畴之间的关系脉络。而选择性编码则将上述的各个主范畴进一步归纳，从主范畴中凝练出能够统驭整个分析系统的核心范畴，进而系统建立所有范畴之间的联结关系，使所有类属形成一个整体。通过对主范畴进行深入探索与分析，并结合本次访谈的研究目的，可以认为“高校人文社科成果转化为慕课的影响因素”能够囊括和统驭上述的所有概念范畴，故将其作为核心范畴。

此外，围绕着“高校人文社科成果转化为慕课的影响因素”这一核心范畴，还须对“授课教师、制作团队、课程安排、慕课形式、学生水平、学校推进、政策环境、硬件资源、软件资源”这九个主范畴进行进一步分解。基于协同理论进行分解后，主范畴可被归为两类：“授课教师、制作团队、课程安排、慕课形式、学生水平”这五个主范畴是影响高校人文社科成果转化为慕课的内部因素；“学校推进、政策环境、硬件资源、软件资源”这四个主范畴为影响高校人文社科成果转化为慕课的外部因素。

（三）模型的构建与分析

1. 构建影响因素模型

通过理论因素模型能够更加直观地分析各级编码之间的相互关系、理论支撑及其背后的作用机制。因此我们可以立足于上述扎根理论的三级编码，依据内在逻辑关系将不同范畴进行联结，并探索联结关系中的潜在维度，构建出高校人文社科成果转化为慕课的影响因素的理论模型。

构建影响因素模型的步骤如下。

第一，确立核心范畴。选择式编码又称“核心式编码”，顾名思义其是整个模型的核心，所有的范畴都将围绕着核心范畴形成一个有关联的整体。根据上述研究，我们将“高校人文社科成果转化为慕课的影响因素”作为核心范畴，即影响因素模型的核心。

第二，梳理核心范畴与其他范畴之间的联结关系。经过三级编码和逻辑梳理，我们判断“授课教师、制作团队、课程安排、慕课形式、学生水平、学校推进、政策环境、硬件资源、软件资源”这九大因素，即这九个主范畴会对高校人文社科成果转化为慕课产生影响。

第三，确立影响因素模型的分析维度。已知有九个影响因素对高校人文社科成果的教学转化产生作用，但是每个影响因素对高校人文社科成果转化为慕课的作用机制和影响路径是大相径庭的，本书将对此进行具体阐释。对九个影响因素进一步探析发现：“授课教师、制作团队、课程安排、慕课形式、学生水平”这五个影响因素都是内部层面的。基于深度访谈，我们得知在这五个内因里“授课教师、课程安排、学生水平”是直接影响高校人文社科成果转化为慕课的决定性因素，故本书将其界定为前置因素。“制作团队、慕课形式”能够对高校人文社科成果转化为慕课进行驱动，故本书将其界定为内部情境因素。此外，“学校推进、政策环境、硬件资源、软件资源”这四个影响因素都是外部层面的，间接地对高校人文社科成果转化为慕课产生强化作用，在内部影响因素影响成果转化的过程中，外部影响因素能够影响前置因素与成果转化二者关系的方向和强度，故本书将其界定为外部情境因素。

综上，本小节通过对主范畴和其他范畴与高校人文社科成果转化为慕课之间关系的分析，建立完整的联结关系，并从前置因素、内部情境因素、外部情境因素三个分析维度展开，形成以“高校人文社科成果转化为慕课的影响因素”为核心，以“授课教师、制作团队、课程安排、慕课形式、学生水平、学校推进、政策环境、硬件资源、软件资源”为主范畴的高校人文社科成果转化为慕课影响因素模型，如图 5－13 所示。

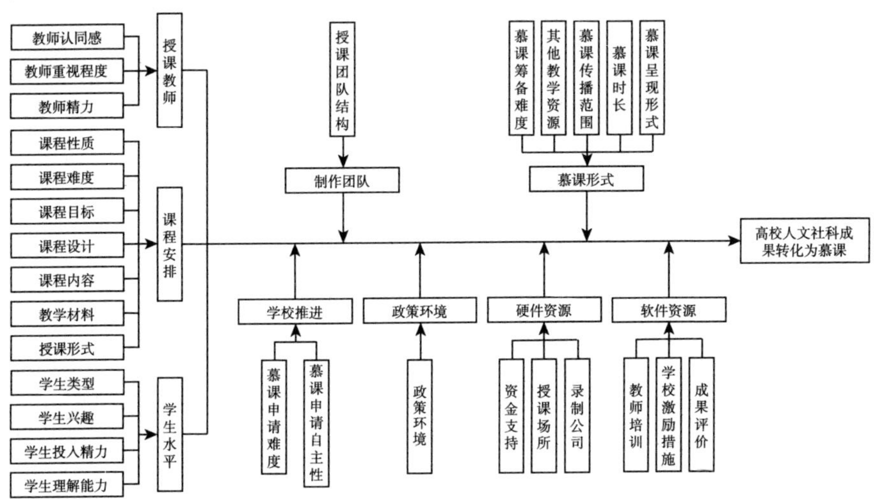

图 5－13　高校人文社科成果转化为慕课的影响因素模型

2. 理论饱和度检验

理论饱和度检验是指在不获取额外数据的情况下，进一步发展某一个范畴特征，以作为停止采样的鉴定标准①。理论饱和度检验是扎根理论中的重要步骤，检验结果决定了停止采样的时间，目的是确保研究所分析的资料具有代表性及检验研究结论的饱和度。为进行理论饱和度检验，须先将2/3的访谈文本（10份）进行三级编码和分析，并提前预留1/3的访谈文本（5份）以用于最后检验。在对预留的1/3访谈文本进行检验的过程中，影响高校人文社科成果转化为教学资源的九大主范畴中没有出现新关联，主范畴内部也没有形成新的概念或范畴。所以检验结果表明，本书的范畴已经足够丰富和完整，本书构建的高校人文社科成果转化为教学资源影响因素理论模型在理论上达到了饱和。

3. 主要影响因素分析

通过开放式编码、主轴式编码和选择式编码，共甄别出29个范畴和9个主范畴（影响因素），且构建影响因素模型呈现了各影响因素之间的作用机制。在此基础上，本部分将对高校人文社科成果转化为慕课的影响因素作进一步描述，以更加清晰地展示各影响因素的内涵和作用。因篇幅有限且影响因素作用程度不一，故仅选取其中最主要的影响因素进行阐释。

（1）主要影响因素的筛选

通过词语云图可以直观地看到访谈文本中所提及的高频词，了解访谈的主要内容。本书在NVivo11.0中创建新项目，并将经过人工仔细修改整合后的录音文本作为材料来源导入，利用NVivo11.0软件自带的词频查询功能对录音文本进行梳理分类，词频最小长度设置为2，最后生成词语云图（见图5-14）。

词语云图中词语字号越大，代表其在访谈中被提及的频次越高，从图5-14中明显可以看出“课程”“老师”“学校”“学生”“成果”这些词语赫然在列，这表明这些词语在访谈中频繁出现，一定程度上可以反映它们所对应的影响因素在高校人文社科成果转化为慕课过程中的重要性。

词语云图呈现结果符合上述研究中根据访谈构建出的高校人文社科成

① R. E. Fassinger, “Paradigms, Praxis, Problems, and Promise: Grounded Theory in Counseling Psychology Research,” *Journal of Counseling Psychology*, 2005, 52 (2): 156-166.

图 5－14　高校人文社科成果转化为慕课的影响因素访谈的词语云

果转化为慕课影响因素模型，即词语云图呈现结果进一步佐证了上述影响因素模型的合理性。而高校人文社科成果转化为慕课的影响因素模型又为深入认知高校人文社科成果转化为慕课的影响因素提供了良好视角。高校人文社科成果转化为慕课的影响因素模型将影响因素分为内部影响因素和外部影响因素两种，进一步分类，又可以划分为前置因素、内部情境因素和外部情境因素三类。其中，前置因素“授课教师、课程安排、学生水平”决定高校人文社科成果转化为慕课的发生，内部情境因素“制作团队、慕课形式”能够对高校人文社科成果转化为慕课进行驱动，外部情境因素“学校推进、政策环境、硬件资源、软件资源”能够影响前置因素与成果转化二者之间关系的方向和强度。所以在主要影响因素的选择上，主要影响因素范围可首先被缩小为“授课教师、课程安排、学生水平”这三大内部因素和外部情境因素。其次，由于“学生水平”很大程度上会被“课程安排”覆盖，在解决对策上会存在重复，故在主要影响因素的阐释中将不再赘述。

基于上述词语云图和影响因素模型，本小节最终选定课程安排、授课教师和外部情境因素进行阐释。

（2）主要影响因素的阐释

第一，课程安排是高校人文社科成果转化为慕课的“发起者”。“课程安排”是主范畴之一，囊括了“课程性质、课程难度、课程目标、课程设计、课程内容、教学材料、授课形式”这七个对应范畴。课程安排直接决定了高校人文社科成果转化为慕课行为的发生，这可以从受访教师的一些代表性观点中寻求佐证，多数受访教师认为课程性质、课程类型、课程设计等都在很大程度上决定了高校人文社科成果转化为慕课的可能性与适用性。

不是什么课都能做成慕课和做好慕课的。

我有一门慕课在线下的时候就是一种研究式的，是一个问题导向的课程，而且对前期的一些专业要求并不是太高，更多的是想通过课程让学生能够参与社会实践，无论是专业学生还是非专业学生，所以这类课程就比较适合，我也会比较有意识地进行成果转化。

最重要的还是要考虑你的这个课程适合不适合以及课程的设计问题。所以我觉得这是一个主导的因素，对我个人而言，我认为更多的还是取决于你这个课程的性质。

比如这个课程的性质和课程的目标，它是比较倾向于让学生参与实践研究的，那在这个课程中进行成果的转化，我觉得相对来说就好操作一些。

如果说是专题课，那它肯定就会跟科研结合得更紧密一点。

第二，授课教师是高校人文社科成果转化为慕课的主导者和实施者。“授课教师”也是主范畴之一，囊括了“教师认同感、教师重视程度、教师精力”这三个对应范畴。人文社科成果转化为慕课的活动是通过教学活动主体来实现的，所以前置因素中提及的教师和学生作为教学活动主体都是影响科研成果转化的重要因素。授课教师既是人文社科成果的直接接收者和具体实践者，又是慕课教学和制作的主导者，人文社科成果在慕课中的转化就是通过教师主导的教学活动来实现的，直接影响着学生对课程的积极性，所以授课教师在成果转化过程中承担着极为重要的角色。在课程形式适宜进行成果转化的前提下，授课教师对人文社科成果转化及对慕课等的认知、认同感、重视程度等在很大程度上都会决定转化的数量与质量。深度访谈中都涉及了可对此进行佐证的内容。

老师首先自己得有这个转化意识，然后她才能够更多地去进行高校人文社科成果在慕课课程中的转化。

我觉得可能跟老师对慕课这种教学形式的认知也有很大关系。你愿不愿意做和有没有积极性可能都跟你对慕课的了解有关。因为我想多数老师其实并不是很了解慕课，可能就会觉得恐怖，或者是觉得这个东西未知，就不会想去进行尝试。

第三，外部情境因素是高校人文社科成果转化为慕课的“助力者”。外部情境因素下有“学校推进、政策环境、硬件资源、软件资源”这四个主范畴，对应“慕课申请难度、慕课申请自主性、政策环境、资金支持、授课场所、录制公司、教师培训、学校激励措施、成果评价”这九个范畴。外部情境因素是实施某一具体行为时所要面对的外界客观环境，在高校人文社科成果转化为慕课的过程中发挥着强化作用。在访谈中，所有访谈者都谈及外部情境因素，认为外部情境因素在整个过程中充当着很重要的调节枢纽。关于情境因素充当“助力者”角色发挥强化与调节作用这一观点，能够在深度访谈和文本资料中得到佐证，受访者代表观点如下。

这个一定也是有外部支持的。比如说从学校层面来说，有些学校它就是更支持的，那这个老师相对也就会更容易申请慕课，自然在慕课中进行成果转化的机会也会多一些。

学校有相对应的这种经费的支持，其实是很重要的，老师这个课能不能做成肯定是与学校的这种外部支持是有很大关系的。

慕课是集中录制。我那会儿录的时候，集中录制是四五天，然后是从早到晚。因为要配合录制公司的录制安排，所以一般都是会集中去录制的。

第二节　高校人文社科成果转化为智库和政府决策咨询

一　高校智库建设现状

（一）国外一流智库

1. 一流智库概念

对于一流智库概念，当前在业内虽无明确定义，但基于实际调研，国内外学者倾向于将一流智库定义为注重国际介入和全球扩张的发展动向，利用完善、多样的信息服务手段为研究政策提供重要支撑，同时依靠数据资源、技术和人才优势提供优质产品及服务并形成有极大影响力的研究机构。基于此，本书界定的国外一流智库为：在国内或国际上具有较大影响力、引导力和重要地位，由智库内外不同学科、领域的专家、研究人员构成，且能够熟练利用现代化信息或数据技术对各类数据资源进行处理，生成高质量、多元化的智库产品或服务，最终为用户提供安全、环境、经济、政治、社会和外交等领域决策方案或优质咨询服务的智力研究机构。

2. 一流智库特点

社会影响力。国外一流智库具有相对独立性，能够在擅长领域内发表独立观点，并享有较高声誉与名望，表现为在辅助决策时受到决策层和各类用户重视，或在《全球智库报告》中表现突出等。

研究与服务能力。通过对国内外政治、经济、社会、文化等领域项目进行长期、细致和全方位跟踪、研究和服务，国外一流智库活动、研究项目及服务大都具备国际化导向特点，以提供高质量、多元化的服务和产品赢得话语权。

数据管理。国外一流智库具有一整套健全、高效的数据管理模式，包括以自建、自藏、自用为主和以整合外部资源为主两类模式，以具体目标、任务规划和用户需求为导向，采取多策略、动态方式管理数据，并重视建设研究领域配套的特色数据库，建立海外分支机构，主持区域性专题项目和构建与别国政府、智库的共享关系。

保障机制。国外一流智库通常建立完整、科学的管理与运营机制，包括依靠跨学科矩阵式组织架构，拥有完善健全的科研环境，明确数据体系建设原则，保障充足资金，设置专业数据研究与行政部门，配备专业数据技术和数据人才支撑和注重未来数据人才培养等。

3. 一流智库建设启示

（1）建立科学、灵活、规范的智库管理体系

为了促进党政部门与智库之间的人才双向流动，提升智库管理力，首先需要吸收具有战略眼光和辩证思维、执行力强的管理者进入智库领导层，例如聘请曾在政府担任职务的官员到智库从事研究或担任顾问，充分发挥其具有丰富管理经验，思考问题理性、务实的优势，将其宝贵经验转化为政策咨询高质量成果。同时，党政机关还可以通过实习交流、挂职锻炼、社会招聘、课题合作和专家顾问等方式培养、吸收智库中的优秀人员。其次，打造高素质智库专业人才队伍，需要推进人员招聘、教育培训、素质考核、能力评价一体化，建立智库人才“招引、培养、使用、考核、激励”的完整体系。最后，应当搭建自由、灵活的研究平台，营造独立、开放的研究氛围，采用矩阵式组织结构，使智库人员在多样、多元的研究领域中看到发展前景，得到历练提升，实现快速进步，发挥应有价值。

（2）构建智库成果高校转化机制

智库既可以为国家政治、经济、社会、生态发展提供决策咨询服务，又可以起到“二轨外交”的积极作用，进而产生拓展网络、传播声音、引导舆情和促进交流的良好效果。推进智库成果转化，一方面，需要畅通政府与智库之间沟通交流的通道，使二者实现良性互动，突出智库研究成果的战略性、前瞻性、专业性和实用性，实现智库研究成果的优化。另一方面，还要突出智库研究成果的时代性和大众化，促进智库研究成果的“科普”转化。推动智库研究成果高效转化，形成政府购买智库服务社会的稳定机制，离不开畅通的交流平台和沟通渠道，在这一过程中，政府辩证听取和接受智库提出的政策建议，并制定激励机制促使智库生产更多高质量的研究成果，智库也能够形成与经济社会发展、人民需求相匹配的学术影响力、政策影响力、社会影响力和国际影响力。

（3）构建智库市场化运作机制

坚持问题导向、价值导向和结果导向，面向市场需求和社会热点，注重理论结合实际，提供智库优质产品，拓展智库成果的需求空间，更好地服务于政府决策和经济社会发展。在激烈的市场竞争中，智库应加大开放

力度，注重网站建设和动态优化，使用多种传播手段、借助各类媒体平台推广和传播智库研究成果。根据需求不断提升智库服务专业化、多样化和标准化水平，在实践考验中发展壮大，通过持续正面发声提高影响力和美誉度。

（二）国内高校智库

由于在学科、人才和平台等方面的资源优势，高校在开展科学研究方面具有更加雄厚的基础，这也为开展高校智库建设提供了良好的先决条件。世界一流智库是世界一流大学的重要标志。建设中国新型智库，对中国高校的智库建设提出了更高更切实的要求。

1. 高校智库内涵

高校智库概念的界定是开展智库发展研究的首要条件，本书所界定的高校智库仅指具有中国特色的新型高校智库，具有以研究中国重大现实社会问题为导向、以为中国社会经济发展提供决策服务为目标任务和充分发挥高校智库自身的智力优势等特点。目前学术界的界定可以概括为 3 种。一是“组织论”，认为高校智库是一种具有不同组织属性的新型组织，与其他组织性质不同，高校智库具有明显的学科特色和专业的师资团队资源优势，能够为委托方的项目需求提供一些基础性或应用性研究。二是“平台论”，认为高校智库可作为连接多元服务主体的平台，如政府组织、社会公众、企事业团体等利益主体。三是“特色智库论”，即相比于民间智库、政府决策咨询机构等众多类型的智库，高校智库可扮演特殊角色。

2. 高校智库特征

关于高校智库的特征，学界认为除了具备智库基本特征外，高校智库还拥有一些个性特征。例如有学者认为高校智库除了具备独立性、非营利性和现实性这 3 个智库基本特征外，还拥有区域性这一高校智库所独有的特征。由于高校智库已经明确服务于党和政府部门，政治性特征显著，因此还具备教育性、专业性、公正性这 3 个独有特征。结合中国高等教育的实际情况，本书认为新型高校智库的特征应包括基础性、长期性、协同性、适应性。从高校智库所承担的职能角度分析，其特有属性不仅体现在人才培养、学术研究等职能方面，还表现为政策研究，学术观点中的独立性、中立性和客观性以及政策研究的长期性等。

二　智库与成果转化之间的关系

现代人文社科研究注重服务国家和社会。当今的人文社科成果评价体系还引入了社会效益、对公众的影响等诸多参数和指标。一些人文社科成果看似与经济社会发展关系不那么密切，却能通过改造满足人们的精神需求，丰富人们的精神生活，成为经济社会发展的精神动力和智力支持。许多人文社科的转型，就是在潜移默化中塑造人，提高人的人文素养，影响人的行为和社会的风尚，进而提高国民素质和国家软实力。可以说，现代人文社科研究是一种与经济社会发展密切相关的学术活动，现代社会的发展离不开人文社科研究，这就决定了要努力建立和完善人文社科转型机制。通过参与智库建设，高校人文社科成果也可以更好地实现其价值。

（一）二者的逻辑关联

1. 目标诉求的一致性

根据定义可知，智库的目标有三：一是坚持独立性，二是影响公共决策，三是完善激励和评价机制。智库的独立性和自主性指的是在社会的重大问题中，智库开展有针对性的研究，并提出专业化和具有建设性的政策建议。影响公共决策指的是智库的成果要转化为现实的生产力和服务力。有学者提出高校社科成果转化有五大目标：分别是将论著转化为民魂与民智，将认知转化为认识与共识，将知识转化为智慧与思想，将理论转化为决策与行动和将精神力量转化为物质力量。由此可知，智库成果和高校社科成果转化都是为解决社会问题而存在。从独立性来看，体现为智库不依附于政府和任何利益集团，从而保证研究成果的客观性和公正性。

2. 成果价值的一致性

高校社科成果转化，主要是指将高校人文社科研究人员的成果应用于具体实践并产生实际效果，比如影响政策制定，形成文化保护方案和指南等。智库是对公共政策事务进行研究，并将研究成果通过传递给相关部门或人员的方式转化为实践并发生效用。从概念内涵来看，两者都体现了对国家（地区）的经济社会发展所起的智力和理论支持作用。具体来说，两者的价值统一体现在以下几个方面：一是智库和高校人文社科成果都是为探索某种社会现象的本质和一般规律而存在。二是智库和高校人文社科成果都能为社会和相关政府机构、部门提供智力服务，比如将理论转化为决策和行动，将精神力量转化为物质力量和物质财富等。三是两者能通过转化确立成果和提高人文社科的地位，推动人文社科“话语体系”的构建。

（二）智库介入成果转化的价值

1. 服务人才培养

社会需要具有国际影响力、跨学科、实践应用型的人才，而高校智库能对此给予积极回应，可以从包括高校人才培养方案、校企校政校社等多渠道合作培养、课程体系改革、人才对外交流、考核激励评价制度等在内的教学科研管理途径入手培养相应人才。高校智库人才培养对高校和智库自身都有积极的价值。通过加强智库与大学之间的连接纽带，建立强大的校友网络，高校智库也得以满足科学发展和人才培养模式变革的需求。随着中国国际影响力日渐提升，参与国际事务逐步深入，我国对于对外服务的人才的需求逐渐加强，而高校智库可以在一定程度上满足对对外人才的需求，如在“一带一路”的背景下，高校智库可以服务“一带一路”建设，加强应用型学科建设，培养对口的应用型人才。在提升哲学人文社科学术话语权方面，有学者认为大学智库是一条不可或缺的渠道，充分发挥大学智库的人才聚集效应优势，培养学术领军人物和创新人才，形成哲学人文社科学术话语队伍，有利于中国高校提升哲学人文社科领域的学术话语权。

2. 服务教育领域改革

伴随教育综合改革进入深水区，依托高校智库自身优势，为开展教育综合改革研究提供决策咨询，是促进教育综合改革决策科学化和民主化的重要途径。在改革过程中，高校智库除了作为咨询者参与决策外，还应当充分发挥其科研能力和人才资源等方面的优势，参与改革方向、改革战略、改革实施、改革效果等方面的工作，确保教育改革往良性方向发展。

3. 参与政府决策与国家治理能力现代化

《中国特色新型高校智库建设推进计划》明确指出中国新型高校智库“为党和政府科学决策提供高水平智力支持”的基本定位。对此，有学者提出高校智库研究成果能够促进政府决策科学化、民主化、法制化，并指出高校智库的真正价值在于为政府决策建言，评估政策效果，引导社会舆论，还有助于政府决策过程开放化，并拓宽大学知识精英参政议政的渠道。另外，从知识管理角度分析，高校智库作为连接知识供给方的高校智库与知识需求方的地方政府的桥梁，可通过建立知识库和知识共享平台、实现知识生产转型、创建知识评价标准和建设知识市场等知识管理路径，提升自身质量、独立性和影响力，进而提升地方政府决策的科学性、民主性、前瞻性、战略性等。

4. 服务社会稳定，促进地方经济快速发展

在地方政府在国家综合改革配套试验区探索经济社会发展新模式的过程中，风险与机遇并存。在这一背景下，在地方高校中建立学术型智库，服务地方政府决策，提供科学的政策知识，有助于推动建设地方政府制度创新模式，提高地方政府制度创新的能力。例如在粤港澳大湾区发展中遇到的新问题、新挑战，就要求湾区各地政府部门和高校智库协同应对。为此有学者提出从高校智库视角，确立协同共治理念，建立“高校—智库—政府”联动合作模式，从机构设立、数据共享、成果转化与评价和人员流动等方面破除粤港澳三地政策咨询市场间的壁垒，形成有效的协同治理机制。此外，在推进学习型城市建设过程中，高校智库可以为城市科学规划未来发展，为政策制定提供建议，高效利用和整合城市教育资源以及科学引导智库发展评价，加强城市供需对接。

（三）智库介入成果转化过程的实现

1. 探索路线

党的十八大以来，习近平总书记多次强调要重视智库建设，提出智库是国家软实力的重要组成部分。近年来，我国智库的类型更加多样，数量快速增长，一些智库参与了国家和政府的重大课题研究，并在地方经济社会发展的重大政策咨询上和解决经济社会发展问题中担当着重要角色。因此，智库在人才储备、决策咨询服务、体制机制和成果转化渠道等方面具有的优势，可以成为其他机构社科成果转化的重要支撑。众所周知，人文社科成果转化关乎全社会的发展与进步，各高校或研究机构应协同合作而不是各自为政。但就目前来看，不论是高校系统还是其他社科研究机构，社科成果转化的流程协同性和数据共享性不强，一定程度上导致了社科成果转化的社会认可度不高、工作重复性严重、转化的数量和质量差。由此

可见，提高高校人文社科成果的转化效率，离不开高校与各类社科科研机构、智库之间的官方数据、人才队伍资源、平台资源、成果转化渠道、成果评价体系等的共享。借助智库成果实践化的平台，高校可以将其著作、论文、课题等成果以提案或咨询报告的方式提交给相关政府部门和机构，加快学术性的成果在现实生活实践中的运用。同时大学的相关报告咨询和提案考察也可以向智库成果的评价体系靠拢，把高校的研究产出成果纳入全国范围内的高校各类细致的评估指标当中去，以确定其相应的地位。

2. 政策架构

通过梳理《关于加强中国特色新型智库建设的意见》和习近平在哲学社会科学工作会议上的讲话精神发现，中国特色新型智库建设与社科成果转化呈现为共同体关系。这些通知文件和国家领导的指示涉及了人文社科和智库地位的确立、哲社研究导向、成果转化渠道和哲社成果评价的指标体系等问题，也为智库建设和智库与高校在社科成果转化方面开展合作提供了支持。高校与智库之间是可以存在合作关系的，在智库逐渐与政府、社会和高校紧密联系的新时代，当智库介入高校的人文社科成果转化的制度框架与政策架构时，面临的问题主要涉及政策基调和愿景规划等方面。

3. 跨界协同

人们普遍的一个认知就是人文社科成果的效能感和转化必要性不高，因其学科特性，成果转化成效一直处在一个比较低的水平，而跨界融合是破解成果转化问题的一个重要手段。这里的“界”，一方面是指学科与学科之间存在的“界”，另一方面也指系统和区域之间的“界”。从学科之间的“界”来看，当人文社科与自然科学开始走向融合渗透，便可以提高人文社科的实用性与服务社会性，在这一过程中成果向生产力转化的速度也会得到相应的提高。以非物质文化遗产保护的研究成果为例，中国知网中相关的学术论文成果有 7772 篇，但这些研究成果极少与相关的自然科学技术和实用技术结合，多停留在设想层面，绝大部分不具备“转化”的条件。然而，如果将非物质文化遗产保护与 3D 技术、虚拟现实技术结合起来，研究实用性就会增强，转化为实践运用的可能性也大大提高。从系统与区域之间的“界”来看，当前高校和其他社会科研机构在社科成果转化工作上的交叉点较少，界限分明的状态使得许多社会现实问题难以得到有效的解决。为了实现资源的有效共享与合理利用，建立亲密的合作关系就显得很有必要了，当不同类型的优势资源可以被最大限度地运用时，成果转化的加速期也就到来了。

（四）智库产品质量与应用评估

生产高校智库产品的目的是给党和政府提供智力支撑，因此对智库产品质量与应用的评估是衡量其功能实现的重要环节。针对这一工作，未来还可以展开进一步研究，例如可以以某一省份或区域为例，采取统计数据分析和问卷调查研究相结合的方法，评估当地高校智库产品的质量与应用，分析智库产品是否满足政府部门的需求，是否解决了实际问题，探究产品质量及其应用存在的问题及原因。高校智库在改进过程中，可以依据政府部门的反馈以及产品应用的反馈，调整其研究方法、研究方向，提升产品质量和应用效果。

面向新时代，在准确把握新发展阶段、深入贯彻新发展理念和加快构建新发展格局的过程中，扎实有序推进中国特色新型智库决策支撑体系建设，既要立足当下又要放眼长远。要高效高质服务党和国家中心工作大局，不断推进中国特色新型智库决策支撑体系建设迈出新步伐，再上新台阶，为新时代中国特色社会主义建设做出新贡献。

三　智库介入将成果转化为政策咨询

（一）转化的内涵

在加快推进政府决策科学化和民主化的过程中，人文社科研究成果的政策转化越来越受到国家重视，国家有关政策法规一再强调“高校要积极参与决策咨询，主动开展前瞻性、对策性研究，充分发挥智囊团、思想库作用”，相关部门也实施了一系列改革措施。政府公共决策是政府管理活动的基石，政府公共决策的质量决定政府管理社会的成败。而高校作为政府决策咨询机构的重要组成部分，可以广泛征求教授、专家学者的意见和建议，充分发挥政府决策咨询机构的智力支持作用，促进公共决策的科学化和民主化。

高校的决策咨询型成果具有很强的政策性和时效性，侧重于研究和解决经济社会发展中的实际问题，为政府、企事业单位提供理论参考、决策咨询和智力支持。这类成果直接影响着各级政府的政策制定与实施，且政策实施对社会经济发展产生深刻影响。近年来，政府越来越清楚地认识到科学决策的重要性和现实性，而科学决策必须依靠高校提供科学合理的理论依据和切实有效的管理措施。于是，高校人文社科科研人员便发挥着政府和企业决策的思想库和智囊团的作用，为其提供先进的政策理念、科学的理论依据和务实的决策指导，对社会经济的健康快速发展起到了积极推动作用。

高校人文社科研究承担着探索解决中国现代化建设现实问题的路径的责任。党中央十七届六中全会通过的《深化文化体制改革　推动社会主义文化大繁荣大发展》决定指出，社会主义文化大发展大繁荣已成为当前中国特色社会主义经济建设的重中之重，是实现中华民族伟大复兴的关键，而系统开展高校人文社科成果转化工作是社会主义文化大发展大繁荣的必然要求。高校人文社科研究应围绕当前社会经济发展中出现的、国家和政府亟待解决的社会问题以及本领域中的学术前沿问题，组织开展一系列具有全局性、战略性和前瞻性的学术研究，这既有利于推动人文社科研究成果为政策制定、决策咨询甚至经济社会发展大局服务，又是高校人文社科研究的价值所在，是高校人文社科研究的主攻方向和价值诉求。

（二）转化的途径

1. 递交课题或调查报告

我国高校的人文社科成果为政府提供咨询最常见的形式是接受政府部门的委托和参与国家人文社科基金的招标。它们可以为高校人文社科研究机构带来数额可观的研究经费和数量较多的研究项目，因此成为众多高校研究机构积极参与的活动。而课题完成后，向政府递交课题或研究报告就成为高校人文社科成果输送最有效、最便捷的方式。在智库影响力评估当中，承接政府和社科基金课题，向政府递交课题或研究报告数量往往也是衡量智库影响力大小的重要指标。

2. 出版学术刊物或著作

虽然互联网在当今世界发展越来越快，各种新兴传播方式也层出不穷，但纸媒作为传统的传播媒介仍然在传播领域中占据重要的地位。出版学术刊物或著作是高校人文社科的决策成果转化最为常见和最稳定的形式。学术刊物和著作作为长期的产品，更有利于高校人文社科成果形成长期的影响力。但就目前来看，还需扩大学术刊物和著作的受众范围，提高刊物和著作的舆论影响力，从而实现对政府公共政策的影响。

3. 主办会议

会议和论坛是高校传播思想、推广研究成果的重要方式之一，也是其扩大影响力的重要途径。会议的形式多种多样，有研讨会（论坛）、报告会、汇报会、纪念会、圆桌会、午餐会和新闻发布会等。这些会议基本上都是公开的，社会各界都可以报名参加，一些大型会议的视频和文字整理在网络上也可以查看。通过举办或参与会议或论坛，与社会各界群体进行交流，特别是政商界、新闻媒体等群体，各种观点可以进行碰撞从而产生更全面、更先进的思想。在这一过程中，高校也能及时了解政府的政策走向，抢占高端、超前研究领域，并将自己的研究思想传递给政府决策者和社会大众，政府官员也可以及时听到社会各界的不同声音，掌握最新的社会动态。

4. 举办学习培训项目

高校举办学习培训项目也主要针对政府决策者。通过培训政府决策者，机构专家可以将自己的思想和研究成果潜移默化地传递给决策者，这是决策咨询机构影响公共政策最便捷有效的方式之一。以中央政治局的集体学习为例，从 2002 年 12 月 26 日第一次学习以来，中央政治局组织集体学习已经成为一项制度。自第十八届中央政治局成立以来，中央政治局已举办了 24 次的集体学习活动，时间跨度从 2012 年 11 月 17 日到 2015 年 6 月 26 日，受邀参加培训讲课的都是国内一流学者。这些学者主要来自清华大学、中国人民大学、武汉大学、中国人文社科院、中央党史研究室和商务部国际贸易经济合作研究所等单位。

（三）转化的机制

1. 立项

政府决策咨询机构分为官方、民间和高校三类，根据《中国智库基本问题研究》一文中对智库的统计，我国政府的高校决策咨询机构约有 700 个。目前高校研究项目的立项大致有两种形式：一是承接或申请政府下达课题，二是自主确定研究项目。而国内高校立项大多采取第一种形式。政府根据需求下达课题的立项形式的最大优点是研究更易满足政府的需要，也更易进行研究成果的输出，更不用担心研究经费的问题。但过分依赖政府课题在一定程度上会磨灭高校人文社科专家对于社会热点和预见性问题的敏锐性和创新性，导致其成为为政府背书的工具。而与此相反，国外智库立项大多采取第二种形式，即自主确定项目选题。在研究项目确定后将部分材料寄送给政府或其他客户，以吸引其兴趣，通过和客户商量、更改，最终和客户签订合作协议。

2. 管理

立项之后，高校需要对项目流程进行管理，即高校的课题负责人和科研管理部门人员对已立项的研究课题进行过程管理，包括项目进度控制、项目使用经费管理和项目结项申请等。目前，国际社会普遍采用课题制的项目运作方式，该方式是按照公平竞争、择优支持的原则，确立科学研究课题，并以课题或项目为中心，以课题组为基本活动单位进行课题组织、管理和研究活动的一种科研管理制度。课题制具有很多优势。首先，以课题为中心，突破了对人才单位和专业的限制，可以对优势资源进行最大限度的集成，有利于形成突破性的研究成果。其次，设置课题负责人可以使责任更加明确，使项目研究更具效率，也利于项目的灵活管理。最后，课题制以人才为中心，以人为本，改变传统只见项目不见人的局面。课题负责人可以根据研究的需要自由地选择成员，不考虑单位、部门和国界等因素，有利于人才流动。

3. 评估

重视研究成果的质量管理，建立完善的成果评审制度是国外知名智库的普遍做法。政府决策咨询机构研究成果评估的目的是检验研究成果是否符合政府的要求。由于成果的保密性，研究成果大都是由政府机构进行评估。除此之外还有内部评估，内部评估是指各高校内部组织未参与该研究项目的评估人员，通过建立一定的评估指标体系，按照规范的程序对已结项的研究课题成果进行评估。

兰德公司是美国最重要的以军事为主的综合性战略研究机构。它先以研究军事尖端科学技术和重大军事战略而著称于世，继而又扩展到内外政策各方面，逐渐发展成为一个研究政治、军事、经济科技、社会等各方面的综合性思想库，被誉为现代智囊的“大脑集中营”“超级军事学院”，也是世界智囊团的开创者和代言人。它可以说是当今美国乃至世界最负盛名的决策咨询机构。兰德公司在研究成果评估方面有着先进的经验。兰德公司一般会聘请几名未参与课题的专家担任评审员，负责研究项目启动后的中期审查和提交报告时的期末审查。评审人员对成果提出意见，研究小组对这些意见进行回答，或接受意见进行修改，或拒绝意见并解释理由。内部评估的优势是评估人员更清楚研究课题的具体要求，对于评估的程序和评估的标准了解比较透彻，能够更顺利地实施成果评估。但由于评估人员是机构内部人员，在一定程度上容易导致评估过程中出现不公正、走形式的现象。另外，由于评估人员太熟悉机构内部的评估模式和标准，容易造成评估的僵化，使评估结果脱离现实。因此，在机构内部必须树立重视研究成果评估的意识，对评估人员进行评估前的思想教育和专业培训，并在评估过程中建立一系列硬性的制度和条约，遵循科学规范的程序进行成果评估。

（四）转化成功的案例

华南农业大学谭砚文教授在开展国家社科基金项目“完善我国棉花产业补贴政策研究”的过程中，对中国棉花进口滑准税存在的问题及其缘由进行了深入探索，相关研究成果引起了各级领导的高度重视，温家宝总理作了重要批示，国家发改委、财政部、农业部、商务部专门召开会议进行了专题研究，制定了积极的应对措施，对我国棉花产业发展产生了积极的作用。

华南农业大学的年轻教师牟小容在开展广东省科技厅的委托项目“广东落实企业研究开发费用税前扣除政策操作实务研究”的过程中，出版了全国首部《企业研究开发经费税前扣除实操指南》，为推动广东省乃至全国落实企业研发经费税前加计扣除政策发挥了关键作用。

（五）转化存在的问题

知识向政策合法化转化，是指已有的知识理论或创新知识成果服务于政策制定、决策咨询，或为国家、政府以及企业政策提供智力支持和有力论证的过程。高校人文社科研究成果是知识产品的一种表现形式，更是知识的一部分，同样要遵循知识发展的规律，即知识的获取、集成、生产、转移和应用。目前，高校人文社科研究是在国家大政策的引导下针对改革开放和现代化建设中重大理论问题和现实问题的研究，旨在为国家政策理论思想、决策咨询等服务，使研究成果直接或间接地转化为政策，实现其为国家、为社会发展服务的功能，其价值可以得到最大化的利用。

在 21 世纪的今天，建设有中国特色的社会主义需要进一步繁荣和发展高校人文社科。我国高校人文社科研究快速发展，每年发表的论文不计其数，但大部分的研究成果以学术论文、著作的形式存在，被用于职称评选后就“沉睡”在高校，更不用说将高校人文社科研究成果转化为政策去服务国家决策和指导社会实践。在科研管理方面也出现了诸多问题，主要表现在“重数量，轻质量”“以数量评职称”“研究与实践脱节”“激励制度模糊化”“评价机制不健全”“项目立项不明确”等，再加上基础理论研究多、应用研究少，高校人文社科研究不能发挥其应有的价值去服务政府政策制定和决策咨询，造成人文社科成果的社会价值不明显的问题，不能真正做到指导社会实践，为社会服务。

高校人文社科成果转化问题，是人文社科工作者和科研管理部门的难题。做好人文社科研究成果向政策转化的工作，对繁荣发展我国人文社科事业，为国家提供强大的智力支持，促进政策决策的科学化和民主化都有着重要意义。高校人文社科研究成果转化为社会效益和经济效益是一个复杂的过程，需要社会各界的共同努力。

第六章

高校人文社科成果的质量评价

开展人文社科项目成果的质量评价，是繁荣和发展哲学人文社科事业的重要内容。高校的重要职能之一是进行科学研究，而当今社会各行业各领域都处于大变革大发展的时期，无论是国家还是社会组织，都离不开高校开展研究为其提供参考和咨询服务。应各方要求，各高校积极开展科研工作，尽管各项科研成果众多，但存在“重量轻质”的现实问题，由此，科研项目成果的质量评价也成为各方所关注的重点问题。在国家政策层面，一系列关注高校人文社科项目成果质量提升的政策出台也表明我国对科研成果质量评价的重视。当前哲学社会科学的学术评价体系还存在不足，习近平总书记明确提出需要建立科学权威、公开透明的哲学社会科学成果评价体系的战略要求①。2020 年，教育部、科技部印发《关于规范高等学校 SCI 论文相关指标使用　树立正确评价导向的若干意见》，文件指出，相关评价指标的使用务必要仔细考量斟酌，联系实际，把握现实与指标的联系，构建全面的指标评价体系②。这要求相关科研工作人员在使用指标时更应规范，不滥竽充数，实事求是地进行成果评价；这也为本书对学术论文影响力评价指标体系的重新构建提供了指引与要求。同年，中共中央、国务院印发《深化新时代教育评价改革总体方案》，强调了在对成

① 《(授权发布) 习近平：在哲学社会科学工作座谈会上的讲话（全文)》，新华网，2016 年 5 月 18 日，http://www.xinhuanet.com/politics/2016－05/18/c_1118891128.htm。

② 《教育部 科技部印发〈关于规范高等学校 SCI 论文相关指标使用　树立正确评价导向的若干意见〉的通知》，教育部网站，2020 年 2 月 20 日，http://www.moe.gov.cn/srcsite/A16/moe_784/202002/t20200223_423334.html。

果进行评价时，要注意对影响力与质量的把握，突出学术贡献和社会贡献，这在一定程度上要求我们重视成果的影响力①。

综上，无论是从政策导向上看还是从已出台的相关政策文件上看，实则都明确了质量第一的评价导向，旨在评出真正有价值、有贡献、高质量的项目成果。加强人文社科成果评价的顶层设计，提升高校人文社科项目成果质量，已成为学术界和社会各界的共识。因此，本章针对高校人文社科科研项目成果的质量评价展开讨论，核心在于确定评价项目成果质量高低的标准和影响因素。首先，从人文社科学术论文质量和学术论文影响力两个维度构建高校人文社科成果质量评价指标体系。其次，设计高校人文社科成果质量的测度公式，以期评出真正高质量的科研成果，并结合同行评议的结果对该公式的合理性和适用性进行验证。最后，开展关于高校人文社科项目成果质量影响因素的质性分析，并在此基础上得出相应的研究结论。

第一节　高校人文社科学术论文质量评价

一　学术论文质量评价指标体系的构建

学术论文是学者学术思想和学术观点的集中表达，被学者发表得以面向社会传播，作为科学研究成果的主要产出形式，成为学者进行交流、了解彼此研究的媒介②。众所周知，任何一项科学研究都是沿着前人的足迹开展的，科学的研究往往是站在巨人的肩膀上，只有在继承、借鉴和积累的基础上才能推陈出新，有所作为。而学者发表的学术论文正是科学研究创新与发展的表现，在论文的写作过程中继承、借鉴或批判前人的学术研究成果，进而提出自己的创新观点与思想。在这一过程中，引用并标注前人研究成果，是科研活动中一种必要且实际的表现，这种现象是客观存在的③。可想而知，基于这种引证关系，学者们很容易形成一种庞杂的学术体

① 《中共中央 国务院印发〈深化新时代教育评价改革总体方案〉》，新华网，2020 年 10 月 13 日，http://www.xinhuanet.com/2020－10/13/c_1126601551.htm。

② 李丽娟、樊建强：《质量和创新导向下高校人文社会科学成果评价机制》，《长安大学学报》（社会科学版）2017 年第 3 期。

③ 吴勤：《基于引证强度的学术论文质量评价方法研究》，《情报学报》2007 年第 4 期。

系，本节选取的载文期刊影响因子、被引数、他引数三项文献计量学指标正是基于学者们的相互引证，是建立在这种客观的学术关系基础之上的。

（一）指标体系选取依据

高校人文社科项目的最终成果表现形式多样。选择作为成果形式之一的学术论文进行质量评价和研究的对象，主要原因在于其合理性和适用性。具体而言，有以下几点。

第一，学术论文具有较高的认可度。王孝宁等认为学术论文是科学研究活动成果的主要产出形式，科学研究的成果和效率可以通过发表的学术论文的数量和质量来反映，学术论文的学术水平常作为小到评价科技人员和科研单位，大到评价国家和地区的科研产出和影响力的一项重要指标①。郭丽芳提出学术论文发表是科学家个人学术思想的凝结和学术观点集中表达并向社会传播的起点，其最终目的是服务国家和社会的建设，科学活动中的创新发展也多是通过论文正文的阐述来呈现的②。

第二，学术论文具有可测量性。孟浩等指出国家自然科学基金资助项目的科研成果以学术论文为主，而论文产出量及其影响力是量化评估国家自然科学基金资助效果的主要参数③。任全娥在研究中举例指出，一项针对领导决策层的研究咨询报告，因为它不便公开与发表，所以其成果质量不易测量，而获取项目产出的论文的相关数据则相对容易④。

（二）指标权重推导过程

本节采用层次分析法推导指标权重，该方法经过多年的发展使用，已较为成熟。层次分析法确定各指标的权重有其固有的规范。相关要求主要包括：

首先，基于选取的单篇论文学术质量测量指标，设计出指标两两比较的专家意见咨询表；

其次，邀请专家按照说明进行打分；

最后，统计打分数据，进行处理与分析。

---

① 王孝宁等：《基于文献计量学研究方法的科技论文定量评价》，《科学学与科学技术管理》2004 年第 4 期。

② 郭丽芳：《评价论文学术质量的文献计量学指标探讨》，《现代情报》2005 年第 3 期。

③ 孟浩、周立、何建坤：《自然科学基金投入与科技论文产出的协整分析》，《科学学研究》2007 年第 6 期。

④ 任全娥：《人文社会科学成果评价研究》，中国社会科学出版社，2010。

具体步骤如下。

步骤 1：构造比较矩阵 A

单篇学术论文质量测量指标包括载文期刊影响因子、被引数和他引数 3 项指标：A1 为载文期刊影响因子、A2 为被引数、A3 为他引数。

指标间的相对重要性标度与说明如表 6－1 所示。

表 6－1 相对重要性的等级

重要性级别	含义	说明
$A_{ij}=1$	同等重要	两指标比较，具有同样的重要性
$A_{ij}=\pm 3$	稍微重要	两指标比较，+3 表示指标 i 比指标 j 稍微重要；－3 表示指标 j 比指标 i 稍微重要
$A_{ij}=\pm 5$	比较重要	两指标比较，+5 表示指标 i 比指标 j 更重要；－5 表示指标 j 比指标 i 更重要
$A_{ij}=\pm 7$	非常重要	两指标比较，+7 表示指标 i 比指标 j 重要得多；－7 表示指标 j 比指标 i 重要得多
$A_{ij}=\pm 9$	绝对重要	两指标比较，+9 表示指标 i 比指标 j 绝对重要；－9 表示指标 j 比指标 i 绝对重要
$A_{ij}=\pm 2$ $A_{ij}=\pm 4$ $A_{ij}=\pm 6$ $A_{ij}=\pm 8$	—	元素 i 与 j 的重要性判断的中间值

注：± 表示正值与负值。

步骤 2：特征向量及最大特征值的计算

这里以专家 1 的问卷数据信息为例，详细解释计算过程，如表 6－2 所示。

表 6－2 专家 1 对三项指标的判断矩阵

A	A1	A2	A3
A1	1	5	6
A2	1/5	1	1
A3	1/6	1	1

①对矩阵的各列求和

②对每一列进行归一化处理

公式如下：

$$B_{ij}=\frac{A_{ij}}{\sum A_{ij}} \tag{6-1}$$

其中，$\sum A_{ij}$ 的值为各列的和，列归一化处理的过程就是用各列的元素除以该列的和。得到的结果是新的矩阵 B，如表 6－3 所示。

表 6－3　判断矩阵 B

B	B1	B2	B3
B1	0.732	0.714	0.750
B2	0.146	0.143	0.125
B3	0.122	0.143	0.125

③对每一行进行求和，即得出特征向量

④对特征向量进行归一化处理，即初步得到指标权重

公式如下：

$$W_i = \frac{\sum B_{ij}}{n} \tag{6-2}$$

其中，n 为矩阵阶数，即 $n=3$。

所以根据专家 1 的问卷数据信息可得指标的权重值为：

$$W = \begin{bmatrix} 0.732 \\ 0.138 \\ 0.130 \end{bmatrix} \tag{6-3}$$

⑤计算矩阵的最大特征值 λ_{max}

$$\lambda_{max} = \frac{1}{n}\sum_{i=1}^{n}\frac{(AW)_i}{W_i} \tag{6-4}$$

其中，AW 表示矩阵 A 与 W 相乘，两个矩阵相乘结果在 excel 中利用 mmult 公式可得，示例的计算结果为：

$$AW = \begin{bmatrix} 1 & 5 & 6 \\ 1/5 & 1 & 1 \\ 1/6 & 1 & 1 \end{bmatrix} \begin{bmatrix} 0.732 \\ 0.138 \\ 0.130 \end{bmatrix} = \begin{bmatrix} 2.202 \\ 0.422 \\ 0.390 \end{bmatrix} \tag{6-5}$$

两个矩阵相乘的结果是一个列向量，然后用列向量中的每一个元素除以相应的权重值，将所得结果进行求和，最后将求和后的结果除以矩阵阶数 3，即可得到最大特征值 λ_{max}。

所以示例矩阵的最大特征值 $\lambda_{max}=3.004$。

步骤 3：对判断矩阵进行一致性检验

对构造的判断矩阵进行一致性检验，即对专家对各指标相对重要性的判断是否符合逻辑的检验。这是判断所得出的指标权重值是否科学的重要一环。所以要对判断矩阵的逻辑性进行检验来控制误差，检验的过程包括下面三个流程。

①一致性检验指标：

$$CI=\frac{\lambda_{max}-n}{n-1} \tag{6-6}$$

②平均随机一致性指标 *RI*

RI 的具体数值如表 6 - 4 所示。

表 6 - 4　平均随机一致性指标 *RI* 标准值

阶数 n	1	2	3	4	5	6	7	8	9
RI	0	0	0.58	0.9	1.12	1.24	1.32	1.41	1.45

③求出相对一致性检验系数

$$CR=\frac{CI}{RI} \tag{6-7}$$

如果 *CR* 的值小于 0.1，说明比较矩阵一致性良好，可以接受。

（三）指标权重计算结果

本节以向专家当面发放咨询表或邮件函询等不同形式先后获取了 20 位专家的判断意见。根据专家意见咨询表所获得的数据，笔者将数据录入 yaahp 层次分析法软件中进行分析和计算。

考虑到计算方法和步骤是一致的，本节以专家 1 的问卷数据信息为例来说明测量单篇论文学术质量指标权重的计算过程，由载文期刊影响因子、被引数和他引数三项指标构成的判断矩阵如表 6 - 5 所示。

表 6 - 5　专家 1 对三项指标的判断矩阵

指标	影响因子	被引数	他引数
影响因子	1	5	6

续表

指标	影响因子	被引数	他引数
被引数	1/5	1	1
他引数	1/6	1	1

由上文可得：$\lambda_{max}=3.004$，$RI=0.58$，$n=3$，则：$CI=0.002$，$CR=0.003<0.1$，一致性满足基本要求。归一化后最大特征值向量（权重）为：0.732、0.138、0.130。

以此类推，得到了所有专家对于全部指标评估的权重值及其一致性检验值，如表 6－6 所示。

表 6－6　20 位专家对于三项指标评估数据的权重和一致性检验结果

专家编号	$W_{影响因子}$	$W_{被引数}$	$W_{他引数}$	λ_{max}	CI	CR
1	0.732	0.138	0.130	3.004	0.002	0.003
2	0.244	0.067	0.689	3.096	0.048	0.082
3	0.767	0.090	0.143	3.055	0.027	0.047
4	0.309	0.110	0.581	3.004	0.002	0.003
5	0.168	0.738	0.094	3.013	0.007	0.011
6	0.739	0.179	0.082	3.103	0.051	0.089
7	0.292	0.081	0.627	3.095	0.048	0.082
8	0.366	0.102	0.532	3.095	0.047	0.082
9	0.690	0.149	0.161	3.006	0.003	0.005
10	0.274	0.087	0.639	3.054	0.270	0.047
11	0.591	0.076	0.334	3.015	0.007	0.013
12	0.575	0.082	0.343	3.029	0.015	0.025
13	0.557	0.123	0.320	3.018	0.009	0.016
14	0.608	0.120	0.272	3.074	0.037	0.064
15	0.556	0.090	0.354	3.054	0.027	0.046
16	0.633	0.106	0.261	3.039	0.019	0.033
17	0.107	0.397	0.497	3.054	0.027	0.046
18	0.142	0.334	0.525	3.054	0.027	0.047
19	0.665	0.231	0.104	3.087	0.043	0.075
20	0.703	0.115	0.182	3.054	0.027	0.047

观察发现，CR 值均小于 0.1，一致性检验通过，证明专家的判断均符合逻辑，将同一指标的权重系数的平均值作为各指标的最终权重：$W_{影响因子}=0.486$、$W_{被引数}=0.171$、$W_{他引数}=0.343$。

考虑到下文利用案例进行计算时的清晰和简洁，这里笔者对三项指标的最终权重值进行四舍五入、保留两位小数的处理，结果为：$W_{影响因子}=0.49$、$W_{被引数}=0.17$、$W_{他引数}=0.34$。

所以，单篇论文学术质量计算公式为：

$$S=0.49x+0.17y+0.34z \tag{6-8}$$

式（6－8）中：S 表示单篇论文学术质量指数，x、y、z 是所选指标的数值，分别表示载文期刊影响因子、被引数、他引数。

进而可得高校人文社科项目成果质量的计算公式为：

$$I=\sum_{i=1}^{n} S \tag{6-9}$$

式（6－9）中：I 表示项目成果质量指数，S 表示单篇论文学术质量指数。

二　学术论文质量评价指标体系的实证分析

（一）数据来源

本节通过全国教育规划领导小组办公室官网获取 2015～2019 年已结项的全国教育规划科研项目，并利用前一节设计的单篇论文质量测度公式对科研项目所产出的期刊论文学术质量进行测量。进而将每个项目所产论文的单篇论文质量进行加总，来间接表现科研项目成果总体质量的高低，之后通过二八定律确定高质量项目。最后结合全国教育规划课题同行鉴定结果，对所设计的高校人文社科项目成果质量测量公式的可行性进行检验分析。

1. 2015～2019 年已结项的全国教育科学规划科研项目概况

样本数据选取了 2015～2019 年共 5 年的全国教育科学规划科研项目，因为教育学是国家人文社科基金的三个单列学科（艺术学、军事学、教育学）之一，有其研究的特殊性和代表性。全国教育科学规划科研项目课题类别分为两部分：一是国家级课题，包括国家重大、重点、一般、青年四个级别的科研项目；二是教育部级课题，包括教育部重点、青年、规划三个级别的科研项目。因为笔者选取的科研项目均已结项，所以还可知已结项的科研项目的同行鉴定结果，鉴定结果包括合格、良好和优秀。

本节纳入统计分析的科研项目样本数据共1211项，项目成果论文发表数量共7115篇，其中国家重大课题2项、国家重点课题23项、国家一般课题247项、国家青年课题211项、教育部重点课题418项、教育部青年课题238项和教育部规划课题72项，如图6－1所示。

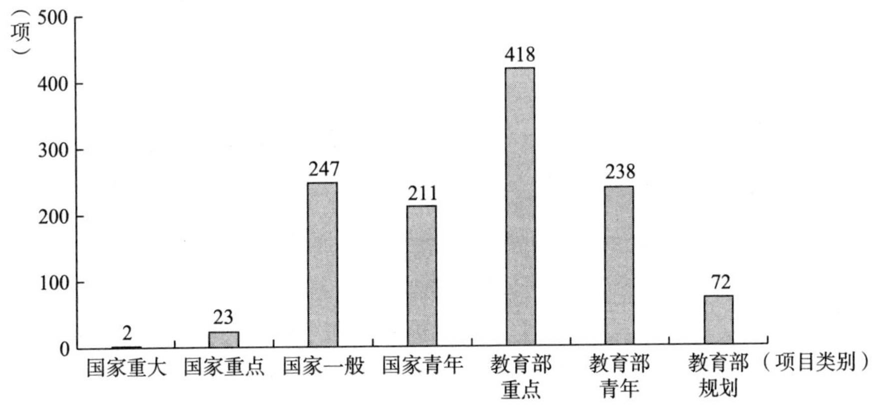

图6－1　课题类别统计

此外，按照鉴定结果来分，鉴定结果为合格的科研项目有929项，鉴定结果为良好的科研项目有266项，鉴定结果为优秀的科研项目有16项，如图6－2所示。

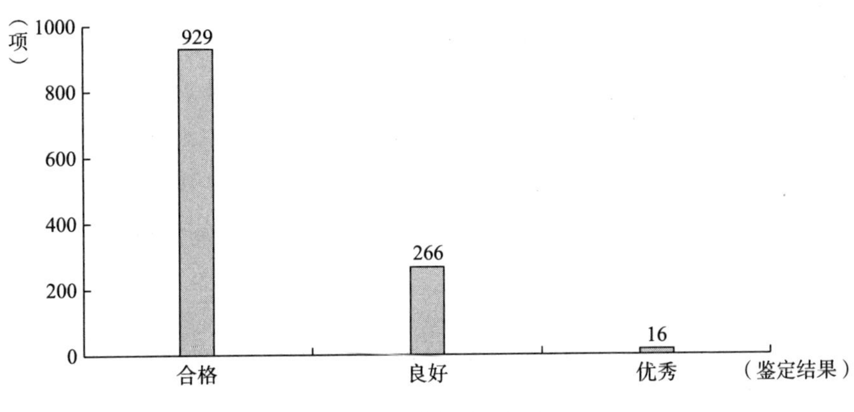

图6－2　鉴定结果统计

2. 评价指标数值获取

在前人研究的基础上，本节选取载文期刊影响因子、被引数和他引数三项指标来测量单篇论文质量，笔者访问了相关网站，并将获取的三项指标数据整理在 excel 表中。具体步骤如下。

首先，选择项目。笔者在全国教育科学规划领导小组办公室网站的“成果管理”一栏中，选择了 2015 ~2019 年已结项的并在“结题鉴定等级公告”中公布的科研项目 1211 项①。

其次，项目与成果匹配。本节将科研项目产出成果聚焦于产出的期刊论文，笔者通过登录中国引文数据库②、中国知网全文数据库③，按各个科研项目立项批准号分别检索各个科研项目所产出的期刊论文，各项目累计获得期刊论文 7115 篇，并将期刊论文的载文期刊影响因子、被引数和他引数整理在 excel 表中。

再次，确定科研项目学术质量计算公式。将专家意见咨询表分别交给有教育学、管理学、图书馆和科研处相关学科背景和工作经历的 20 位匿名专家，利用层次分析法分别对三项评价指标进行打分，并解析指标权重，得出单篇论文学术质量计算公式，进而确定科研项目学术质量计算公式。

最后，利用所得公式计算科研项目的质量指数，并对 5 年数据进行汇总整理。

（二）数据处理

本节利用层次分析法解析出指标权重，得出单篇论文学术质量计算公式，将每个项目所产出的单篇论文学术质量进行加总，进而确定科研项目学术质量计算公式。在确定了科研项目学术质量计算公式后，笔者登录相关网站获取指标数值并计算质量指数，最后整理在 excel 表中，表中的项目主要有科研项目学术质量得分、课题类别和鉴定结果三项内容，笔者分别按照课题类别和鉴定结果将科研项目学术质量得分按照降序排列，然后利用二八定律筛选出前 20% 的科研项目学术质量得分，并将最低得分作为筛选高质

① “结题鉴定等级公告”，全国教育科学规划领导小组办公室网站，http://onsgep. moe. edu. cn/edoas2/website7/level2list4. jsp? infoId = 1335255008686235&firstId = 1335248077826115，最后访问日期：2019 年 11 月 11 日。

② 中国引文数据库网站，http://ref. cnki. net/ref，最后访问日期：2019 年 11 月 21 日。

③ 中国知网全文数据库网站，https://www. cnki. net/，最后访问日期：2019 年 11 月 21 日。

量项目的标准线，即评价科研项目学术质量高低的标准。

基于上述的评价过程，得到的评价结果如表 6 -7 所示。

表 6 -7　评价结果

比较维度	标准线	
课题类别	国家重点	253.61097
	国家一般	76.94526
	国家青年	55.33201
	教育部重点	38.72265
	教育部青年	31.59594
	教育部规划	19.63255
鉴定结果	合格	40.1481
	良好	80.0917
	优秀	292.09832

（三）研究结论

高校人文社科项目成果质量评价标准科学、合理，是有效解决当下高校科研评价“泡沫”问题的关键所在，科学可行的科研项目成果质量评价标准既有利于促进高校科研工作的创新发展，也有利于全面提升高校科研质量，满足现实需要，具有明显的现实意义①。本节立足高校人文社科项目成果质量评价这一核心议题，旨在探求科研项目成果质量评价标准，综合运用层次分析法、引文分析法等多种研究方法，选取载文期刊影响因子、被引数和他引数三项指标，并针对各项指标分别赋予相应的权重，设计出高校人文社科科研项目成果质量计算公式。

如本节的评价过程和结果所示，若按照“合格”“良好”“优秀”的顺序来对比相应的标准线，标准线数值也呈递增的趋势，可知科研项目成果质量标准线与同行鉴定结果是相匹配的，即笔者设计的高校人文社科项目成果质量计算公式是相对科学可行的。另外，若按照“国家重点、一般、青年科研项目”和“教育部重点、青年、规划科研项目”等课题类别

① 徐红、刘在洲、陈承：《高校科研质量评价标准研究》，《高校教育管理》2016 年第 5 期。

的顺序来对比相应的标准线，标准线数值则呈递减的趋势。上述课题类别按立项难度由高到低排列，而相应的标准线数值也呈递减的趋势，符合常规认知。这也从另一个层面表明，笔者设计的高校人文社科项目成果质量计算公式，即通过计算成果形式之一的论文的质量来表征整个科研项目成果质量的方法是可行的，二者具有明显的相关性。

第二节　高校人文社科学术论文影响力评价

一　高校人文社科学术论文指标体系的构建

（一）指标体系全面构建

本节选取教育部公示的获得第八届优秀成果奖的学术论文为研究对象，目的在于构建出一套针对高校人文社科学术论文影响力的客观全面评价指标体系，为人文社科学术论文影响力评价指标体系的进一步研究提供参考依据，并不断接受论文评价实践的检验。

目前，学术界对高校人文社科学术论文影响力的评价指标体系尚未形成固定形式，一般来说主要分为成果作者地位、职称级别等定性指标和浏览次数、阅读量、点击量与下载次数等定量指标。它们的特征差异明显，定性指标较为客观却固定，定量指标精准却片面。同时，与自然科学相比，人文社科学术论文的社会影响力并不明显，加上规则可人为操作，评价过程中更容易出现不公正、不公平的现象。因此，要实现对大量且复杂人文社科学术论文影响力的客观高效评价，不能仅凭专家的主观判断，还需要结合一些客观指标进行综合评价。

综合考虑，本节从学术影响力和社会影响力两个维度构建高校人文社科学术论文影响力评价指标体系，将一级评价目标进行层次分解，并根据各个目标设计学术论文评价指标体系。高校人文社科学术论文影响力评价指标体系结构如图 6 – 3 所示。学术论文影响力评价指标用“学术影响力”与“社会影响力”这两个一级指标进行划分。“学术影响力”指标下设三个二级指标“被引频次”、“下载次数”和“期刊指数”。其中，“期刊指数”将使用“期刊影响因子”作为代理指标。“社会影响力”下设两个二级指标“社会反响”和“同行认可”。其中，“社会反响”使用“百度搜索指数”作为代理指标；“同行认可”使用“发表层次”作为代理指标。此外，根据《中国人文社科期刊AMI综合评价报告（2018年）》（以下简称《AMI评价报告》）对期刊的分类，可将发表层次分为顶级期刊、权威期刊、核心期刊、拓展期刊和入库期刊五大类。

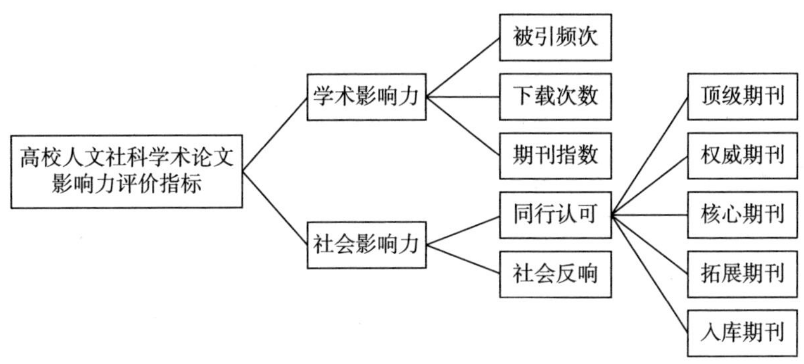

图6－3　高校人文社科学术论文影响力评价指标体系结构

1. 学术影响力指标

第一，论文被引反映了该研究成果获得其他作者价值认同的表现，即出现了该研究成果被其他科研工作者内化吸收的情况，是表现该研究成果具有影响力的重要指标，因此论文被引频次是衡量“学术影响力”的主要依据之一。第二，论文下载是科研人员对该科研成果产生兴趣的开始，是学术论文影响力传播的必备过程与环节，只有该科研成果被下载吸收才能为后续的影响力传播、引用和转载奠定基础。第三，期刊指数是同行对科研人员成果认可的重要表现。总而言之，被引频次、下载次数与期刊指数是论文被学术界使用的主要交流形式，反映了论文发表后对学术共同体产生的作用、价值主体与价值客体之间发生知识转移并形成价值关系的情况。因此，“学术影响力”指标下设“被引频次”“下载次数”“期刊指数”三个二级指标。

2. 社会影响力指标

学术论文的影响力不仅仅表现在学术影响力方面，在政策导向上，科研成果评价也要注重科研成果的社会影响力（包括国际影响力）。一方面，人文社科科研成果想要发挥其影响力，必然要得到同行的认可，具体来讲就是将学术成果——学术论文发表到相应的期刊上，尤其是人文社科领域比较著名的期刊，期刊本身的影响力在一定程度上能够代表该篇学术论文的影响力，例如发表至《北京大学教育评论》等权威期刊，证明其在一定程度上获得了期刊编辑与相关同行专家学者的认可。因此本节将“同行认可”作为社会影响力的一个指标维度，并根据《AMI 评价报告》进一步细化指标维度。

另一方面，当前我国高校人文社科科研学术论文影响力的国际话语权并不强，规则制定受制于人，这要求我们必须提升我国高校人文社科学术论文的影响力。为了实现这一目标，我们必须要让作为科研成果代表形式之一的学术论文在社会上获得更好的反响，在更广大的群体中传播。在社会影响力下设“社会反响”，并使用国内使用最广的百度搜索引擎的搜索指数作为代理指标。具体而言，将学术论文加双引号在百度搜索引擎中进行搜索并查看其信息条数以代表人们对其的关注程度，侧面表征学术论文的社会影响力。

（二）指标权重推导过程

1. 确定权重方法

确定人文社科学术论文影响力评价指标权重的方法有许多种。常用的方法有专家学者征询法、层次分析法、主次指标排队分析法和熵值法等。

由于本节采用数据较多，必须分级分类处理，因此拟采用层次分析法建模，大体上可分解展开为以下几个环节进行：首先，搭建层次分析法的模型；其次，构造各层次的两两比较判断矩阵；再次，计算权重向量；最后，进行一致性检验。

2. 两两比较判断矩阵计算过程

按照自上而下的顺序，将每一层的相关指标以九分位比率（即越重要数值越大）和两两对比的方式建立一个比较判断矩阵，得到指标之间重要程度的排序。具体而言，邀请人文社科学术论文影响力评价指标体系的相关专家，根据相对重要性程度为初步建立好的两两比较矩阵表打分，确定指标之间的重要程度。

依据前文所述的层次分析法的四大步骤，我们首先在 yaahp 软件中构建出人文社科学术论文影响力评价指标体系层次结构模型，将收集到的 20 位专家咨询数据录入。下面将以收集到的专家 A 的数据做一个详细的步骤过程分解。表 6 - 8 至表 6 - 11 为专家 A 的原始数据，具体分为以下四大步骤进行处理。

表 6-8　专家 A 所填写的原始数据（一级指标）

指标	学术影响力	社会影响力
学术影响力	1	8
社会影响力	1/8	1

表 6-9　专家 A 所填写的原始数据（二级指标之学术影响力）

指标	被引频次	下载次数	期刊指数
被引频次	1	5	7
下载次数	1/5	1	1
期刊指数	1/7	1	1

表 6-10　专家 A 所填写的原始数据（二级指标之社会影响力）

指标	社会反响	同行认可
社会反响	1	1/5
同行认可	5	1

表 6-11　专家 A 所填写的原始数据（三级指标）

指标	顶级期刊	权威期刊	核心期刊	拓展期刊	入库期刊
顶级期刊	1	3	5	7	9
权威期刊	1/3	1	3	5	7
核心期刊	1/5	1/3	1	3	5
拓展期刊	1/7	1/5	1/3	1	3
入库期刊	1/9	1/7	1/5	1/3	1

（1）对原始数据各列进行求和并进行归一化处理，结果如表 6-12 至表6-15 所示

表 6-12　一级指标新矩阵

指标	学术影响力	社会影响力
学术影响力	0.889	0.889
社会影响力	0.111	0.111

表 6－13　二级指标之学术影响力新矩阵

指标	被引频次	下载次数	期刊指数
被引频次	0. 745	0. 714	0. 778
下载次数	0. 149	0. 143	0. 111
期刊指数	0. 106	0. 143	0. 111

表 6－14　二级指标之社会影响力新矩阵

指标	社会反响	同行认可
社会反响	0. 167	0. 167
同行认可	0. 833	0. 833

表 6－15　三级指标新矩阵

指标	顶级期刊	权威期刊	核心期刊	拓展期刊	入库期刊
顶级期刊	0. 560	0. 642	0. 525	0. 429	0. 360
权威期刊	0. 187	0. 214	0. 315	0. 306	0. 280
核心期刊	0. 112	0. 071	0. 105	0. 184	0. 200
拓展期刊	0. 080	0. 043	0. 035	0. 061	0. 120
入库期刊	0. 062	0. 031	0. 021	0. 020	0. 040

（2）计算特征向量并进行归一化处理，得到专家 A 的权重赋值 W，如图 6－4 所示

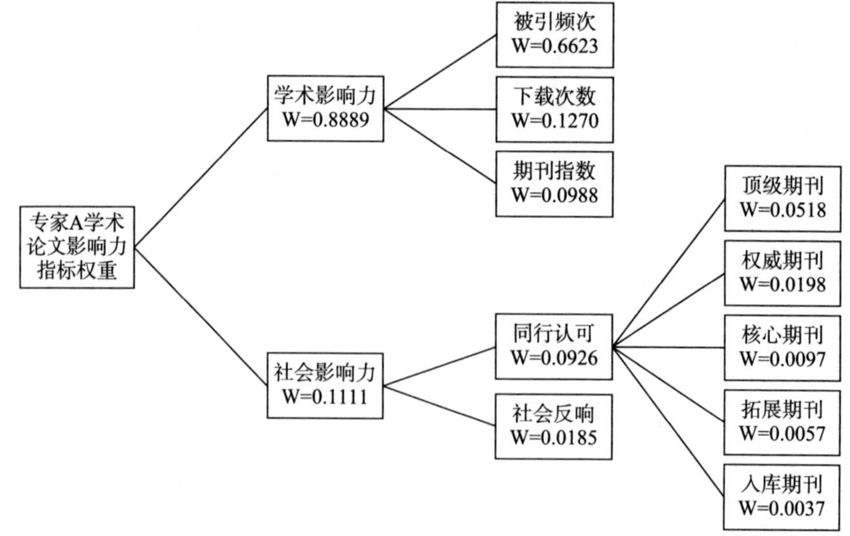

图 6－4　专家 A 权重值

（3）分别计算一级指标、二级指标和三级指标的最大特征值 λ_{max}

①专家 A 学术论文影响力指标权重最大特征值 $\lambda_{max}=2.000$

②专家 A 学术影响力指标权重最大特征值 $\lambda_{max}=3.013$

③专家 A 社会影响力指标权重最大特征值 $\lambda_{max}=2.000$

④专家 A 三级指标权重最大特征值 $\lambda_{max}=5.2426$

（4）进行一致性检验

此步骤为比较重要的一环，确保此环节的科学操作与计算，才能保证后续对该指标体系进行应用，并且结果科学合理；因此进行一致性检验是必要的，它能够检验专家在对指标体系赋予权重时，逻辑是否科学合理。它的基本步骤主要有五小步。

①计算各层级的最大特征向量 λ_{max}，前文已求出

②计算一致性指标，公式如下：

$$CI=\frac{\lambda_{max}-n}{n-1} \tag{6-10}$$

经计算，专家 A 学术论文影响力 *CI* 值为 0.000；学术影响力 *CI* 值为 0.006；社会影响力 *CI* 值为 0.000。

③用平均值计算的方法，使用公式算出一致性指标 *RI*

大体流程图为：

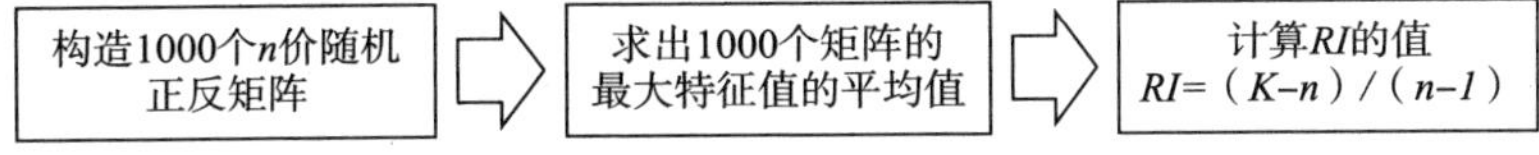

最终得到的 *RI* 值表（此处只取前 10 阶数），如表 6－16 所示。

表 6－16　*RI* 值

阶数	1	2	3	4	5	6	7	8	9	10
RI 值	0	0	0.52	0.89	1.12	1.26	1.36	1.41	1.46	1.49

④计算一致性比率

$$CR=\frac{CI}{RI} \tag{6-11}$$

⑤判断一致性

当 $CR<0.1$ 时，可知，判断矩阵一致性较好；当 $CR\geqslant 0.1$，则认为一

致性不足，应进行修正。经计算，专家 A 学术论文影响力 *CR* 值为 0.000；学术影响力 *CR* 值为 0.012；社会影响力 *CR* 值为 0.000。$CR<0.1$，这表明专家判断矩阵符合逻辑，结果可以接受。

3. 权重赋值结果

本节在权重赋值部分共邀请 20 位专家老师对高校人文社科学术论文影响力评价指标体系咨询表进行填写，共收回咨询表 20 份，有效咨询表 20 份。其中教育学领域的专家有 8 位，人文社科领域专家有 12 位，比例为 2∶3。

在上文中，已详细展示了其中一位专家的权重赋值且经过检验的过程，由于计算方法步骤过程基本一致，其余专家老师的推导过程将不再一一展示。笔者直接将收集的数据导入 yaahp 软件，最终得到一级指标权重赋值、最大特征向量、一致性指标和一致性比率（如表 6－17 所示）；二级指标之学术影响力权重赋值、最大特征向量、一致性指标和一致性比率（如表 6－18 所示）；二级指标之社会影响力权重赋值、最大特征向量、一致性指标和一致性比率（如表 6－19 所示）；三级指标权重赋值、最大特征向量、一致性指标和一致性比率（如表 6－20 所示）。

表 6－17　20 位专家老师一级指标权重赋值

编号	学术影响力	社会影响力	λ_{max}	*CI*	*CR*
1	0.889	0.111	2.000	0.000	0.000
2	0.833	0.167	2.000	0.000	0.000
3	0.800	0.200	2.000	0.000	0.000
4	0.750	0.250	2.000	0.000	0.000
5	0.857	0.143	2.000	0.000	0.000
6	0.875	0.125	2.000	0.000	0.000
7	0.833	0.167	2.000	0.000	0.000
8	0.800	0.200	2.000	0.000	0.000
9	0.800	0.200	2.000	0.000	0.000
10	0.833	0.167	2.000	0.000	0.000
11	0.833	0.167	2.000	0.000	0.000
12	0.857	0.143	2.000	0.000	0.000
13	0.857	0.143	2.000	0.000	0.000
14	0.875	0.125	2.000	0.000	0.000
15	0.875	0.125	2.000	0.000	0.000

续表

编号	学术影响力	社会影响力	λ_{max}	CI	CR
16	0. 875	0. 125	2. 000	0. 000	0. 000
17	0. 875	0. 125	2. 000	0. 000	0. 000
18	0. 750	0. 250	2. 000	0. 000	0. 000
19	0. 750	0. 250	2. 000	0. 000	0. 000
20	0. 500	0. 500	2. 000	0. 000	0. 000

表 6－18　20 位专家老师二级指标之学术影响力权重赋值

编号	被引频次	期刊指数	下载次数	λ_{max}	CI	CR
1	0. 747	0. 134	0. 119	3. 013	0. 006	0. 012
2	0. 751	0. 178	0. 070	3. 029	0. 015	0. 028
3	0. 785	0. 149	0. 066	3. 080	0. 040	0. 077
4	0. 682	0. 236	0. 082	3. 002	0. 008	0. 002
5	0. 682	0. 236	0. 082	3. 002	0. 001	0. 002
6	0. 751	0. 162	0. 087	3. 006	0. 003	0. 005
7	0. 731	0. 188	0. 081	3. 065	0. 325	0. 062
8	0. 705	0. 211	0. 084	3. 032	0. 016	0. 031
9	0. 715	0. 187	0. 098	3. 002	0. 001	0. 002
10	0. 745	0. 156	0. 099	3. 054	0. 027	0. 052
11	0. 761	0. 166	0. 073	3. 074	0. 037	0. 071
12	0. 770	0. 162	0. 068	3. 054	0. 027	0. 052
13	0. 740	0. 167	0. 094	3. 014	0. 071	0. 014
14	0. 773	0. 139	0. 088	3. 054	0. 027	0. 052
15	0. 682	0. 216	0. 103	3. 003	0. 001	0. 003
16	0. 528	0. 333	0. 140	3. 054	0. 027	0. 052
17	0. 540	0. 297	0. 163	3. 009	0. 005	0. 009
18	0. 595	0. 276	0. 128	3. 006	0. 003	0. 005
19	0. 630	0. 261	0. 109	3. 035	0. 017	0. 034
20	0. 691	0. 218	0. 091	3. 054	0. 027	0. 052

表 6－19　20 位专家老师二级指标之社会影响力权重赋值

编号	社会反响	同行认可	λ_{max}	*CI*	*CR*
1	0.167	0.833	2.000	0.000	0.000
2	0.200	0.800	2.000	0.000	0.000
3	0.143	0.857	2.000	0.000	0.000
4	0.111	0.889	2.000	0.000	0.000
5	0.143	0.857	2.000	0.000	0.000
6	0.167	0.833	2.000	0.000	0.000
7	0.125	0.875	2.000	0.000	0.000
8	0.143	0.857	2.000	0.000	0.000
9	0.143	0.857	2.000	0.000	0.000
10	0.143	0.857	2.000	0.000	0.000
11	0.125	0.875	2.000	0.000	0.000
12	0.111	0.889	2.000	0.000	0.000
13	0.167	0.833	2.000	0.000	0.000
14	0.143	0.857	2.000	0.000	0.000
15	0.143	0.857	2.000	0.000	0.000
16	0.143	0.857	2.000	0.000	0.000
17	0.250	0.750	2.000	0.000	0.000
18	0.333	0.667	2.000	0.000	0.000
19	0.500	0.500	2.000	0.000	0.000
20	0.250	0.750	2.000	0.000	0.000

表 6－20　20 位专家老师三级指标权重赋值

编号	顶级期刊	权威期刊	核心期刊	拓展期刊	入库期刊	λ_{max}	*CI*	*CR*
1	0.459	0.254	0.151	0.087	0.049	5.062	0.016	0.055
2	0.469	0.261	0.138	0.083	0.049	5.045	0.011	0.040
3	0.446	0.271	0.147	0.092	0.045	5.089	0.022	0.079
4	0.500	0.223	0.157	0.075	0.045	5.112	0.028	0.100
5	0.457	0.261	0.160	0.076	0.046	5.095	0.024	0.085
6	0.459	0.254	0.151	0.087	0.049	5.062	0.016	0.055
7	0.496	0.242	0.135	0.078	0.050	5.090	0.023	0.081
8	0.469	0.261	0.138	0.083	0.049	5.045	0.011	0.040

续表

编号	顶级期刊	权威期刊	核心期刊	拓展期刊	入库期刊	λ_{max}	*CI*	*CR*
9	0.446	0.271	0.147	0.092	0.045	5.089	0.022	0.079
10	0.500	0.223	0.157	0.075	0.045	5.112	0.028	0.100
11	0.446	0.271	0.147	0.092	0.045	5.089	0.022	0.079
12	0.496	0.242	0.135	0.078	0.050	5.090	0.023	0.081
13	0.457	0.256	0.161	0.089	0.039	5.059	0.015	0.052
14	0.446	0.271	0.147	0.092	0.045	5.089	0.022	0.079
15	0.459	0.254	0.151	0.087	0.049	5.062	0.016	0.055
16	0.436	0.281	0.172	0.070	0.041	5.075	0.019	0.067
17	0.469	0.261	0.138	0.083	0.049	5.045	0.011	0.040
18	0.446	0.271	0.147	0.092	0.045	5.089	0.022	0.079
19	0.457	0.256	0.161	0.089	0.039	5.059	0.015	0.052
20	0.446	0.271	0.147	0.092	0.045	5.089	0.022	0.079

由此可知，20 位专家所赋值的三个等级的指标值均 $CR<0.1$，表明符合逻辑，一致性检验通过。因此我们进行第二步骤，计算组合 *CR* 值，查看其 *CR* 是否小于 0.1，即是否通过一致性检验。运算结果如表 6－21 所示。

表 6－21　20 位专家组合一致性 *CR* 值

编号	组合 *CR* 值
1	0.012
2	0.028
3	0.077
4	0.002
5	0.002
6	0.005
7	0.062
8	0.031
9	0.002
10	0.052
11	0.071
12	0.052
13	0.014

续表

编号	组合 CR 值
14	0.052
15	0.003
16	0.052
17	0.009
18	0.005
19	0.034
20	0.052

由表 6－21 可知，所有组合 CR 值均小于 0.1，即所有专家对指标权重的赋值皆符合逻辑，一致性检验通过。

第三步，对每个指标的权重值进行同类平均处理，取其结果作为本书的最终权重值，如图 6－5 所示。

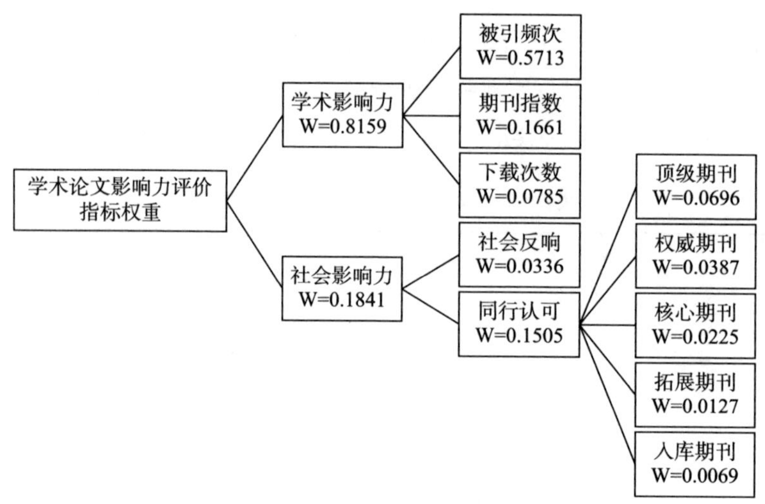

图 6－5　最终指标权重

二　高校人文社科学术论文指标体系的实证分析

（一）数据来源

前文从学术影响力与社会影响力两方面分析了各个指标，根据指标构建原则，结合当前研究现状与不足，重新构建了高校人文社科学术论文影响力评价指标体系。并根据所运用的权重确定方法，向专家发放权重赋值相对重要程度表，最终确定本书各个指标的权重。而构建指标的目的在于应用，使其科学性与合理性得到更好的验证。因此，本节主要的研究重心将放在对该指标体系的实践应用上，主要步骤为：首先，明确需要使用到的数据指标；其次，收集每门学科的评价指标数据；最后，进行分学科数据分析，并得到最终的结果。

在应用阶段，本节基于科学评价实践检验的相关文献，同时考虑到资源获取的困难性、成本性与可行性，最终选取了第八届高等学校科学研究优秀成果奖（人文社会科学）中获奖的学术论文作为评价对象。

1. 评价对象选取依据

我国学术界的学术奖项，理工科领域以国家科技奖和优秀成果奖（科学技术）这两项重量级奖项为主。这两大类奖励的评选较为频繁，基本上每年都有，主要突出激励作用。与此相对应，文科领域有国家级奖励和优秀成果奖。而本节选取高校科学研究优秀成果奖作为实践应用对象主要有以下几点原因：一是该项奖励含金量更高，体现在每三年评选一次，间隔时间长，竞争激烈，因此在文科领域该奖项公信力高、影响力广；二是评价对象所需的指标数据相对比较容易获取；三是由于该奖项本身将获奖层次划分为一等奖、二等奖和三等奖，利于将应用结果与获奖结果进行比较，清晰简洁。

以教育学作为评价对象主要有以下三点原因：一是将评价对象限定在同一学科的具有一致性特点的学术论文便于进行比较；二是将以同行评议为主的人文社科类优秀成果奖与本节提出的客观评价指标体系进行对比，可以更好地看出本节构建的高校人文社科学术论文影响力评价指标体系是否经受得住现实的检验；三是该奖项本身已划分获奖层次，只要本节最终构建的指标体系与该奖项顺序大体相同，即可直观明了地得出结果，具有较强的合理性、科学性、可操作性与可行性。

2. 人文社科学科概况与来源

2020 年 12 月 10 日，教育部公示了第八届高等学校科学研究优秀成果奖（人文社会科学）评选结果。由公示结果可知，评选产生拟奖励成果 1539 项。其中论文类共获得奖励 415 项，包括属于交叉学科的 12 项成果在内。整体上看，二等奖获得项目最多，其次为三等奖，一等奖最少；从学科上看，获得奖励较多的学科主要集中在经济学类、管理学类、法学类和教育学类等，各学科获奖具体情况如表 6－22 所示。

表 6－22　第八届高等学校科学研究优秀成果奖（人文社会科学）获奖情况

学科名称	获奖数量			总计
	一等奖	二等奖	三等奖	
宗教学	0	1	0	1
中国文学	0	8	6	14
中国特色社会主义理论体系	0	4	2	6
政治学	1	9	2	12
哲学	0	8	2	10
语言学	0	5	2	7
艺术学	0	4	4	8
新闻学与传播学	0	8	2	10
心理学	2	5	2	9
外国文学	0	1	1	2
图书馆、情报与文献学	0	4	2	6
统计学	0	2	1	3
体育学	1	5	2	8
思想政治教育	1	5	1	7
社会学	1	8	4	13
人口学	1	3	1	5
民族学与文化学	0	5	0	5
马克思主义理论	2	5	3	10
历史学	0	3	3	6
经济学	9	69	24	102
教育学	4	25	10	39
国际问题研究	0	2	2	4
管理学	9	37	18	64
法学	0	40	11	51
港澳台问题研究	0	0	1	1
交叉学科	0	4	8	12
总计	31	270	114	415

资料来源：知网数据库（CNKI）、百度搜索引擎和《AMI 评价报告》。

学术影响力维度被划分为三大指标，被引频次与下载次数数据主要通过在知网全称搜索获奖学术论文名称获取。期刊指数主要由影响因子反映，由于获奖学术论文发表时间主要在2015～2017年，因此本节主要通过《AMI评价报告》来获取期刊的影响因子。社会影响力下细分了两大指标，其中社会反响主要通过在百度搜索引擎中加双引号搜索获奖学术论文题目所出现的信息数量来确定，该数据大体反映了获奖学术论文在社会上的影响力与传播范围。同行认可指标则需要首先通过《AMI评价报告》获取期刊等级分类，然后将知网检索到的已获奖的学术论文一一确定载文期刊的层次，最后根据同行认可的权重赋值进一步进行计算。

3. 教育学学科数据概况

教育学领域学术论文在第八届高等学校科学研究优秀成果奖（人文社会科学）中共有39篇获奖，获奖学术论文发表日期基本在2015～2017年（部分在2014年发表）。获奖学术论文层次分明，涵盖了一等奖、二等奖和三等奖，具备比较的基础。为避免争议，表格中的学术论文名称用编号表示，具体情况如表6－23所示。

表6－23 教育学学术论文在第八届高等学校科学研究优秀成果奖（人文社会科学）中的获奖名单

论文题目编号	作者	年期	获奖层次
1	李森	2015年第4期	一等奖
2	潘懋元	2017年第1期	一等奖
3	戚万学	2014年第12期	一等奖
4	张应强 苏永建	2014年第5期	一等奖
5	陈洪捷 沈文钦 高耀 赵世奎	2016年第1期	二等奖
6	杜时忠 曹树真	2015年第9期	二等奖
7	郭华	2016年第2期	二等奖
8	哈巍 余韧哲	2017年第3期	二等奖
9	胡咏梅 唐一鹏	2014年第5期	二等奖
10	李太平 刘燕楠	2014年第3期	二等奖
11	李政涛	2017年第5期	二等奖
12	刘国瑞 高树仁	2015年第10期	二等奖
13	刘晖 孟卫青 汤晓蒙	2016年第7期	二等奖
14	刘义兵 付光槐	2014年第1期	二等奖

续表

论文题目编号	作者	年期	获奖层次
15	柳士彬	2016 年第 8 期	二等奖
16	吕立杰 马云鹏	2016 年第 8 期	二等奖
17	马健生 李洋	2016 年第 6 期	二等奖
18	宁虹 赖力敏	2015 年第 1 期	二等奖
19	孙杰远	2015 年第 6 期	二等奖
20	谭维智	2016 年第 2 期	二等奖
21	田正平	2016 年第 4 期	二等奖
22	邬志辉 李静美	2016 年第 9 期	二等奖
23	阎光才	2014 年第 4 期	二等奖
24	杨宗凯 杨浩 吴砥	2014 年 第 3 期	二等奖
25	于伟	2017 年第 5 期	二等奖
26	袁振国	2017 年第 3 期	二等奖
27	岳昌君 周丽萍	2016 年第 2 期	二等奖
28	周谷平 阚阅	2015 年第 10 期	二等奖
29	朱德全 徐小容	2014 年第 7 期	二等奖
30	陈廷柱 段梦涵	2015 年第 12 期	三等奖
31	陈佑清	2014 年第 3 期	三等奖
32	丁钢 李梅	2014 年第 11 期	三等奖
33	范先佐 郭清扬 付卫东	2015 年第 2 期	三等奖
34	高伟	2017 年第 7 期	三等奖
35	沈红	2016 年第 2 期	三等奖
36	眭依凡 俞婷婕 李鹏虎	2016 年第 1 期	三等奖
37	吴开俊 孟卫青	2015 年第 6 期	三等奖
38	许长青 周丽萍	2017 年第 4 期	三等奖
39	朱军文 刘念才	2014 年第 8 期	三等奖

由于学科较多，篇幅所限，不能对各学科的数据获取、整理、计算过程和结果一一展开论述，因此笔者以教育学学科的获奖学术论文为例详细展示推演分析过程，其余学科将不再详细论述。

（二）数据处理

整体介绍完包括教育学学术论文在内的数据来源后，本小节将对每一个指标体系进行数据获取，并详细介绍数据获取过程及处理结果。

1. 学术影响力指标数据获取及处理结果

根据获取渠道的不同，笔者主要分两个环节进行数据获取，分别为以下两种。

一是被引频次与下载次数数据的获取。从获奖学术论文评选结果可知，教育学学科领域获奖的学术论文有 39 篇。在知网中对这 39 篇获奖学术论文的篇名进行检索后，获取学术论文从出版至检索日期的被引频次与下载次数（检索日期：2020 年 11 月 8 日）。

二是教育学学术论文期刊指数数据的获取。该指标数据主要通过期刊影响因子反映，影响因子是指某一特定期刊的文献在特定年份或时期（一般为 2 年、3 年或者 5 年）被其他同行引用的频次。此外，由前文可知，获奖学术论文出版时间主要集中于 2015 ~ 2017 年，因此，本节将直接通过《AMI 评价报告》获取所需的期刊指数数据，具体情况如表 6 – 24 所示。

表 6 – 24　39 篇教育学领域获奖论文学术影响力数据

论文编号	期刊	被引频次	下载次数	期刊指数	获奖层次
1	《西南大学学报》（人文社科版）	40	2357	1.779	一等奖
2	《高等教育研究》	126	2977	2.739	一等奖
3	《教育研究》	89	2538	4.656	一等奖
4	《教育研究》	83	6438	4.656	一等奖
5	《教育研究》	19	1737	4.656	二等奖
6	《教育研究》	36	2203	4.656	二等奖
7	《北京大学教育评论》	79	2081	2.310	二等奖
8	《北京大学教育评论》	20	1130	2.310	二等奖
9	《北京师范大学学报》（人文社科版）	33	2076	2.691	二等奖
10	《教育研究》	65	7973	4.656	二等奖
11	《华东师范大学学报》（教育科学版）	26	1148	5.853	二等奖
12	《高等教育研究》	36	1610	2.739	二等奖
13	《教育研究》	18	1512	4.656	二等奖
14	《教育研究》	81	5499	4.656	二等奖
15	《教育研究》	35	1087	4.656	二等奖

续表

论文编号	期刊	被引频次	下载次数	期刊指数	获奖层次
16	《教育研究》	10	1319	4.656	二等奖
17	《北京师范大学学报》（人文社科版）	20	1097	2.691	二等奖
18	《教育研究》	12	1579	4.656	二等奖
19	《教育研究》	9	2438	4.656	二等奖
20	《教育研究》	82	7018	4.656	二等奖
21	《教育学报》	21	1673	2.448	二等奖
22	《教育学报》	102	7812	2.448	二等奖
23	《北京大学教育评论》	28	1502	2.310	二等奖
24	《教育研究》	105	3420	4.656	二等奖
25	《教育研究》	28	1488	4.656	二等奖
26	《华东师范大学学报》（教育科学版）	112	3513	5.853	二等奖
27	《北京大学教育评论》	33	1790	2.310	二等奖
28	《教育研究》	427	18421	4.656	二等奖
29	《教育研究》	93	4270	4.656	二等奖
30	《高等教育研究》	19	1343	2.739	三等奖
31	《教育研究》	104	3274	4.656	三等奖
32	《教育研究》	19	1468	4.656	三等奖
33	《教育研究》	73	3983	4.656	三等奖
34	《教育研究》	13	1847	4.656	三等奖
35	《高等教育研究》	45	1263	2.739	三等奖
36	《北京大学教育评论》	14	1505	2.310	三等奖
37	《教育研究》	24	899	4.656	三等奖
38	《教育经济评论》	1	525	1.210	三等奖
39	《教育研究》	18	1821	4.656	三等奖

从表 6－24 可看出，在同一层次的获奖学术论文中，被引频次整体上（除个别论文外）差距不大，下载次数差距较为明显；期刊以《教育研究》《北京大学教育评论》为主，其他期刊较少。

2. 社会影响力指标数据获取及处理结果

根据获取渠道，我们将数据获取分为两个环节。

一是社会反响数据的获取。21 世纪是互联网的时代，学术论文作为学术成果表现形式之一主要是通过网络来传播；百度搜索引擎作为国内主流的使用度较高的平台，数据全面，并在国内具有较高的认可度。因此，使用该工具加双引号来搜索学术论文题目能够更准确、更真实和更科学地反映论文的社会反响情况，检索日期为 2021 年 11 月 8 日。

二是同行认可（出版层次）数据的获取。由于同行认可主要是以发表层次来表征，期刊等级分类主要以《AMI 评价报告》作为划分依据，即主要将期刊等级划分为顶级期刊、权威期刊、核心期刊、拓展期刊和入库期刊五大等级。表 6－25 为获奖的 39 篇教育学领域学术论文的社会反响与同行认可情况。

表 6－25　39 篇获奖教育领域学术论文社会反响与同行认可数据情况

论文编号	期刊	期刊等级	同行认可	社会反响	获奖层次
1	《西南大学学报》（人文社科版）	核心期刊	0.030	3781	一等奖
2	《高等教育研究》	核心期刊	0.045	3412	一等奖
3	《教育研究》	权威期刊	0.045	3014	一等奖
4	《教育研究》	权威期刊	0.045	3487	一等奖
5	《教育研究》	权威期刊	0.045	419	二等奖
6	《教育研究》	权威期刊	0.045	546	二等奖
7	《北京大学教育评论》	权威期刊	0.045	1764	二等奖
8	《北京大学教育评论》	权威期刊	0.045	2974	二等奖
9	《北京师范大学学报》（人文社科版）	核心期刊	0.030	4553	二等奖
10	《教育研究》	权威期刊	0.045	98	二等奖
11	《华东师范大学学报》（教育科学版）	核心期刊	0.030	2131	二等奖
12	《高等教育研究》	核心期刊	0.030	4120	二等奖
13	《教育研究》	权威期刊	0.045	2146	二等奖
14	《教育研究》	权威期刊	0.045	4	二等奖
15	《教育研究》	权威期刊	0.045	876	二等奖
16	《教育研究》	权威期刊	0.045	2784	二等奖
17	《北京师范大学学报》（人文社科版）	核心期刊	0.030	4732	二等奖
18	《教育研究》	权威期刊	0.045	1788	二等奖
19	《教育研究》	权威期刊	0.045	1440	二等奖
20	《教育研究》	权威期刊	0.045	769	二等奖
21	《教育学报》	核心期刊	0.030	4654	二等奖
22	《教育学报》	核心期刊	0.030	2881	二等奖

续表

论文编号	期刊	期刊等级	同行认可	社会反响	获奖层次
23	《北京大学教育评论》	权威期刊	0.045	3415	二等奖
24	《教育研究》	权威期刊	0.045	843	二等奖
25	《教育研究》	权威期刊	0.045	1145	二等奖
26	《华东师范大学学报》（教育科学版）	核心期刊	0.030	624	二等奖
27	《北京大学教育评论》	权威期刊	0.045	2548	二等奖
28	《教育研究》	权威期刊	0.045	548	二等奖
29	《教育研究》	权威期刊	0.045	97	二等奖
30	《高等教育研究》	核心期刊	0.030	17	三等奖
31	《教育研究》	权威期刊	0.045	287	三等奖
32	《教育研究》	权威期刊	0.045	348	三等奖
33	《教育研究》	权威期刊	0.045	282	三等奖
34	《教育研究》	权威期刊	0.045	78	三等奖
35	《高等教育研究》	核心期刊	0.030	754	三等奖
36	《北京大学教育评论》	权威期刊	0.045	18	三等奖
37	《教育研究》	权威期刊	0.045	66	三等奖
38	《教育经济评论》	入库期刊	0.008	27	三等奖
39	《教育研究》	权威期刊	0.045	208	三等奖

由表 6 – 25 可知，部分论文社会反响指标数值较大，这是由于这类论文紧跟时代前沿、政策导向或社会热点等，人们对其关注度较高，属于正常现象。此外，从整体上看，教育学领域获奖论文所发表的期刊类型主要有权威期刊、核心期刊和入库期刊三大类。其中发表在权威期刊上的论文最多。

（三）研究结果

1. 教育学评价结果

（1）初步评价结果

在完成数据收集与处理后，笔者运用得到的人文社科成果评价指标体系赋值结果对这 39 篇学术论文进行评价，将收集的数据乘以相应的指标权重得到教育学领域 39 篇学术论文分值。结果如表 6 – 26 所示。

表 6－26　获奖教育学学术论文指标初步打分结果

论文编号	被引频次	下载次数	期刊指数	同行认可	社会反响	获奖层次
1	22.852	185.025	0.296	0.001	127.042	一等奖
2	71.984	233.695	0.455	0.002	114.643	一等奖
3	50.846	199.233	0.773	0.002	101.270	一等奖
4	47.418	505.383	0.773	0.002	117.163	一等奖
5	10.855	136.355	0.773	0.002	14.078	二等奖
6	20.567	172.936	0.773	0.002	18.346	二等奖
7	45.133	163.359	0.384	0.002	59.270	二等奖
8	11.426	88.705	0.384	0.002	99.926	二等奖
9	18.853	162.966	0.447	0.001	152.981	二等奖
10	37.135	625.881	0.773	0.002	3.293	二等奖
11	14.854	90.118	0.972	0.001	71.602	二等奖
12	20.567	126.385	0.455	0.001	138.432	二等奖
13	10.283	118.692	0.773	0.002	72.106	二等奖
14	46.275	431.672	0.773	0.002	0.134	二等奖
15	19.996	85.330	0.773	0.002	29.434	二等奖
16	5.713	103.542	0.773	0.002	93.542	二等奖
17	11.426	86.115	0.447	0.001	158.995	二等奖
18	6.856	123.952	0.773	0.002	60.077	二等奖
19	5.142	191.383	0.773	0.002	48.384	二等奖
20	46.847	550.913	0.773	0.002	25.838	二等奖
21	11.997	131.331	0.407	0.001	156.374	二等奖
22	58.273	613.242	0.407	0.001	96.802	二等奖
23	15.996	117.907	0.384	0.002	114.744	二等奖
24	59.987	268.470	0.773	0.002	28.325	二等奖
25	15.996	116.808	0.773	0.002	38.472	二等奖
26	63.986	275.771	0.972	0.001	20.966	二等奖
27	18.853	140.515	0.384	0.002	85.613	二等奖
28	243.945	1446.049	0.773	0.002	18.413	二等奖
29	53.131	335.195	0.773	0.002	3.259	二等奖
30	10.855	105.426	0.455	0.001	0.571	三等奖
31	59.415	257.009	0.773	0.002	9.643	三等奖

续表

论文编号	被引频次	下载次数	期刊指数	同行认可	社会反响	获奖层次
32	10.855	115.238	0.773	0.002	11.693	三等奖
33	41.705	312.666	0.773	0.002	9.475	三等奖
34	7.427	144.990	0.773	0.002	2.621	三等奖
35	25.709	99.146	0.455	0.001	25.334	三等奖
36	7.998	118.143	0.384	0.002	0.605	三等奖
37	13.711	70.572	0.773	0.002	2.218	三等奖
38	0.571	41.213	0.201	0.000	0.907	三等奖
39	10.283	142.949	0.773	0.002	6.989	三等奖

（2）无纲量化处理结果

由初步结果可知，部分指标数值较大，并且各个指标性质、计量单位和数量级不一致，若仅简单将数据乘以权重，结果将不够科学准确。为了使结果更接近真实状态，需要对数据进行无纲量化处理，即将数据属性单位统一化，以便更好地进行比较。

根据阈值法本身操作便捷的特性及本节评价指标存在指标值越大评价值越大的特点，因此使用该方法进行无纲量化处理，公式如下：

$$y_i = \frac{x_i}{\max_{x_i}} \tag{6-12}$$

式（6－12）中：x_i 为原始数据，$\max_{x_i}$ 为单一属性最大数据，i 为数据量。接下来将相关数据代入公式计算得到最终的评价结果，如表 6－27 所示。

表 6－27　获奖教育学学术论文最终评价结果

论文编号	被引频次	下载次数	期刊指数	同行认可	社会反响	综合得分	获奖层次
1	1.000	1.000	1.000	1.000	0.145	4.145	二等奖
2	0.194	0.350	1.000	1.000	0.922	3.466	一等奖
3	0.208	0.138	1.000	1.000	0.797	3.143	一等奖
4	0.295	0.162	0.588	1.000	0.902	2.947	一等奖
5	0.023	0.072	1.000	1.000	0.736	2.831	二等奖
6	0.192	0.381	1.000	1.000	0.203	2.776	二等奖
7	0.042	0.082	1.000	1.000	0.568	2.692	二等奖

续表

论文编号	被引频次	下载次数	期刊指数	同行认可	社会反响	综合得分	获奖层次
8	0.246	0.186	1.000	1.000	0.223	2.655	二等奖
9	0.152	0.433	1.000	1.000	0.026	2.611	二等奖
10	0.028	0.086	1.000	1.000	0.473	2.587	二等奖
11	0.066	0.082	0.496	1.000	0.903	2.546	二等奖
12	0.021	0.132	1.000	1.000	0.381	2.534	二等奖
13	0.244	0.178	1.000	1.000	0.076	2.497	三等奖
14	0.190	0.299	1.000	1.000	0.001	2.489	二等奖
15	0.218	0.232	1.000	1.000	0.026	2.475	二等奖
16	0.171	0.216	1.000	1.000	0.075	2.462	三等奖
17	0.066	0.081	1.000	1.000	0.303	2.449	二等奖
18	0.047	0.061	0.496	1.000	0.787	2.391	二等奖
19	0.082	0.059	1.000	1.000	0.232	2.373	二等奖
20	0.077	0.113	0.578	0.398	1.204	2.371	二等奖
21	0.239	0.424	0.526	0.398	0.762	2.349	二等奖
22	0.084	0.120	1.000	1.000	0.144	2.348	二等奖
23	0.077	0.097	0.496	1.000	0.674	2.345	二等奖
24	0.061	0.062	1.257	0.398	0.564	2.342	二等奖
25	0.047	0.060	0.578	0.398	1.252	2.334	二等奖
26	0.049	0.091	0.526	0.398	1.231	2.295	二等奖
27	0.262	0.191	1.257	0.398	0.165	2.273	二等奖
28	0.185	0.113	0.496	1.000	0.467	2.261	二等奖
29	0.045	0.094	1.000	1.000	0.111	2.250	二等奖
30	0.084	0.087	0.588	0.398	1.090	2.248	二等奖
31	0.045	0.080	1.000	1.000	0.092	2.216	三等奖
32	0.042	0.099	1.000	1.000	0.055	2.196	三等奖
33	0.030	0.100	1.000	1.000	0.021	2.151	三等奖
34	0.056	0.049	1.000	1.000	0.018	2.122	三等奖
35	0.094	0.128	0.382	0.398	1.000	2.002	一等奖
36	0.033	0.082	0.496	1.000	0.005	1.615	三等奖
37	0.105	0.069	0.588	0.398	0.199	1.360	三等奖
38	0.045	0.073	0.588	0.398	0.005	1.109	三等奖
39	0.002	0.029	0.260	0.030	0.007	0.328	三等奖

2. 研究结论

使用 yaahp 软件及阈值法获得权重并对数据进行分析，发现本节提出的高校人文社科学术论文影响力评价指标体系在实践应用中是切实可行的。从实证分析部分可以看出获奖论文的综合评价排序结果与现行的专家评价得到的结果虽有一小部分不一致之处，但这也基本符合人文社科成果评价过程中不可避免出现主观性的事实。

从整体排名上看，四个一等奖中有一篇学术论文排名不在前面；二等奖中有一篇学术论文排在一等奖范围之中，这主要是该学术论文研究内容紧跟政策导向与时代热点，导致个别指标异常超标；三等奖中有两篇学术论文排在二等奖范围之中，主要是因为这些论文的研究内容为社会热点或者是人们比较关注的议题等。

总体而言，学术论文综合排序与奖项基本一致，有个别不一致之处，排序正确率达到 90%。出现这种情况的原因是多方面的：从学术论文本身看，有些学术论文的研究紧跟时代潮流与热点，人们关注度高，从而使得一些指标指数变高；从评价指标角度上看，指标体系的选取又会因论文研究内容而发生改变，如社会反响指标，关注度高的研究内容，社会反响指标就越大，且搜索引擎本身亦缺乏稳定性，容易影响到结果的准确性；从评价过程上看，无论是定性的专家评价，还是笔者所倡导的定量评价，都会受到一些人为因素的干扰从而导致结果的不完全准确。因此，人文社科评价应将以客观数据为主的定量评价体系与以专家为主的定性评价结合起来，互为补充，有利于提高评价的准确性。

第三节　高校人文社科成果质量的影响因素

一　高校人文社科成果质量影响因素的探究过程

（一）数据来源

本节的访谈对象是承担过科研项目的高校人文社科类科研人员，为了获取更多有效信息，使研究更为深入，共选取 20 名科研人员进行深度访谈。由于这些高校人文社科类科研人员来自不同办学层次的院校，本节以“双一流”院校和非“双一流”院校两个办学层次进行划分，以保证研究结果对高校人文社科项目成果质量高低差异的解释力度。为了保证信息的全面性和完整性，访谈对象在性别上包括了男性和女性科研人员，年龄分布在 35 ~ 50 岁，人员所在院系涵盖了法学院、教育学院、经济管理学院、人文学院、图书馆和科研处等学院和部门。

（二）数据获取

笔者针对每一名访谈对象以面谈、函询或电话采访的形式进行了一对一的半结构访谈。在正式访谈开始之前，笔者向受访者说明本课题的研究内容以及本次访谈内容的用途，并告知受访者本次访谈将全程进行录音等事项。在征得受访者同意之后，访谈正式开始。每位受访者接受访谈的时间平均为 30 分钟，20 名受访者接受访谈的时间共计约 10 小时。笔者随后对访谈录音内容进行转录，共耗时约 15 个小时，20 份访谈转录稿共计记录访谈内容 2 万余字。在接下来的分析中，笔者将访谈文本导入 NVivo11.0 软件，进行了词频分析并生成访谈文本词语云，如图 6 - 6 所示，通过词语云图笔者可以直观地观察并大致了解到访谈文本的主要内容。

图 6 - 6　根据访谈文本生成的词语云

（三）访谈设计

1. 访谈资料数据分析

对所收集资料的处理方法包括如下 4 个步骤，如表 6 - 28 所示。

表 6 - 28　编码过程

研究步骤	内容
开放式编码	对原始资料逐字逐句地进行分析，概括得出初始范畴
主轴编码	对各个初始范畴，通过凝练和分类，发现潜藏的逻辑关系，确定若干主范畴
选择性编码	对若干主范畴进行归类，确定核心范畴

续表

研究步骤	内容
理论饱和度检验	基于大部分的访谈记录转录文本概括出的若干范畴，利用剩余小部分的访谈记录再次重复上述三级编码的过程，看是否概括出新的范畴，以没有发现新的概念和范畴作为理论饱和的标准

在研究工具的选择上，本节借助 NVivo11.0 质性分析软件来完成上述的编码过程。基本的分析过程包含三个环节，即三级编码。首先进行开放式编码，编码结束会形成若干“自由节点”，这是对从访谈文本中提炼出的若干初始范畴归纳所得，“参考点”的概念是指“自由节点”所对应的原始访谈转录稿中的文字，一个“自由节点”对应一个或多个“参考点”。其次进行主轴编码，这一过程形成若干“树节点”，利用软件，笔者将确定主范畴，类似每个“自由节点”对应一个或多个“参考点”，每一个“树节点”也可以有多个“自由节点”。最后一步是进行选择性编码，研究者基于对主范畴的分析，借助软件厘清不同“树节点”之间的“关系”，对主范畴进一步凝练，确定主范畴之间的逻辑联系，从而确定核心范畴。

2. 开放式编码

开放式编码的过程要求研究者逐字逐句地对访谈转录稿进行归纳和标注，基于笔者对访谈转录文本的理解概括得到初始范畴。NVivo11.0 软件为开放式编码提供了极大的方便，节省了时间成本，使分析过程变得灵活高效，利用软件编码所得出的“自由节点”即是笔者依据参考点的内容所“贴”的标签，能够直接显示影响科研项目成果质量因素的基本内容。

对影响科研项目成果质量的因素进行开放式编码，如表 6 – 29 所示。

表 6 – 29　自由节点相关内容

自由节点	参考点举例
价值取向	①比如说一些刚入职的年轻教师选择在高校教书、搞科研工作，但是在北京这个寸土寸金的地方，不可避免地会产生生活和经济压力，这也会分散他投入科研的时间和精力，科研项目成果质量也就一般
	②去年我成功申报了一项国家级课题，我既要证明我的科研实力，也希望通过研究来为国家建设贡献几分微薄之力，是有一种明显的使命感在里面的。我们需要考虑的不是生存问题，想着只有保证科研项目成果产出的高质量，才能使做国家的这种高级别的课题有意义
	③我们是拿着纳税人的钱在搞科研、做项目，不能只拿钱不干事，平心静气地做好研究，为国家和社会做一些事情

续表

自由节点	参考点举例
研究兴趣	①有的老师喜欢沉浸在从事科研工作的那种氛围当中，也能够很快适应科研的工作节奏，这很可能源于一种对科研工作的兴趣和享受
	②兴趣是最好的老师，同时也是调动科研人员主动性和创造性的动因，所以会重视申请到的科研项目，这样的科研项目成果质量自然差不了
	③感觉做科研就是一个和自己较劲的过程，但是我喜欢接受有挑战性的工作，它能够激发我的兴趣
	④干一行爱一行，既然我选择了高校教师这份职业，就离不开要搞科研、做课题，这是职业对我提出的要求，我要做的就是培养自己做科研的兴趣
政策环境	①高校会给纵向项目配套资金，这里的地方政府非常重视，也有一定的政策，希望本地的科研能搞上去
	②研究单位的支撑力度，比如一些高校会有配套经费，除了经费之外，还会有管理机构去督促，所以质量会高
	③我们的选择并非以个人意志为转移，我们做科研要考虑外部环境的变化，比如说科研政策
	④就比如说现在国家相关主管部门提出反“四唯”、反“五唯”，那接下来会有什么科研要求呢？所以有时候政策在变，我们的行为就要变，来保证项目成果的质量
教育背景	①去年我还是个博士，现在已经入职成为一名“青椒”，在北理工读博的这几年，受到了不少的科研训练，学到很多，这也为我接下来的科研工作打下坚实基础
	②还有就是我认为要考虑学术出身，它对科研项目成果产出质量有影响，因为有不同教育背景的学者受到的学术训练是不一样的
家庭影响	①我觉得有一种影响因素是源自家庭的。我的父母都在科研所工作，他们那个年代科研条件差，但个个都是憋着一股劲儿，在科研工作上不服输，真的是有一种家国情怀在里面，做科研项目就是服务国家，所以高质量的成果才有意义
	②我的老家在河南农村，农村生活让我感受到精耕细作，恪守农时，干活就要踏踏实实的，在家里从小到大接受的教育就是办事要事事有回馈、有着落，要务实，这也影响着我对现在的工作的态度
	③对我来说，可能更多地源于我家庭的影响
学术能力	①比如说教授这一级别的教师，在科研工作中可谓经历了千锤百炼，学术实力强，申报过省部级或国家级的项目，像我们青年科研人员就怕做不太好，保证不了质量，最终结不了题就不好了，所以一般申请校级和市级的项目比较多
	②比如国家重大和国家重点的一些项目，不是一般人能做的，如果没有一定的基础，最后结不了题
	③自身学术能力也是需要考虑的
认知程度	①我认为科研人员对一个课题是怎样思考和怎样把握的，有没有创新之处，对最后的成果质量影响十分明显

续表

自由节点	参考点举例
时间和精力	①像我们这种女科研人员，除了要顾及工作，还要操持家务，带孩子，家庭方面的事务也分散了我在科研工作上投入的精力
	②如果课程多，在教学上花的时间和精力比较多，可能就会牵扯科研精力，项目成果比如说论文质量多少就会受到一点影响了
	③做好一个重大项目，自然要耗费很多时间和精力
经验	①开展课题研究的时候一回生，二回熟，有了经验，关键是结项时的经验，肯定就会做得更好些
	②曾经申请了课题并成功结项的经验也会影响之后对项目的研究，有经验就能够避免疏忽
	③对自己做过的课题要积极地总结经验，如果自己的研究成果在同行鉴定下只是得了一个“合格”的成绩，就要分析了，这是为什么？哪里没做到位？这样你就会更了解这类项目，会找到做研究的感觉，积累经验值
重视程度	①一定要对这个科研项目重视，不重视的话，项目成果也就质量平平，这是我们都能想到的，也是最直观的影响因素了
	②在做课题的时候需要的是严谨认真的态度，你不辜负课题研究，最后的结果自然也不会辜负你
前期研究积累	①你可以去查一些知名的学者，他在做这个科研项目之前也一定做过其他项目，这就是前期研究所做的铺垫和积累
	②在获批国家社科基金一般项目之前，我还做过国家社科基金青年项目和教育部规划课题，就是这样一步一步来的
	③科研项目成果的质量离不开前期的科研积累，收获的是锻炼和提升
年龄和资历	①有些学院一些年龄比较大的教授，经历多，经验也就相对丰富，成果的质量也相对会高一些
	②我觉得是比较明显的，我做课题时会主动向身边的资深科研人员多请教
科研态度	①我觉得考察科研项目的成果质量如何，应该去看一看科研人员的科研态度
	②科学的态度比科学研究更重要
项目申请难度	①能够成功申请较高难度的课题是需要有相应的资质的，这反映了一个学者或者团队较高的科研能力，一般说来其最后的科研成果也会是可圈可点的。同时这也是项目结题时的客观要求
	②一个项目几次不中，中了的时候我就在想：“不易啊，一定要好好做下去，善始善终。”
	③项目申请难度大，其最后结题要求也相应要高，督促着我们把好成果产出的质量关
科研资助	①经费是有影响的，你钱多就可以多做一些，钱少的话可能就会限制部分实验或其他操作的进行
	②刚到单位的年轻学者都能拿到5万块钱作为研究经费，有钱总比没有强，还是便于充分开展研究的

续表

自由节点	参考点举例
平台和声誉	①我觉得在项目成果质量评审的时候并不会关注这是哪个学校报送的，知名院校和普通院校都是在一个层次上评价，我认为二者关系不大
	②从地域上来讲，西部地区相对东、中部承担的科研项目要少，这与一些高校科研平台基础较为薄弱有关
	③依托平台优势，其成果质量当然会有很大的提升空间
项目合作者	①比如在做横向项目时，合作者是企业，这样不仅科研经费较纵向课题更多一些，也可借助企业的平台为调研提供一些便利
	②“一个好汉三个帮”
	③我觉得这是十分必要的，一项研究要想出彩，我更倾向于跨学科寻找合作者，其中当然会存在分歧，但是弥合分歧后就会是创新了，成果质量自然要提升一个档次
考核激励机制	①为提升科研项目成果质量，不少高校实行绩效考核来激励科研人员产出高质量成果，对于获批高层次科研项目的教师，进行科研奖励，效果是立竿见影的
	②我认为学校的考核太频太细，忽视了一个研究时间的问题，让人有点吃不消
	③高校应该在晋升机制的设计上有所突破，既要有利于科研团队的良性发展，在个人层面上又要侧重年轻学者的晋升通道
学术自由度	①有很多时候团队还会遏制你的发展
	②现在受到有些评价体系的引导，期刊的审稿人会要求引用本期刊的文章
团队声誉	①在一个团队中开展工作，群策群力，有利于问题的解决，相互之间的研讨也有利于严把项目成果的质量关。如果你所在的是一个知名的团队，就有更大可能做得出彩
	②团队成员之间可以取长补短，所谓众人拾柴火焰高嘛，有团队的支持做出来的研究成果肯定不会差，在北理工比如毛二可院士团队，这都是知名的
学术影响力	①就是说一个学者一贯在做这个领域的研究，之前承担过重要课题，并且取得了不错的成绩，有前期的经验，对项目研究的把握有更大的自信，这样研究就会水到渠成。如果是一个新进入者，一个年轻学者，之前没有实践的经验。所以我认为项目承担人的学术影响力对项目结题时的质量是有影响的
国际合作	①国际合作会提升项目的质量，有高质量的论文可能就发在国外期刊上被SSCI收录
	②加强国际合作，如果一篇论文发到SSCI上，那这篇论文的质量就更高
	③科研成果发表在优质的国际期刊上，相对来说这样的成果质量要更高一些
项目结项难度	①我也是了解到一些老师抱怨科研项目不好做，结项要求高，其实我觉得大可不必这样，这在一定程度上也是倒逼科研人员提升科研成果质量
	②横向课题有较多经费支持，但同样有着严格的结项要求来保障成果的质量

续表

自由节点	参考点举例
人才培养	①培养研究生，我觉得同样是一项重要的成果。让学生加入课题组，进行科研训练，提升研究能力，同样也是对产出的其他项目成果质量的一种保障
	②我在开展课题研究的时候，开研讨会我都会叫上我的学生参加，让他们在做中学，慢慢成长，另外我有学生在参加了课题之后，受到启发，也会在期刊上发表文章了，所以说培养学生的过程也是影响成果质量高低的过程

3. 主轴编码

主轴编码的过程是对在开放式编码形成的若干自由节点进行逻辑梳理和分类归纳形成主范畴的过程。在 NVivo11.0 软件的实际操作过程中，主轴编码主要是提炼树节点的过程。通过对自由节点的分析和归类，发掘自由节点潜藏的逻辑联系。

通过对自由节点及文本内容的分析，笔者发现影响科研项目成果质量因素的自由节点可以被归纳为六个树节点：科研主动性、科研技能、科研阅历、科研平台、科研团队、科研要求。相关范畴的关系如图 6－7 所示。

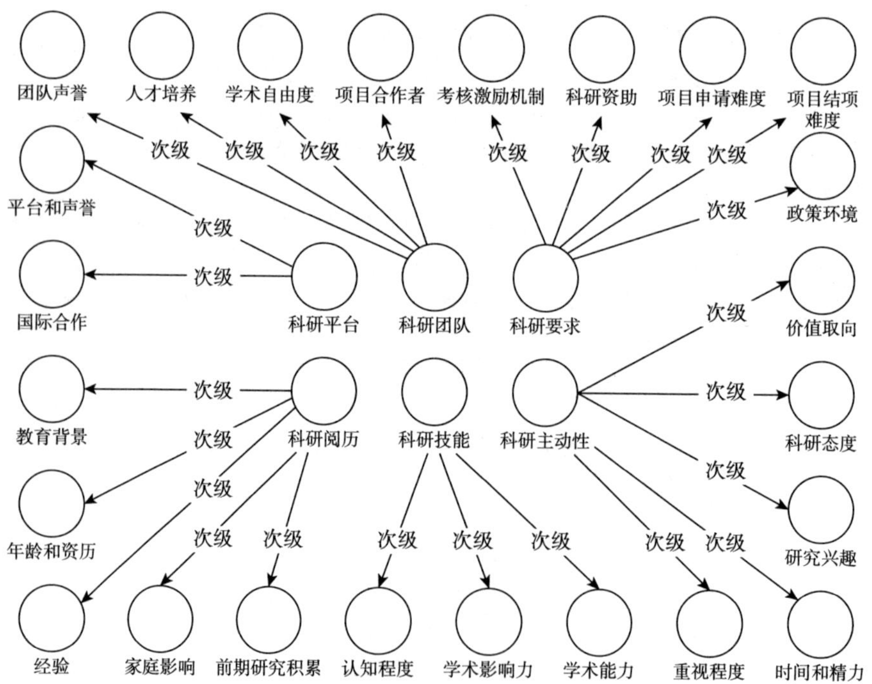

图 6－7　编码树节点与自由节点的对应关系

树节点具体内容如表 6 - 30 所示。

表 6 - 30 树节点相关内容

主范畴	子范畴	含义
科研主动性	研究兴趣	从事科研活动的一种积极的心理状态
	价值取向	指科研人员的基本立场和态度，以及所做的价值判断
	重视程度	指科研人员关注、在乎科研过程的心理特征
	科研态度	从事科学研究时所持的心理特征
	时间和精力	科研人员用于科学研究的时间和个人精力
科研技能	学术能力	能够承担科研任务并最终完成某一活动的个性特征
	学术影响力	用一种为别人所乐于接受的方式，改变他人的思想和行动的能力
	认知程度	对科研发展方向以及基本规律的把握能力
科研阅历	经验	关于对从事科学研究过程中所出现的现象和外部联系的认识
	前期研究积累	科研人员已有的学术成果和科研经历
	年龄和资历	科研人员的年龄和职级
	教育背景	科研人员的受教育程度
	家庭影响	科研人员的家庭成员在道德品质、人生理想、价值观等方面对其从事科研活动所产生的感染和作用
科研平台	国际合作	在科学研究中进行国际交流与互动的一种形式
	平台和声誉	高校的层次和影响力会影响科学研究的开展，间接影响成果质量的高低
科研团队	项目合作者	参与项目实施的其他科研人员
	团队声誉	科研团队的知名程度和影响力大小
	学术自由度	优秀团队所拥有的平等、自由的科研气氛
	人才培养	科研团队中每一个成员在知识上的增进和学术能力的提高
科研要求	项目申请难度	科研项目申报立项的门槛和要求
	项目结项难度	科研项目申请结项的条件和要求
	政策环境	国家发布的相关政策及单位所制定的各类管理办法和规范等
	考核激励机制	如职称评定、项目资金配套等，会激发和调动科研人员的积极性和主动性
	科研资助	部分高校会对年轻老师、特殊人才给予一定的科研资助

4. 选择性编码

选择性编码指对若干主范畴进行归类，进而确定核心范畴的过程。在这一阶段，主要通过发掘树节点之间潜藏的逻辑联系确定核心范畴。厘清各树节点之间的逻辑关系后，可以将科研项目成果质量的影响因素分为两类：一是科研主体的内在因素，具体指项目科研人员的内在因素；二是包括科研平台在内的外在因素，具体指影响科研主体从事科学研究，从而对科研项目质量产生影响的环境因素。基于这一主线，可以总结归纳得出科研项目成果质量影响因素的两个核心范畴：主体特征，指项目负责人这一行为主体所具备的特质；客体特征，指科研人员所处的外部环境。

5. 理论饱和度检验

本节基于相关研究对访谈文本的内容进行编码和命名，所得结果不可避免地存在一定的主观色彩，为了将主观程度降到最低，我们对研究进行了理论饱和度检验。收集完全部样本的访谈记录后，并不对全部的访谈内容进行一次性的编码，而是先对 14 份访谈记录进行开放式编码、主轴编码和选择性编码，再对另外 6 份访谈记录进行开放式编码、主轴编码和选择性编码，看是否还有新的节点产生。如果没有，则证明笔者在第一次编码中所得节点相对全面；如果有，则进行补充。检验结果表明，并未发现新的节点，表明本节所进行的编码在理论上已经达到饱和。

二 高校人文社科成果质量影响因素的结果分析

（一）结果分析

1. 自由节点的频次分析

通过分析自由节点的参考点数量和材料数量来了解受访者对科研项目成果质量相关影响因素的关注度，如表 6 - 31 所示。

表 6 - 31 影响科研项目成果质量因素自由节点频次分析

自由节点名称	参考点数量	材料数量
价值取向	17	17
研究兴趣	20	10
政策环境	14	7
教育背景	17	10

续表

自由节点名称	参考点数量	材料数量
家庭影响	3	2
学术能力	56	18
认知程度	25	9
时间和精力	24	12
经验	11	11
重视程度	21	7
前期研究积累	60	20
年龄和资历	34	20
科研态度	18	6
项目申请难度	23	10
科研资助	8	20
平台和声誉	21	20
项目合作者	15	5
考核激励机制	41	16
学术自由度	2	1
团队声誉	4	2
学术影响力	31	7
国际合作	32	13
项目结项难度	24	9
人才培养	5	2

本章以半结构访谈的形式与受访者进行对话，首先向受访者说明了在小样本的分析中归纳出的五点影响因素；然后请受访者自由表达对五点内容的体会和见解，在这一过程中受访者也提出了新的影响科研项目成果质量的因素。此外，通过分析受访者提到某一影响因素的频次和在解释这一影响因素上所花的时间长短，在一定程度上也能够了解受访者对这一因素的敏感性和关注度。从图 6－8 诸多影响因素由高到低频次的排序中可以了解到：前期研究积累、项目负责人的学术能力、依托单位的考核激励机制、年龄和资历、是否进行国际合作、学术影响力等因素明显排在前面，而家庭影响、科研资助、学术自由度、人才培养及团队声誉等因素对科研

项目成果质量的影响不是十分明显。

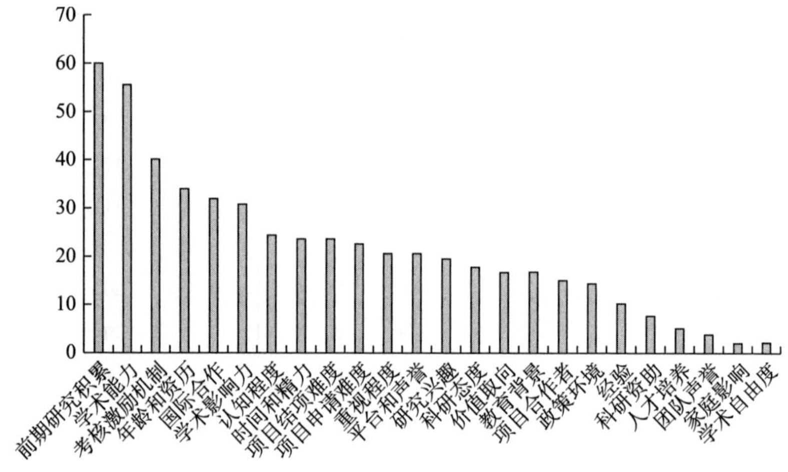

图 6－8 影响科研项目成果质量因素自由节点频次分析

2. 树节点的频次分析

对科研项目成果质量影响因素的树节点进行参考点的统计分析，得到表 6－32。

表 6－32 科研项目成果质量影响因素的树节点频次分析

树节点名称	参考点数量
科研主动性	100
科研技能	112
科研阅历	124
科研平台	53
科研团队	26
科研要求	110

由表 6－32 可知，影响科研项目成果质量的前两大因素分别是科研阅历和科研技能，排在后面的分别是科研要求、科研主动性、科研平台和科研团队。总的来看，主体特征的影响力十分明显。另外，作为外部环境影响构成成分的科研要求和科研平台，其影响力也是不容忽视的。环境不仅影响个人的行为，还通过影响科研人员从事科研所需的人、财、物配置左右其成果的质量。

（二）研究结论

总体来看，在上述不同类型的因素中，科研项目成果质量高低主要取决于个人前期研究积累、项目负责人的学术能力、依托单位的考核激励机制、年龄和资历、是否进行国际合作、学术影响力等因素，另外科研要求和科研平台等环境影响也是不容忽视的。

具体来看，主体特征中发挥主要作用的是科研阅历、科研技能和科研主动性，科研团队作为区别于个人进行科学研究的一种行为主体，其中主要发挥作用的是项目合作者，亦如一位受访者所说的那样："一项研究要想出彩，我更倾向于跨学科寻找合作者，这其中当然会存在分歧，但是弥合分歧后就会是创新了，成果质量自然要提升一个档次。"环境影响主要通过科研平台和科研要求发挥作用。科研平台影响科研成果质量体现在是否进行国际合作，即获得更大的影响力上。而科研要求往往离不开考核激励机制和项目结项难度，这实质上又在倒逼科研人员树立好科研项目成果质量观。

分析上述结果和访谈文本发现，目前高校人文社科成果质量评价存在的问题主要有以下六点：高校的制度支持尚不突出、教师的科研阅历有限、教师的科研能力有待加强、教师的科研主动性不足、高校的科研平台建设不到位、高校的科研团队作用弱化。建议可以采取以下六类方式提高人文社科成果质量。一是优化顶层设计，落实质量导向，如加大制度支持、突出考核激励。二是拓宽教师的科研项目申报渠道，丰富其科研阅历，如设立专项资助项目、加大资金支持。三是加大人力资本投入，促进教师的科研能力提升，如开展科研培训、组织科研实践。四是做好价值引领，调动教师科研主动性，如关注教师的科研价值取向、保证科研时间。五是搭建高层次科研平台，助力质量提升，如加强国际合作从某种意义上来讲也为科研人员创设了良好的科研环境，成果评价应树立"精品"意识，鼓励高质量成果产出。六是激发团队价值创造，驱动成果产出，如柔性化团队管理、关注人才培养。

第七章

高校人文社科成果评价的元评价

成果评价是高校人文社科科研评价的核心内容，评价结果对高校人文社科学科发展及教师科研育人具有引导作用。但由于现有绩效评价模式固有的弱弹性弊端，不可避免地会产生评价偏差与评价风险。实施元评价有利于纠正高校人文社科成果评价进程中出现的问题，是绩效评价的重要环节和必要补充。本章基于我国高校人文社科成果评价中存在的“难评、错评、漏评”等现实问题，以评价全生命周期为视角切入点，选取我国高校人文社科学术领域内影响力最大、示范效应最强、覆盖面最广的国社科年度项目成果评价为案例，根据元评价理论内涵，围绕国社科成果评价全生命周期“三阶段六要素”，构建了“一个闭环、两个周期、三个主体”的元评价研究框架，设计了国社科成果评价全生命周期的元评价体系，为国社科成果评价的元评价分析奠定基础。之后在元评价框架的基础上，以国社科成果评价为对象，开展了基于全生命周期的成果元评价分析。根据元评价理论的两种类型（内部元评价及外部元评价），从元评价的内部视角及外部视角出发，对高校人文社科成果评价全生命周期的六要素进行了实用性、可行性、适当性、准确性四维度的元评价应用分析，为既有成果评价的纠偏及评价风险管理奠定基础。

第一节　高校人文社科成果评价全生命周期的元评价体系构建

一　案例说明

（一）评价背景和历史沿革

选择国社科成果作为高校人文社科成果评价研究首选的示范案例，不仅因其覆盖面广而产生了显著的影响效应，也因其在发展改革的进程中不断优化机制体制，积累了丰富的改革经验，使国社科成果评价成为极具理论意义和实践价值的范本。因此，要剖析国社科成果评价全生命周期的内在含义，首先要厘清国社科成果在不同发展时期的评价特点及“里程碑”式的变革历程。

1. 第一阶段：确立同行评议制度（2004～2010年）

2004年2月20日，全国哲学社会科学规划办公室（2018年改为全国哲学社会科学工作办公室）发布《关于加强和改进国家社会科学基金项目成果鉴定结项工作的意见》（以下简称《意见2004》），首次明确了同行评议的主体地位，标志着同行评议制度的正式确立。《意见2004》确立了成果评价的重要地位，其指出成果评价是国社科管理的重要部分，并针对完善成果评价、提高成果质量等既定目标提出了五方面的保障意见。

2. 第二阶段：加强成果质量管理（2011～2018年）

这一时期是国家社科基金项目大力发展与繁荣的阶段，体现为国家投入逐渐增加、规模逐渐扩张、成果产出繁盛多样。这一阶段的建设目标为着力推进高校人文社科的学科建设，努力打造学术精品，促进成果转化及智库建设。在这期间，涌现出不少优秀研究成果，但部分成果也存在质量问题。

3. 第三阶段：探索评价机制改革（2019年至今）

这一阶段，针对人文社科成果评价体系的改革与发展等的议题成为新时代的诉求，研究热点集中在探索如何构建人文社科成果评价的新范式及新体系，即对学科体系、学术体系和话语体系这三大内涵体系的构建，致力于通过寻找切实可行的评价方式及科学合理的评价指标，打造一个全方位、全要素的人文社科成果评价新体系。该理念虽然未提到“全生命周期”概念，但是本质上体现了成果评价全生命周期理念。

（二）评价程序及实施步骤

国社科年度项目按项目类型分为重点项目和一般项目，按成果形式分为基础研究和应用研究：基础研究类成果评价注重对理论创新及学术创新的推进度考察，应用研究类成果评价注重考核对经济社会发展推动的实践指导意义①。

本节采用政策文本分析法与实地调研相结合的方法，绘制了国社科成果评价全生命周期流程图，如图7－1所示。全国哲学社会科学工作办公室（以下简称“全国工作办”）负责全面领导国社科项目成果评价工作，其职责范围涵盖委派责任主体、组织成果评价、监管主体职责，形成了自上而下的组织架构模式及自下而上的信息反馈机制。国社科成果评价“从始至终”的全生命周期流程为：第一步，项目负责人在结项期满30日内提交结项申请，按照规定需要提交的材料为基金项目研究的最终成果报告；第二步，项目负责人所在单位的科研管理部门初审材料真实性及有效性，确认无误后报送各地工作办或在京委托管理机构（以下简称“管理机构”），本案例中的管理机构为教育部社科司下属“高校社科管理中心”；第三步，管理机构遴选鉴定评审专家，并组织双向匿名制的同行评议；第四步，管理机构审核同行评议结果，并提出鉴定意见，报送全国工作办；第五步，全国工作办审核鉴定结果及鉴定意见，决定提呈的项目成果是否通过评审，是否允许结项；第六步，通过结项鉴定评审的项目可按照相应评分体系确定其成果评价等级，下发结项证书，未通过结项的项目，纳入“暂缓结项”管理。根据成果质量及同行评议情况，又将暂缓结项项目分为两类：修改后复审及修改后重新评价。其中，修改后复审的成果，由负责人根据评议意见修改后再次提交全国工作办审查；修改后重新评价的成果则须退回至管理机构，有待修改后重新组织专家评议。以上两类成果通过复议后可按结项处理，如再次评审未通过则作终止或撤项处理。

---

① 《关于印发〈国家社会科学基金项目资金管理办法〉的通知》，中国政府网，2016年9月28日，http://www.gov.cn/xinwen/2016-09/28/content_5112958.htm。

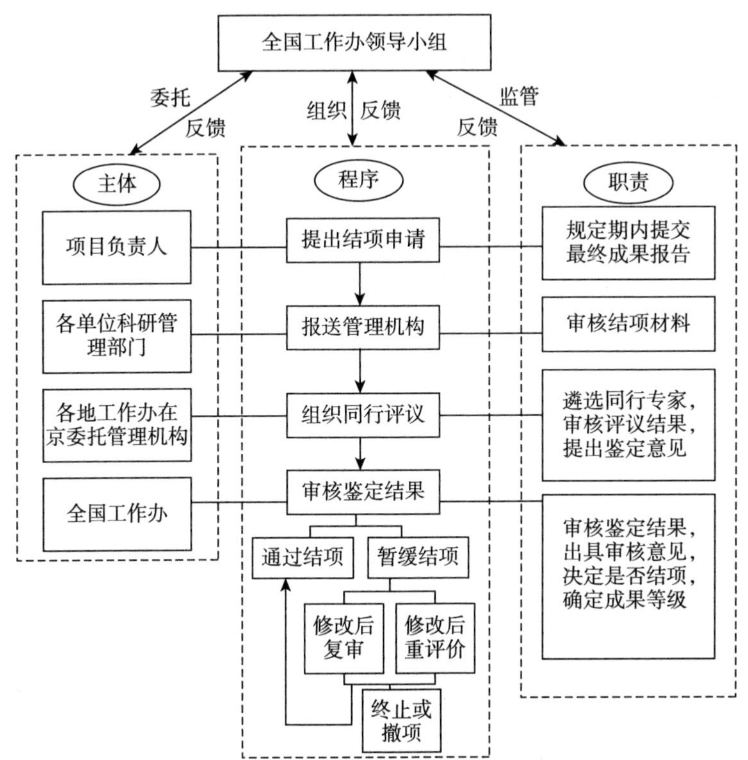

图 7－1　国社科成果评价全生命周期流程

（三）元评价的必要性分析

通过梳理国社科成果评价的历史沿革、改进历程和实施流程，可以看出国社科成果评价流程是一个不断改革和螺旋式上升的过程。然而，现行的国社科成果评价是否为有效的评价？在既定的评价模式中是否存在有待矫正的评价偏差？是否会因为评价不当而带来不可控的评价风险？可见，对国社科既有成果评价体系开展元评价具有必要性和迫切性，而构建具有学理性兼具适用性的元评价体系则是践行元评价理念的核心环节，具有重要意义。

其一，元评价是对既有评价有效性、科学性、合理性的检验。首先，元评价的实施可以验证国社科成果评价结果的有效性。通过构建元评价体系检查评价结果的信效度，保证评价结果能最大限度地呈现客观事实。比如，目前国社科成果评价虽然采用的是分级分类的评价量表，但评价对象单一（均为最终成果报告），评价方式亦单一（仅为同行评议）。因此本书通过构建元评价体系，对目前单一评价对象及单一评价方式的科学性展开检验。事实上，本课题组前期实证探究了国社科既有成果评价的局限性，即分级分类的思想不仅需要体现在评价量表中，更应贯穿于评价方式与评价对象的选取过程中[①]。其次，元评价的持续开展可以建立起风险监控机制，提升国社科成果评价过程的有效性，完善成果评价的过程管理。我国人文社科科研建制以项目制为主要开展形式，国家通过投入经费支持学科发展。相应的科研项目成果评价则属于绩效评价范畴，依据绩效管理理论及相关方法对被评价单元进行绩效考核。根据现代科研学术评价的内在要求，不仅要对现有评价体系开展监管，同时也要对评价误差进行风险管理。再次，元评价的开展可以引导评价主体方对评价机制的顶层设计进行修正及调适。对评价活动的元评价，可通过对评价全生命周期进行重新审视，发现存在的问题，控制评价风险，提高评价效率，最终实现成果评价体系的完善。最后，元评价的实施能进一步协调各方利益，尤其是评价者对被评价者提出的“问责”做出客观有效的应答，以此赢得被评价者对评价活动的支持，有效协调评价主客体之间的关系，保证评价的顺利开展。因此，元评价具有审视、修正高校人文社科成果评价的重要作用。

其二，科学合理的元评价体系是对既有评价开展价值判断的依据。元评价体系的构建是开展元评价研究的核心。这是因为，元评价实施流程为选取某一特定的评价活动作为载体，通过建立科学合理的元评价体系实现对既有评价的再评价。可见，构建元评价体系是开展元评价的前提和基础，只有在元评价体系构建得当的前提下，才能科学地对既有评价案例进行再审视，客观地剖析既有评价的优劣，准确寻找到评价中存在的问题。因此，在人文社科评价领域构建具有学理性的体系有重要意义。首先，元评价体系是缓解“评价困难”的利器。高校人文社科成果的隐形特质使得评价不易量化，所以在评价方式上以同行评议为主。但随着学科现代化发展及学术圈层现象的产生，同行评议日渐暴露其局限性，如人情因素、主观随机等，从而导致被评价方对评价方的声誉及信效度的质疑[②]。而元评

① 马永霞、仇篇熙：《“不唯”≠“不评”：论人文社会科学成果评价方式的改进》，《重庆大学学报》（社会科学版）2021 年第 3 期。

② 刘承波：《世界一流大学的学术品质评估对“双一流”建设的启示》，《中国高教研究》2017 年第 9 期。

价作为对既有评价的再评价，是应对“问责”的有效手段。科学的元评价可以通过构建体系提升评价保障机制及评价水平。因此，由理念、指标、方法等一系列要素构建起来的元评价体系是元评价组织和实施的利器，发挥了重要的工具作用①。其次，元评价体系是纠正“评价偏差”的标尺。科研绩效评价虽然能够引导科研发展的方向，但在绩效评价的过程中，由于研究人员对事物发展形态认知的局限性，或是由于系统内外环境中可变因素的影响，科研绩效评价会出现偏差，不能实现预期的评价效果。元评价体系作为寻找既有评价偏差点并给予纠正的有效手段，能联动地引导旧体系向新体系改进，具有重要的导向作用。最后，元评价体系是弥补“评价缺陷”的手段。缺乏元评价监控的绩效评价是不完整的、有评价缺陷的。这是由于绩效评价与元评价密不可分，二者互为主客体。没有经过元评价检验的绩效评价是盲目的、缺乏学理支撑的评价。因此，要实现对高校人文社科成果评价的核验与重新审视，必定要基于元评价的视角对科研绩效评价开展元评价，完成科研绩效评价角色的转变，使其由评价行为的发出主体转变为被评价的客体对象，从而实现对原有体系的检验及纠偏。这也是评价的必要环节，具有重要的理论意义及现实意义。

二 成果评价全生命周期构成要素

按照殷的观点，元评价研究应优先选用案例研究法，通过选取具有代表性的既有评价作为研究对象，提高“确定问题及其相关数据”的针对性和准确性②。据此，本节选取高校人文社科成果评价领域极具代表性和示范性的国社科成果评价为案例，并选取其中覆盖面最广、影响力最大的年度项目作为样本。案例选取依据为：国家社科基金是高校人文社科领域最重要的项目资助形式，其研究成果在一定程度上反映了高校人文社科教师的科研能力。同时，国家社科基金为学生参与教师科研项目提供了实训平台，有利于锻炼高校学生的科研实践能力，提升高等教育的人才培养质量，实现“科研育人”目标。此外，国社科的众多研究成果陆续被教师引

① 赵立莹：《问责与改进：我国第四轮学科评估元评估》，《学位与研究生教育》2018 年第 2 期。

② 〔美〕罗伯特·K. 殷：《案例研究：设计与方法》，周海涛主译，重庆大学出版社，2004。

入课堂教学，使科研成果转化为教学资源，实现了“科研反哺教学”的目的。因此，对国社科成果评价的研究，能在一定程度上反映我国高校人文社科教师科研成果评价的部分现状和存在的问题，该案例选取具备一定的科学性和针对性。本课题组于 2017 年 10 月至 2020 年 1 月，走访多所在京高校的人文社科科研管理部门及有关国家社科基金管理部门，对不同学科教师代表及科研管理人员开展调研，收集获取 2013～2019 年年度项目成果评价管理规范及制度 7 项，评价指标体系量表 3 套，评价数据样本 1008 份。采用内容分析法开展数据清洗及访谈整理，提取各类材料中的有效内容进行分析。

根据全生命周期评价理论的内涵，要求将参与活动“从始至终”的全部要素及环节都纳入研究范围。本书参照文献，尝试定义了高校人文社科成果评价的全生命周期，它是指高校人文社科成果评价中所涉及的各个环节和内容。其具体体现为评价的三个阶段，共六项核心要素：评价目标、评价对象、评价方式、评价体系、评价活动、评价监督。因此，我国高校人文社科成果评价的全生命周期集中体现为六核心要素的合集，其涵盖了成果评价的“全过程、全方位、全要素”。“全过程”是评价在时间维度上的描述，包含从评价组织到评价反馈的各个阶段；“全方位”是评价在内外部视角空间维度上的描述，包含评价实施与评价监督的立体管控；“全要素”是评价在内容指标维度上的描述，包含评价体系与评价活动的全部单元。

据此，将国社科成果评价全生命周期内涵进行了同样的界定及划分，涉及要素包括两类：内部要素及外部要素。内部要素包含评价对象、评价方式、评价体系；外部要素包含评价目标、评价活动、评价监督。六要素的设置和建构完整地演绎了国社科成果评价实施全生命周期“从始至终”的全过程。以下对国社科成果评价全生命周期的六项核心要素的实施现状及特点进行逐一分析，归纳特点，寻找可能存在的风险源。

（一）评价目标

国社科成果评价的目标定位为“遵循哲学社会科学研究规律，增强创新观念和服务意识，严把成果政治关，把成果质量放在首位”，旨在提升成果产出质量的同时，提高基金项目成果的使用效益，发挥示范引导、传承文明、理论创新、咨政育人、服务社会等重要作用，以此创造有利于人才成长的科研环境①。目前，国社科成果评价体系量表根据成果形式而给予特定赋权的方式，体现了评价具有明确的目标导向，同时这也是分类评价理念的雏形与初步尝试。目前国内外促进成果质量提升的手段有两种，一种是英美日推行的与项目经费申请相挂钩的绩效评定模式；另一种是单独核定的成果绩效评价模式，不与科研经费的分配相关联。国社科成果评价属于第二种模式，缺乏一定的约束考核机制，造成国内学界存在一定程度的“重立项，轻结项”的问题。并且，由于国社科成果评价的最终目标是服务社会，对成果后期推广与跟踪具有更高要求，既往产出的成果是否会在项目结题后即“束之高阁”，是否能纳入精品成果的范畴，是否通过项目研究实现了人才培养的耦合效应，诸如此类问题以及对标达成情况均有待探讨。

（二）评价对象

最终成果报告是国社科成果评价的主要对象。按照产出阶段的不同，国社科项目成果可分为阶段性成果及最终成果两类。阶段性成果是指在研究过程中取得的中期成果；最终成果是指研究的结项报告。二者之间存在成果形式的交集，比如阶段性成果与最终成果均包含学术论文、学术专著、研究报告等成果形式。目前国社科成果评价以最终成果报告为评价对象，管理部门仅负责对阶段性成果进行形式审查，重点筛查是否存在错填、虚报阶段成果现象，但缺乏对阶段性成果的评价考核。这种以最终成果作为单一评价对象的方式，虽然节约了评价成本，提高了评价效率，但也增加了由片面评价引起的风险。阶段性成果作为研究过程中的重要产出，是成果评价中不可缺少的过程性评价指标，在一定程度上能辅助对最终成果的考核评判。尤其是在应用型学科中，由于成果时效性显著，阶段性成果评价可能存在不容忽视的重要作用。此外，根据国家提出的“破唯”及“多元评价”等理念，采用多维度、多对象、多方式的评价体系更有利于提高评价结果的准确度，而如何实现这一理念在国社科成果评价的实践运用，需要进一步探索。

---

① 《关于加强和改进国家社会科学基金项目成果鉴定结项工作的意见》，全国哲学社会科学规划办公室网站，2011 年 4 月 21 日，http://cpc.people.com.cn/GB/219457/219644/14639823.html。

（三）评价方式

双向匿名的同行评议制度是国社科成果评价的主要方式。国社科项目成果评价所采用的同行评议是由全国工作办委托管理机构从专家库中遴选5位同行专家进行项目评审。专家库是国社科管理工作的亮点，其优势体现在四方面。其一，准确性。专家遴选充分考虑了大同行、小同行的学科匹配度。其二，公平性。为避免人情因素的干扰，规定参评的外省市专家不能少于3人，且项目负责人所在单位及课题组成员务必规避。其三，科学性。在参评的最终成果报告里隐去负责人信息，严格实行双向匿名通信评审制度。其四，合理性。为保护主体利益，项目负责人可提出不多于3位的回避专家名单。同行评议是高校人文社科成果评价的经典模式，具有不可替代的作用。但是，考虑到学术共同体及学术圈层的存在，同行评议的双向匿名制度有可能会成为表面文章，影响评价的公平公正。为此，国社科成果评价建立了专家信誉档案制度，定期公布评审专家名单，对评审专家实行激励和约束机制，避免参与评议的同行专家有权无责的状态。笔者在调研时了解到，目前该制度处于试行期，有待进一步完善。同时，国社科管理中心X老师提到“基于阶段性成果的计量评价或可成为弥补这一风险（即同行评议主观性）的有效手段”。因此，在未来成果评价的改革中，或可通过改进既有评价方式，即采取以同行评议为主、以计量评价为辅的综合评价方式，提升评价的公平性与准确性。

（四）评价体系

国社科成果评价采用分级分类的指标体系。分级是指采用多级别的指标体系，每级指标对上一级指标进行了诠释；分类是指根据不同形式将成果分为三类：专著类、论文集类、研究报告。分级分类的指标体系体现了国社科成果评价的规范性和学理性。同行评议的测评方式包括量表打分及主观评议两部分。第一部分为量表打分：管理机构根据成果类型将不同量表发放给专家进行打分。三类成果形式打分量表的一级指标趋同性较高，二级指标则充分考虑了不同类型的特点。第二部分为主观评议：要求评议专家撰写成果评价意见，并对所评成果给出质量等级判定意见，质量等级包含优秀、良好、合格、不合格四档。以上两部分共同构成了国社科成果评价的同行评议全部环节，这种定性定量相结合的评价体系设计在一定程度上体现了国社科成果评价的科学性，但量表指标及权重设定的合理性仍有待商榷。本节对调研收集到的专家评议意见样本进行了内容分析，得出专家主观评价部分的评价意见评审框架包括成果创新、学术价值、应用价值、成果反响、研究不足这五个维度，发现与量表中的定量指标趋同性较高。这虽可认为是对定量评价的补充，但是也存在重复评价的风险。并且，由专家自行判断确定成果等级的做法具有较强的主观性，尤其是既有评价体系在整体设计上缺乏相应元评价监督机制，是否能保证评价信效度达标仍有待检验。

（五）评价活动

国社科成果评价主体自上而下包括：全国工作办、各级管理机构、各单位科研管理部门、项目负责人。评价活动的开展有赖于全部评价主体的协作配合，任何一个环节的失误即可导致评价误差的产生，影响评价结果。本书根据调研情况分析了既有评价活动可能存在的误差点如下。第一，总体设计缺乏元评价监督，全国工作办负责评价活动的总体设计和流程管控，从目前的情况看，评价执行情况较好，但仍须牢固树立事先发现问题的主人翁意识，对评价中出现的问题进行及时纠偏。第二，管理部门可能存在渎职风险，管理部门负责评价的核心环节，专家遴选是否严格执行双向匿名原则，是否与被评价项目实现专业对口，管理部门提供的评审意见是否客观准确，诸如此类因素均会对评价结果造成影响，且目前在规章与制度建设方面对管理部门任职人员的监管相对不足，存在被“人情因素”“主观因素”干扰的可能性。第三，主客体双方对评价支持度各异，评价主体方是否能实现多部门的耦合联动，评价客体方是否能积极参与成果评价，双方对评价的接纳程度如何，都会影响到成果评价活动的推进。第四，延期结项现象较严重，国社科项目存在较多的延期结项情况，影响成果时效性及科研效率。尤其对于部分未通过结项而终止的国社科项目，缺乏后期原因追踪与分析，不利于整体成果绩效的提升。

（六）评价监督

国社科成果评价活动包括评价设计、评价实施、评价反馈三个阶段。首先，在评价设计阶段，全国工作办负责全局统筹，设立了国家哲学社会科学研究专家咨询委员会（以下简称“咨委会”），由学术贡献突出、学界威望较高的资深专家组成，主要发挥为评价规划提供咨询建议的智库作用。但由于目前的咨委会成员组成较为单一，缺乏元评价机制的监管，难以回应被评价者对于评价偏差发起的“问责”。其次，在评价实施阶段，涉及多方主体参与，流程环节繁复，存在评价风险，比如缺乏相应的“评价士”培训制度，使得评价管理人员素质参差不齐，再如总体设计上元评价制度的缺失，导致目前主体职能部门的注意力仍然集中在评价本身，反观评价的意识薄弱，缺乏良好的风险预警机制及风险管理策略。最后，在评价反馈阶段，既有成果评价虽然建立了评价意见反馈、评价结果复议、评价登记公示等制度，但在调研时部分二级单位的项目负责人反映，评价后期的反馈渠道不够畅通，如缺乏相应的约束政策及详细的复议流程等。总体来说，目前国社科成果评价活动组织运行较为有序，稍有不足的地方体现在顶层设计上没有对评价结果的再次核验环节及对评价活动的监管机制，由此可能会存在一定程度的评价偏差及评价风险。

三　成果评价全生命周期元评价模型

本部分在上述定义的高校人文社科成果评价全生命周期概念，以及国社科成果评价全生命周期流程解析和风险预估的基础上，采用元评价理论及方法，构建了基于全生命周期的国社科成果元评价模型及分析框架。具体为：首先，界定元评价对象范围；其次，设计元评价分析框架；再次，构建元评价模型体系；最后，验证元评价模型信效度。

（一）界定元评价对象范围

根据上述分析，人文社科成果评价偏差及风险可能存在于评价全生命周期各环节中，进而导致在评价的不同阶段均可能产生不同程度的评价偏差，既包含最终评价结果的偏差，也包含评价过程中产生的偏差。而在元评价理论指导下，要求既有评价中所有环节均须被界定为元评价的研究对象，接受元评价的再审视，最终实现评价体系的调适及改进①。本书已定义的高校人文社科成果评价全生命周期，是指包含成果评价的全过程（时间维度）、全方位（空间维度）、全要素（内容维度）在内的针对各环节

① 孙贺群：《基于有效性验证经验的美国早期教育质量评价的元评价研究》，《四川师范大学学报》（社会科学版）2018 年第 3 期。

的全面立体评测。相应地，根据国社科成果元评价全生命周期的三个阶段，可将评价对象划分为六项核心要素。三个阶段是按照评价活动开展流程划分的，分别为材料初审阶段、同行评议阶段、结项终审阶段。根据三阶段细分国社科全生命周期具体表征为六要素合集。

（二）设计元评价分析框架

我国高校人文社科成果评价发展的目标是通过评价发掘优秀成果，提升科研质量，最终实现"以评促建"。因此，评价模式需要在与时俱进的过程中不断改进，元评价为既有评价体系的改进提供了依据。开展元评价的最终目标，是要通过对全生命周期六要素的逐一再评价，寻找既有评价的偏差点及风险源，为成果评价的改革提供依据。一是能通过纠正偏差点实现对既有成果评价模式的改进；二是能根据元评价研究中梳理的评价风险源，构建风险管理体系，以确保未来在开展成果评价的过程中进行实时监控。通过以上两个步骤实现我国高校人文社科成果评价机制的迭代更新。

本节在梳理国社科全生命周期各要素及环节的基础上，构建了以国社科为对象的高校人文社科成果评价全生命周期的元评价框架，如图 7－2 所示。该框架特点为"一个闭环、两个周期、三个主体"。"一个闭环"是指既有评价、元评价、风险管理三者之间形成闭环反馈系统：一方面，通过元评价，可以发现既有评价存在的问题，对其开展纠偏调整；另一方面，元评价的结果可以指导构建一套适用于成果评价的风险管理体系，在下一轮的评价中实现实时监控，规避评价风险，同时，在评价开展的过程中可将评价偏差问题形成同期反馈再次反馈给元评价体系。"两个周期"是指该框架包含了两个全生命周期循环体系：其一为成果评价的全生命周期，包括三个评价阶段、六项核心要素；其二为风险管理的全生命周期，涵盖了风险管理全过程的三个阶段、四项风控流程。"三个主体"指既有评价、元评价、风险管理之间形成耦合联动机制。

首先，既有评价全过程、全方位、全要素的架构设置决定了实施元评价时对象和方法的选取；其次，元评价的结论在指导对既有评价进行纠偏的同时，也指导了风险管理体系的构建，风险管理作为评价监控的核心组成部分，既是元评价结果的产物，同时又受到元评价的监控；最后，风险管理不仅对下一轮的既有评价开展实施监管，也会将监督发现的风险问题通过既有评价反馈给元评价体系。以上三位一体可持续提升的闭环架构能在一定程度上弥补国社科成果评价缺乏元评价及风险管理的不足，实现结果评价与过程评价理念的结合与运用，有利于提升成果评价结果的合理性及评价过程的稳定性，减少评价不确定性产生的偏差。

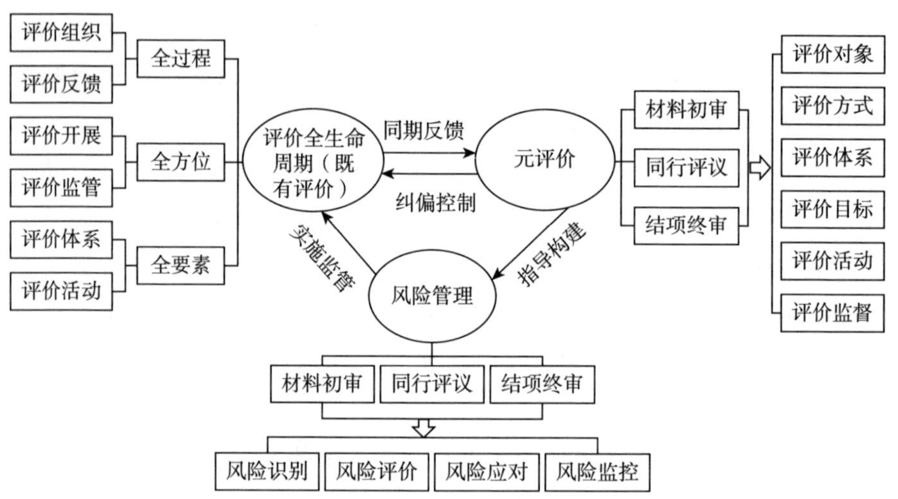

图 7－2　国社科成果评价全生命周期元评价框架

（三）构建元评价模型体系

构建科学合理的元评价体系是保证元评价规范开展的首要前提及核心任务。元评价体系包含评价内容及评价方法两部分。相关研究主要集中在教育学领域和政府绩效评价领域，其建模方式为：评价方法多采用定量定性方法搭配使用的综合评价；而评价内容的设计基本都是以 JCSEE 项目元评价量表为模板，以此确定一级指标，再根据所选案例的适切性原则构建二级指标并定义指标内涵。由于 JCSEE 量表是经过大量元评价的实践案例检验的成熟量表，具有较高的信效度及可操作性，且目前文献检索鲜有对我国高校人文社科成果元评价的相关研究，因此，本书的元评价体系建模同样也选取经典的 JCSEE 量表。

首先，在评价内容设计上，本书构建的元评价体系是以国社科成果评价全生命周期六要素为对象，通过借鉴元评价经典 JCSEE 量表并做案例适用性调整之后形成的。

其次，在评价方法设计上，根据元评价的类型，将该体系评价方法按照视角不同分为内部元评价及外部元评价两类。

最后，整合得出全生命周期视域下国社科成果评价的元评价体系。该体系由 4 个一级指标、12 个二级指标组成。体系中每一个二级指标均对应了全生命周期六项要素之一，是对六要素的测评与考察，如表 7 - 1 所示。该体系在全生命周期理论及元评价理论指导下设计形成，在目的、方法、评价、监管等方面形成闭环反馈及监管嵌入，目标是通过发现既有评价存在的问题，提升评价效率，降低评价风险。

表 7 - 1　国社科成果评价全生命周期元评价体系

<table>
<tr><th>一级指标</th><th>二级指标</th><th>全生命周期要素</th><th>指标描述</th><th>评价方法</th></tr>
<tr><td rowspan="3">实用性</td><td>U1 范围选择合理性</td><td>评价对象</td><td>评价对象选取与范围界定</td><td>二次测量法/定量</td></tr>
<tr><td>U2 评价结果可靠性</td><td>评价体系</td><td>评价得分计算体系与等级分布</td><td>描述性数理统计/定量</td></tr>
<tr><td>U3 评价结果有效性</td><td>评价方式</td><td>同行评议的一致性</td><td>肯德尔和谐系数/定量</td></tr>
<tr><td rowspan="3">可行性</td><td>F1 评价项目可行性</td><td>评价活动</td><td>项目实施情况与障碍点</td><td rowspan="3">计量统计法/定量内容分析法/定性访谈法/定性</td></tr>
<tr><td>F2 评价政治可行性</td><td>评价活动</td><td>支持度、参与度、互动性</td></tr>
<tr><td>F3 评价经济可行性</td><td>评价目标</td><td>效率分析、效益分析</td></tr>
<tr><td rowspan="3">适当性</td><td>P1 评价方法适切性</td><td>评价方式</td><td>定性、定量评价的差异性</td><td>DEA 法
方差法/定量</td></tr>
<tr><td>P2 公正性与合法性</td><td>评价监督</td><td>结果公开、程序合法</td><td rowspan="2">内容分析法/定性访谈法/定性</td></tr>
<tr><td>P3 利益冲突协调度</td><td>评价监督</td><td>冲突协调及风险应对机制</td></tr>
<tr><td rowspan="3">准确性</td><td>A1 评价信息真实性</td><td>评价对象</td><td>参评材料的真实有效性</td><td>案例研究/定性</td></tr>
<tr><td>A2 评价目标适配性</td><td>评价目标</td><td>质量导向的实现程度</td><td>内容分析法/定性文本证据审查法/定量</td></tr>
<tr><td>A3 评价指标科学性</td><td>评价体系</td><td>评价指标效度分析</td><td>访谈法/定性</td></tr>
</table>

1. 实用性分析框架

实用性分析是指通过评价使管理者了解被评者情况、确保评价为实际需求服务。国社科成果评价的实用性研究可分为三个维度：U1 范围选择合理性、U2 评价结果可靠性、U3 评价结果有效性。

U1 指标考察点为既有评价全生命周期六要素中的"评价对象"。主要考核评价对象选取是否合理。目前国社科成果评价对象仅以最终成果报告为载体，而研究过程中取得的阶段性成果不属于同行评议的内容。因此，可采用二次测量法，选取某一确定学科范畴，针对学科的成果样本同时开展两种不同的评价方案，即方案一仅针对最终成果的评价方案，方案二针对最终成果及阶段性成果的评价方案。比较两种方案评价结果的一致性与差异性，寻找差异的学科分布特点。

U2 指标考察点为既有评价全生命周期六要素中的"评价体系"。考察既有评价结果的合理性。包括评价得分计算体系设计是否科学，评价得分分布是否合理。可通过分学科类别测量国社科成果评价各等级分布验证得分计算体系的科学性。合理的得分计算体系应该体现出各等级的区分度，如果出现大规模的非正态分布，说明体系打分在该学科评价中的设置不能很好地区分各样本的研究成果质量，有待调适完善。

U3 指标的考察点为既有评价全生命周期六要素中的"评价方式"。由于同行评议不可避免会因不同人员主观意见、认知程度、理解能力的差异对评价结果产生影响，因此，该指标的主要目的是验证同行评议的一致性，即检验同行评议的主观性成分是否会对评价结果产生显著影响，影响机制如何，是否可能通过评价方式的改革规避同行评议主观性引起的评价风险。

2. 可行性分析框架

可行性分析是考察评价能否在自然状态下开展，程序设置是否具有可操作性，能否获取各方利益主体支持实现评价的稳健运行。国社科成果评价的可行性研究可分为三个维度：F1 评价项目可行性、F2 评价政治可行性、F3 评价经济可行性。

F1 指标的考察点为既有评价全生命周期六要素中的"评价活动"。考察评价活动设置的可行性，包括评价程序设置是否合理，评价的各阶段环节是否存在障碍。对该指标的评测可通过对各方利益主体开展访谈的方式，了解评价进行过程中存在的障碍及困难，并检验是否包含相应的评价风险预警机制等。

F2 指标的考察点为既有评价全生命周期六要素中的“评价活动”。政治环境关系到评价的顶层设计，是保证评价稳定持续开展的关键。通过实地调研及访谈分析政府参与度、被评价方支持度、主客体双方互动性等实际情况。

F3 指标的考察点为既有评价全生命周期六要素中的“评价目标”。经济指标主要指资源制约，考核既有评价是否实现预定的效益及效率目标。可通过访谈管理部门人员及二级单位人员，探寻是否存在经费制约及内部联动低效等情况。根据可行性分析框架的结果可重新修订既有的评价程序设置，充分实现评价主客体之间的协调联动，减少由于评价事务性工作积压而造成的“中层拥堵”现象①。

3. 适当性分析框架

适当性分析是为了保护被评价方的合法权益，反对评价方采用不合理的评价方式、不恰当的行为损害被评方利益，确保评价合理合法且合乎道德地实施。国社科成果评价的适当性研究可分为三个维度：P1 评价方法适切性、P2 公正性与合法性、P3 利益冲突协调度。

P1 指标的考察点为既有评价全生命周期六要素中的“评价方式”。主要考核既有成果评价方式是否合理，国社科成果评价方式为同行评议，属于定性评价范畴。专家遴选的可靠度及专家所在学科与评价学科的融合度决定了评价结果。可通过绩效评价的经典方法，即数据包络分析（DEA）法与计量法相结合，分析不同评价方式引起的差异性。具体为，对同一样本分别采用定量评价及定性评价，通过方差分析对两种方法产生的评价结果进行显著性差异检验，改进既有评价由单一维度的评价方式引起的偏差。

P2 指标的考察点为既有评价全生命周期六要素中的“评价监督”。公正性与合法性是评价获得支持的必要条件，可通过访谈评价主客体双方，寻找冲突点。访谈重点应包含专家名单公布是否全面、评价结果公开是否准确、评审意见反馈是否及时等涉及主体利益的普遍关注要点。

---

① 赵晓军：《“万人评议政府”的元评估分析——以杭州社会评价为例》，博士学位论文，兰州大学，2018。

P3 指标同样指向六要素中的“评价监督”。与 P2 不同的是，P3 指标主要考核在评价双方利益发生冲突时，协调机制是否健全，评价风险的应对处理是否得当。该指标同时也是对参与评价的各级管理部门人员专业素质进行的考核。国社科成果评价报告是由各级管理部门专职人员汇总 5 位评审专家意见形成的，因此专职人员的职业素养及学科知晓度情况是评价报告清晰度和准确性的主要制约因素。由于我国没有类似日本的“评价士”制度，对专职管理人员的选拔和职业培训缺乏专业性，评价报告容易受管理人员认知局限的制约，进而引发评价主客体双方意见冲突。可见，理想而又恰当的冲突协调应包括被评价方自下而上的同期反馈机制，以及评价方对其诉求的回应机制。而元评价的适当性研究是通过转化主体视角，搜集关键参与者需求，实现成果评价体系的进一步完善的有力保障。

4. 准确性分析框架

准确性分析考察评价结果对客观实际反映的契合度，即评价结果反映被评价方客观情况的程度越高，则评价的准确性越高。据此，国社科成果评价准确性框架设置有以下维度：A1 评价信息真实性、A2 评价目标适配性、A3 评价指标科学性。

A1 指标的考察点为既有评价全生命周期六要素中的“评价对象”。指标中评价信息收集准确与否直接决定后期评价实施的效用。国社科成果评价中参评材料可靠性检验主要为考察提交材料是否真实有效。可通过典型案例检验成果报告中是否存在学术抄袭，是否存在大量滥竽充数的自引（如博士学位论文），是否有抄袭剽窃的情况，是否存在“一果多用”的现象，等等。

A2 指标的考察点为既有评价全生命周期六要素中的“评价目标”。考察评价是否实现了既定目标：国社科成果评价是质量导向型评价。理论上，假如评价达到既定目标，则在特定闭合时间段内表现出成果质量的提升，即实现了“以评促建”。可通过查阅文献并采用文献“证据审查”的方法，寻找目标实现程度的证据支持。

A3 指标的考察点为既有评价全生命周期六要素中的“评价体系”，考察评价指标设置是否科学合理。可通过访谈法对既有评价指标分级分类落实的情况进行考察。

（四）验证元评价模型信效度

本节构建的元评价体系及量表在一级维度的设计上借鉴了 JCSEE 的四个一级指标。JCSEE 量表的评价效度已被大量研究所证实，是元评价领域的经典量表。而对二、三级指标的设计，则是在 JCSEE 量表基础上，针对案例特点进行了调整，并且经过了多轮实地调研与焦点团体访谈，集中了领域专家对国社科成果元评价的建议。因此，可以保证该元评价量表的效度。

信度方面，本书采用肯德尔和谐系数法，选取 6 位领域专家对已构建的元评价量表进行打分，运用肯德尔和谐系数的计算公式进行一致性分析。公式如下：

$$W = \frac{s}{\frac{1}{12}m^2(n^3 - n)}，其中 s = \sum_{j=1}^{n} R_j^2 - \frac{1}{n}\left(\sum_{j=1}^{n} R_j\right)^2 \qquad (7-1)$$

其中，m 为专家人数，n 为元评价指标个数，R_j 为第 j 个评价指标的得分数，s 为第 j 个评价指标得分数与所有指标得分数的平均数之差的平方和。根据公式得出，6 位专家打分的 R_j 总和为 471，其平方和为 21591。$s=3104.25$，$W=0.603$。根据肯德尔和谐系数法的要求，$W\geqslant 0.5$ 即可认为专家之间的评价意见显著一致。由此可以得出，本书构建的元评价量表具有较高的评价信度。

第二节　高校人文社科成果评价全生命周期的元评价应用

在元评价体系构建的基础上，本节以元评价理论的两种类型（内部元评价及外部元评价）为基础，从高校人文社科成果评价的内部视角及外部视角对既有评价中全生命周期的六要素开展元分析，具体步骤如下。

第一步，在内部视角上，从国社科既有评价体系自身审视的角度出发，以前文构建的人文社科成果元评价量表的 4 个一级指标及 12 个二级指标为元评价框架，综合运用文本分析、计量统计等定性定量方法，对既有成果评价全生命周期的六要素开展分析。具体方法为：选取 38 所高校的调研数据，清理后获得的 863 份高校教师作为项目负责人的国社科成果评价样本，采用多种研究方法，对国社科既有成果评价中全生命周期各要素进行审视与分析。元评价指标描述及资料来源情况，如表7－2所示。

表7－2　国社科成果评价的元评价指标描述

一级指标	二级指标	国社科成果评价实施情况描述	资料来源
实用性	范围选择合理性	评价对象的选取范围是否合理	863份成果评价样本
	评价结果可靠性	评价体系设计及分值分布是否科学	四类评分定级标准
	评价结果有效性	同行评议是否有效	同行专家评议材料
可行性	评价项目可行性	评价是否能顺利实施，障碍点在哪	管理规范、样本数据
	评价政治可行性	评价是否能得到利益相关者的支持	管理规范、调研数据
	评价经济可行性	评价是否实现了产出目标及制约程度如何	管理规范、样本数据
适当性	评价方法适切性	既有评价方式是否适用于当前情况	评议数据、评价意见
	公正性与合法性	是否能实现结果公开、程序合法	年度报告、规章制度
	利益冲突协调度	冲突时协调机制是否健全，风险如何	规章制度、调研数据
准确性	评价信息真实性	提交材料是否真实有效	暂缓结项样本数据
	评价目标适配性	评价是否实现了预期目标	评价案例、成果库
	评价指标科学性	评价指标设置是否科学	三类分级评分表

第二步，在外部视角上，从业内专家的外部中立角度出发，采用焦点团体访谈和半结构化访谈相结合的方式，针对国社科既有成果评价现状及问题进行专家意见咨询与原因探析。由于目前国内缺乏对同类研究的经验或可供参考的案例，因此，对于这样一个新领域的探索与研究，本书选用了焦点团体访谈法①，针对国社科成果评价的现状及缺陷等一系列焦点问题开展团体访谈，拟通过这样一种集体互动的访谈形式，活跃访谈氛围，激发思维灵感，促使被访谈对象提出更真实、更具目标指向性的观点和建议。同时，对不便出席焦点团体访谈的人员，采用面对面半结构化访谈的方式，补充针对该议题的专家意见，扩大访谈样本量。

访谈流程如下：首先，选取了6名专家作为代表（国社科管理人员2名，管理学教授1名，语言学教授1名，统计学副教授1名，法学副教

① 李博等：《我国学校体育研究中访谈法运用的问题探析》，《上海体育学院学报》2018年第1期。

授1名），以“电话访谈+面对面访谈”的形式开展预访谈，对所获取的访谈记录进行话语分析，从中提炼焦点问题并为正式访谈设计提纲；其次，选取了11名专家开展焦点团体访谈，选取对象为管理人员及高校教师，包括国社科管理部门及高校二级管理部门的科研院管理人员（样本量=4人，编码方式：GL+序号+姓氏代码）、不同学科教师代表（样本量=7人，编码方式：GX+序号+姓氏代码）；最后，选取了12名专家开展半结构化访谈，选取对象包括管理人员（样本量=6人，编码方式同上）及高校教师代表（样本量=6人，编码方式同上）。总计正式访谈对象共23人。访谈专家抽选的原则有三：一是依据元评价定量分析结果及预访谈了解到的信息，尽量选择存在评价争议的学科的从业教师；二是选择有国社科项目负责人经历的高校教师；三是在综合考虑访谈人员职称及年龄分布的前提下，优先选择担任过国社科成果评价专家的高校教师。

第三步，综合内部元评价及外部元评价的结果，对国社科成果评价的实用性、可行性、适当性、准确性以及全生命周期的六要素分别进行阐释。借助MindMaster、Xmind等分析软件对内部及外部元评价结果资料进行编码，绘制思维导图，寻找既有成果评价的偏差点及现存问题。

一　成果评价的实用性分析

实用性分析的目标是确保评价结果能服务于实际需求，即通过元评价检验国社科成果评价预期目标与管理需求的对标达成度。实用性达标的理想模式为：既有评价所得结论是全面的、可靠的、有效的，通过成果评价有利于成果质量提升的目标达成。因此，国社科成果评价的实用性研究可分为三个维度：范围选择合理性、评价结果可靠性、评价结果有效性。第一，如果评价对象范围选择合理，则评价理应能全面反映被评者的客观实际，不会出现以偏概全、以点带面的情况，评价标准对不同学科及不同研究类型的成果评价具有普适性和公平性；第二，如果评价结果可靠，则评价等级或得分应该具有相对合理的分布规律，不会出现大规模的离散现象；第三，如果评价结果有效，则既有评价方式选取得当，评价结果具有良好的信效度。分析结果如图7-3所示。

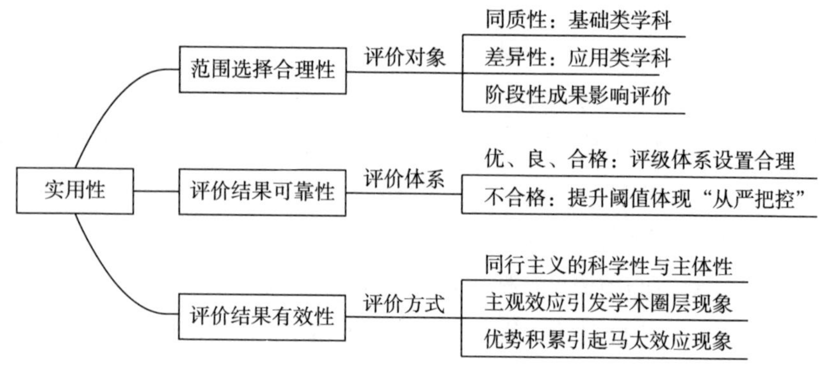

图 7－3　国社科元评价实用性分析结果

（一）范围选择合理性

U1 指标考察点为既有评价全生命周期六要素中的“评价对象”，考察目的是检验评价对象的选取范围是否合理。当前国社科成果评价对象仅针对最终成果报告开展，不包含对阶段性成果的评价。因此，采用二次测量法对 863 个样本的评价对象选择范围进行二次核验，以此比较两种不同测量方法和评价方案得出结果的一致性与差异性。具体为，对 23 个学科的全部成果样本平行开展两种不同的评价方案，方案一是以阶段性成果为对象的评价方案；方案二是以最终成果为对象的评价方案。

首先，采用方案一对阶段性成果开展评价。该方案的设计基于绩效理论，采用绩效评价的经典方法，即数据包络分析（DEA）法开展定量研究。DEA 法在处理多投入、多产出的有效性评价方面具有绝对优势，其要求投入与产出指标之间具有正相关关系，即增加投入指标，不会导致产出指标的减少。从一般思维逻辑上看，国社科阶段性成果投入产出数据符合 DEA 法的这一使用要求。因此，本书以在京高校 863 个结项样本的阶段性成果数据为分析对象，运用 DEA 法对 38 所在京高校 2013～2019 年的国家社科基金阶段性成果数据投入产出效率进行了绩效分析。根据 DEA 模型选定决策单元、投入指标、产出指标。决策单元方面，依据国家社科基金的学科划分原则选定决策单元（DMU）为 23 个人文社会学科；投入指标方面，根据数据完备性、独立性、可得性、关联性等原则，选定投入指标为项目数、经费数两项；产出指标方面，根据 DEA 模型要求及相关文献，选择产出指标三项，即研究报告、专著、中外期刊论文（以下简称“论文”)。通过综合运用规模收益不变的 C^2R 模型和规模收益可变的 BC^2 模型进行分析，将采样获取的 863 个在京高校结项样本数据按照学科分类分解为 23 个 DMU，得出评估前沿生产函数，计算各 DMU 的综合技术效率（crste）、纯技术效率（vrste）、规模效率（scale），以及规模收益情况。以此得出 23 个学科阶段性成果的投入产出绩效值，寻找 DEA 有效学科及无效学科的分布规律及分布特点。

其次，采用方案二对最终成果开展评价。选取 863 个结项样本的最终成果专家评价等级数据为分析对象，计算成果评价等级为优秀或良好的项目百分比（优良率）。国社科最终成果评价是在综合考虑 5 位同行专家评价分数、等级建议、评价意见的基础上确定结项等级。根据国家社科基金相应的结项管理规定，评价等级如表 7－3 中划分为四类。本书根据该等级划分标准，计算统计了 863 个样本中每个学科所包含评价等级为优秀或良好的项目数，计算优良率。

表 7－3 国社科成果评价与评价等级标准

等级	量化标准（每条标准需同时具备）
优秀	①平均分在 85 分及以上 ②不少于 4 位专家打分在 85 分及以上 ③不少于 4 位专家划等级为“优秀”
良好	①未达到“优秀”等级 ②平均分在 75 分及以上 ③不少于 4 位专家打分在 75 分及以上 ④不少于 4 位专家划等级为“良好”及以上
合格	①未达到“良好”等级 ②平均分在 65 分及以上 ③不少于 3 位专家打分在 65 分及以上 ④不少于 3 位专家划等级为“合格”及以上
不合格	低于“合格”等级的标准

最后，比较以上两种方案所得评价结果的一致性与差异性。由表 7－4 数据得出，通过选用阶段性成果为评价对象的评价方案一的结果如下。第一，23 个学科的科研成果产出综合技术效率平均值为 0.829，纯技术效率平均值为 0.899，规模效率平均值为 0.923，反映 38 所样本高校的研究效率总体情况较好，总体项目得到了良好的运行和开展。第二，4 个学科综

合技术效率有效，分别是理论经济、人口学、体育学、宗教学，这些学科的综合技术效率、纯技术效率及规模效率均为1，定量评价的结果说明这些单元投入合理，产出效率高，处于规模报酬最优阶段。第三，9个学科虽然综合技术效率无效，但纯技术效率有效（vrste = 1），包括：法学、管理学、考古学、社会学、世界历史、统计学、应用经济、哲学、中国历史。这些学科可根据其所处的规模收益阶段，适当调整投入产出规模实现DEA有效。第四，10个学科综合技术效率及纯技术效率均无效。包括：党史党建、国际问题研究、马列科社、民族学、图情、外国文学、新闻与传播、语言学、政治学、中国文学。而通过采用最终成果为评价对象的评价方案二的结论如下：优良率大于50%的学科为世界历史、外国文学、语言学、哲学、中国历史、中国文学。从以上研究得知，在人文社科成果评价中，针对阶段性成果的评价与针对最终成果的评价在部分学科中具有差异性。

表7-4　38所高校国社科项目成果评价优良率及科研绩效

学科	项目总数	优良项目数	优良率	crste	vrste	scale	规模效益
党史党建	10	4	40	0.663	0.760	0.872	irs
法学	114	51	45	0.837	1.000	0.837	drs
管理学	64	10	16	0.938	1.000	0.938	drs
国际问题研究	28	9	32	0.737	0.785	0.939	drs
考古学	7	3	43	0.698	1.000	0.698	irs
理论经济	45	14	31	1.000	1.000	1.000	—
马列科社	20	7	35	0.587	0.594	0.988	drs
民族学	15	7	47	0.924	0.981	0.942	irs
人口学	17	5	29	1.000	1.000	1.000	—
社会学	63	17	27	0.903	1.000	0.903	drs
世界历史	7	5	71	0.859	1.000	0.859	irs
体育学	30	6	20	1.000	1.000	1.000	—
统计学	16	4	25	0.875	1.000	0.875	drs
图情	33	13	40	0.699	0.737	0.949	drs
外国文学	33	17	52	0.856	0.893	0.958	drs
新闻与传播	42	5	12	0.718	0.754	0.953	drs
应用经济	63	17	27	0.904	1.000	0.904	drs

续表

学科	项目总数	优良项目数	优良率	crste	vrste	scale	规模效益
语言学	79	45	57	0.677	0.805	0.842	drs
哲学	66	38	58	0.952	1.000	0.952	drs
政治学	22	6	28	0.523	0.542	0.964	drs
中国历史	32	18	56	0.974	1.000	0.974	drs
中国文学	44	27	61	0.732	0.831	0.881	drs
宗教学	13	6	46	1.000	1.000	1.000	—
平均值	/	/	37	0.829	0.899	0.923	—

为了进一步探究两种评价对象界定方式差异性所存在的学科分布情况，本节利用线性函数将两种评价结果的数据进行无量纲化转换。首先按以下公式将两种评价方法得到的结果统一量纲：转换后的值 =（转换前的值 - 样本最小值）/（样本最大值 - 样本最小值）。然后对两组数据进行无重复双因素方差分析，结果见表 7 - 5。从数据结果得出以下结论。第一，组间方差值较大（大于 0.1）的学科为：管理学、理论经济、人口学、社会学、体育学、统计学、应用经济。说明在这些学科中，不同评价对象的界定对评价结果影响的差异较大，阶段性成果评价在这类学科中存在的影响不可忽视。第二，组间方差值较小（小于 0.1）的学科为：语言学、宗教学、新闻与传播、中国文学、世界历史、政治学、马列科社、民族学、党史党建、考古学、哲学、国际问题研究、图情、外国文学、法学、中国历史。说明在这些学科中，不同评价对象的界定对评价结果影响的差异不大，阶段性成果评价与最终成果评价的结果具有同质性。

表 7 - 5　两种评价结果无量纲化与方差分析

学科	计量评价	同行评议	求和	平均	方差
党史党建	0.294	0.475	0.768	0.384	0.016
法学	0.658	0.559	1.218	0.609	0.005
管理学	0.870	0.068	0.938	0.469	0.322
国际问题研究	0.449	0.339	0.788	0.394	0.006
考古学	0.367	0.525	0.892	0.446	0.013
理论经济	1.000	0.322	1.322	0.661	0.230
马列科社	0.134	0.390	0.524	0.262	0.033

续表

学科	计量评价	同行评议	求和	平均	方差
民族学	0.841	0.593	1.434	0.717	0.031
人口学	1.000	0.288	1.288	0.644	0.253
社会学	0.797	0.254	1.051	0.525	0.147
世界历史	0.704	1.000	1.704	0.852	0.044
体育学	1.000	0.136	1.136	0.568	0.374
统计学	0.738	0.220	0.958	0.479	0.134
图情	0.369	0.475	0.844	0.422	0.006
外国文学	0.698	0.678	1.376	0.688	0.000
新闻与传播	0.409	0.000	0.409	0.204	0.084
应用经济	0.799	0.254	1.053	0.526	0.148
语言学	0.323	0.763	1.086	0.543	0.097
哲学	0.899	0.780	1.679	0.840	0.007
政治学	0.000	0.271	0.271	0.136	0.037
中国历史	0.945	0.746	1.691	0.846	0.020
中国文学	0.438	0.831	1.269	0.634	0.077
宗教学	1.000	0.576	1.576	0.788	0.090

鉴于此，我们对组间差异较大的学科进行了更深入的分析，以探寻这些学科之间的共性。本节将863个结项数据样本按照其成果提交的类型分为基础研究、应用研究两类，并统计了各学科中应用类/基础类占比情况，结果见图7-4。由图看出：以应用类研究为主（即比值大于1）的学科为管理学、人口学、社会学、体育学、统计学、图情、新闻与传播、应用经济，其余学科均以基础类研究为主（即比值小于1）。结合以上方差分析的结果可知，针对阶段性成果及针对最终成果这两种不同范围的评价对象界定方式引起评价结果差异较大的情况存在于管理学、理论经济、人口学、社会学、体育学、统计学、应用经济这七类学科中，其中除了理论经济（比值小于1）外，其余学科均为以应用类研究为主的学科。这说明两种针对不同评价对象的评价结果差异较大的学科基本上都分布于应用类学科。

因此，得出对U1指标的检测结论：不同评价对象的选取与范围界定（即以阶段性成果为对象的评价和以最终成果为对象的评价）在不同学科中具有同质性和差异性。其同质性主要存在于以基础类研究为主的学科

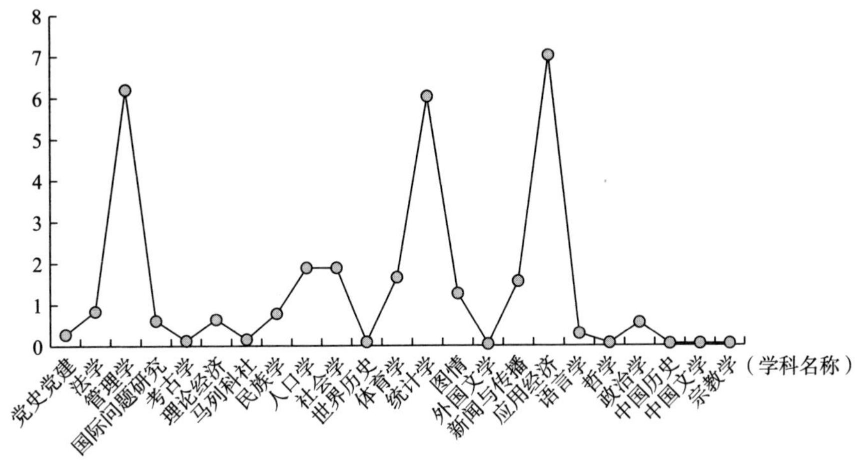

图 7－4 各学科研究类型中应用类/基础类比值

中，而其差异性主要存在于以应用类研究为主的学科中。可以看出，阶段性成果的选取对应用型学科的成果评价具备影响，存在不可忽视的作用。

（二）评价结果可靠性

U2 指标的考察点为既有评价全生命周期六要素中的“评价体系”，考察目的是检验既有评价结果层次分布的合理性，即评价得分计算体系设计是否科学，评价得分分布是否合理等。假如成果评价等级的得分计算体系设置合理，则能够体现出各等级的区分度。相反，如果出现大规模的非正态分布，说明成果评价等级测评体系的设置不能很好地区分各样本的研究成果质量，有待进一步调适完善。

国社科成果评价结项等级是在 5 位同行专家评价分数、管理部门等级建议及评价意见的基础上综合得出的价值判断。依照国社科相应的成果评价与结项管理规定，成果评价等级划分为四类，即优秀、良好、合格、不合格。据此，本书通过统计 863 个样本成果评价等级的正态分布情况来检验国社科成果评价等级设定的科学性。将 23 个学科共 863 份样本按照研究类型分为基础类及应用类。应用类学科包括：管理学、人口学、社会学、体育学、统计学、图情、新闻与传播、应用经济 8 个学科，共计 328 项。其中优秀 4 项，良好 73 项，合格 200 项，不合格 51 项。基础类学科是除以上 8 个应用类学科之外的 15 个学科，共计 535 项。其中优秀 41 项，良好 216 项，合同 241 项，不合格 37 项。

首先，整理数据并录入应用类、基础类中四类成果等级对应的每一份样本的同行评议分数，计算每一样本的同行评议平均分，共得到863条数据信息（应用类328项，基础类535项）。将863条数据导入SPSS18.0软件，绘制P-P图判断变量是否服从正态分布。在P-P图中，横坐标代表观测的累积概率，纵坐标代表期望的累积概率，如果散点分布与理论直线（即对角线）基本重合，则说明数据呈现正态性，如果散点分布过于离散，不能呈现为一条近似直线，则说明数据不具有正态特质。根据图7－5得出，在应用类研究中，优秀、良好、合格三个变量下的P-P图显示：大规模数据呈现正态分布，小规模数据呈现离散现象。而在不合格这一变量下的P-P图情况相反：大规模数据离散，小规模数据呈现正态分布。同样的情况存在于基础类学科中，如图7－6所示。这说明国社科成果评价体系的评价等级设置具有一定的科学性，尤其是优秀、良好、合格这三个级别的设置合理，出现的小规模非正态分布亦属于正常偏差范围。

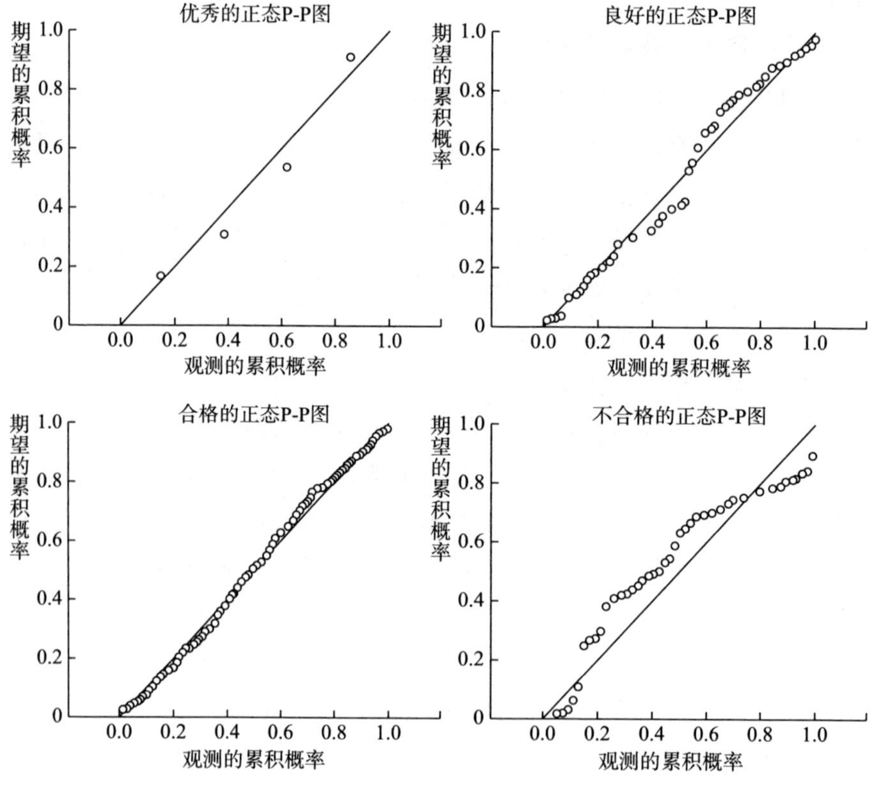

图7－5　应用类研究评分等级P-P图

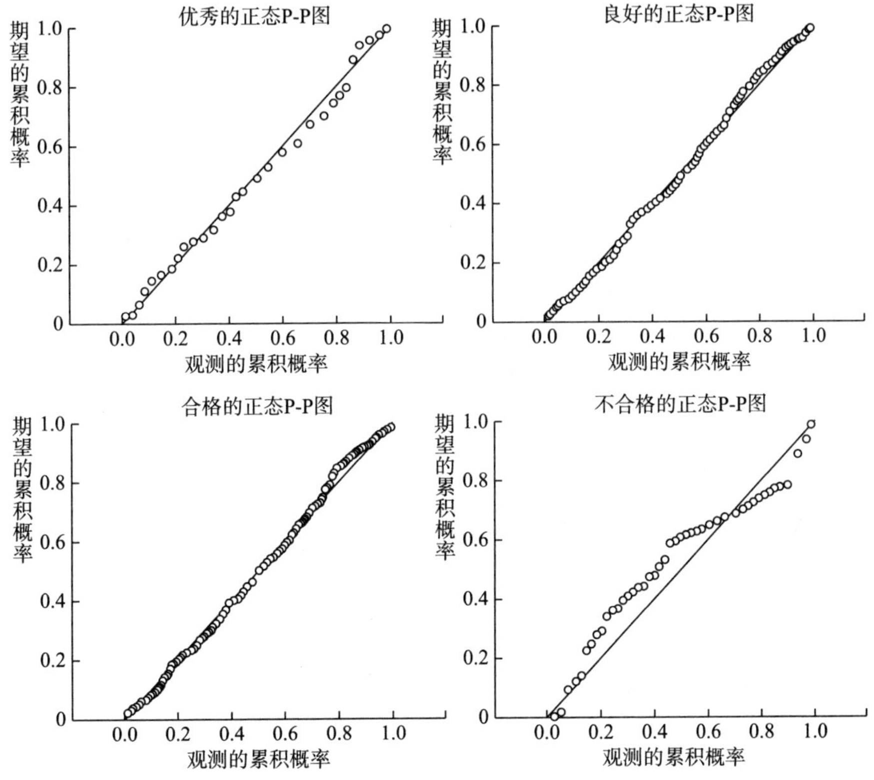

图 7－6　基础类研究评分等级 P-P 图

其次，对“不合格”这一变量中出现的大规模非正态分布现象做了进一步的分析。在国社科成果评价等级划定规则中，判定为不合格的必要条件之一为同行评议平均分在 65 分以下的成果评价，即如果平均分低于 65，则评价成果等级为不合格。表 7－6 统计了应用类和基础类“不合格”等级中的得分情况。

表 7－6　应用类与基础类被判为“不合格”研究的得分情况

	得分＜60	60≤得分≤65	得分＞65	总计
应用类	22 项	27 项	2 项	51 项
占比	43.14%	52.94%	3.92%	—
基础类	13 项	20 项	4 项	37 项
占比	35.13%	54.06%	10.81%	—

从表 7－6 中看出，在 60～65 分区间内的项目占了不合格的 50% 以

上，这或许是这一变量出现大规模离散现象的原因。而随后的调研和访谈证实了这一判断：大规模离散数据的原因是国社科成果等级“不合格”阈值的设定较高，而这并非国社科成果评价等级体系的设置问题，相反是体现了对成果质量“从严把控”的要求。

此外，全国工作办在审核评估意见时，将个别平均分高于65的项目评价也判为不合格，评判的主要依据是，综合审阅5位评审专家的评审意见，如果其中有3位专家明显指出成果存在严重问题和缺陷，而由于1位专家给出极高分，虽然使得总体平均分超过了65，但这样的情况下通常被评价为“不合格”。可见，国社科成果评价中防止专家由于人情因素而打高分的等级评价设置具有一定的科学性。

（三）评价结果有效性

U3 指标的考察点为既有评价全生命周期六要素中的“评价方式”，考察目的是检验同行评议的有效性。国社科成果评价是由5位同行专家针对同一成果，按照固定评分体系给出分值。因此，同行专家的主观性、指标体系设置的科学性均可能影响评分成绩，这些因素共同决定了成果评价结果的有效性。而针对同行评议的元评价，常规方法是通过检验评委内部的一致性来判断同行评议的信度。换言之，针对每个同行评议专家信度的考核，可以等同于分析该专家与其他专家意见的一致程度。专家组内部的一致性越高，则证明同行评议的组内信度越高，评价结果越可靠。

一致性检验的方法有肯德尔和谐系数法、分半法、α系数法、斯皮尔曼等级相关等。本书选用肯德尔和谐系数法检验国社科成果评价中同行评议的内部一致性（见表7-7）。选择依据是肯德尔和谐系数法是检验三人以上的不同评价主体对同一个评价客体的评价结果一致性的经典方法。在国社科成果评价中，每个项目成果的评价专家为5人，属于肯德尔和谐系数的小样本检验。因此，可通过计算肯德尔和谐系数 W 值，确定各学科专家评议的信度，步骤如下。第一步，将863份样本按照23个学科进行梳理分组，整理录入每个学科中每个项目的5位专家评审分数。第二步，分别计算每个学科的肯德尔和谐系数。公式为：

$$W = \frac{s}{\frac{1}{12}m^2(n^3 - n)}，其中\ s = \sum_{j=1}^{n} R_j^2 - \frac{1}{n}\left(\sum_{j=1}^{n} R_j\right)^2 \qquad (7-2)$$

其中，m 为专家人数，n 为被评个数，s 为每个被评对象（此案例中为成果评价项目）所得到的全部专家评分之和 R_j 与所有评分的平均数之差的平方和。第三步，根据计算得出的肯德尔和谐系数值判断同行专家之间的内部一致性。一般情况下，$W \geq 0.5$ 即可认为专家之间的评价意见显著一致，同行评议的评价效度高。表 7－7 列出 23 个学科 863 个样本肯德尔和谐系数值分析结果。从表中数据看出，$W < 0.5$ 的学科有 9 个，分别为新闻与传播、图情、理论经济、中国文学、应用经济、社会学、管理学、哲学、语言学，占总样本量的 39%。说明在这些学科中，同行评议一致性较低，专家之间存在较多的非共识现象。这表明国社科既有成果评价模式中的同行评议方式对这类学科的成果评价缺乏一致性，如果持续以旧有评价方式作为最终判定标准，可能会造成一定程度的误差。

表 7－7　肯德尔和谐系数值分析结果

学科	样本量	s 值	W 值	学科	样本量	s 值	W 值
外国文学	33	71808	0.96	法学	114	1574019	0.51
世界历史	7	644	0.92	人口学	17	5202	0.51
宗教学	13	4050	0.89	新闻与传播	42	665825	0.43
考古学	7	602	0.86	图情	33	28424	0.38
党史党建	10	1712	0.83	理论经济	45	59079	0.31
体育学	30	45512	0.81	中国文学	44	52658	0.31
国际问题研究	28	351695	0.77	应用经济	63	116842	0.22
马列科社	20	124685	0.75	社会学	63	94024	0.18
政治学	22	152745	0.69	管理学	64	83540	0.15
统计学	16	4845	0.57	哲学	66	70150	0.12
民族学	15	3920	0.56	语言学	79	81750	0.08
中国历史	32	36146	0.53				

本书在焦点团体访谈和半结构化访谈中，就数据分析得出的这一定量结果进行了充分讨论及调研。综合管理人员及不同学科教师代表的意见，对 U3 指标的分析结论如下。

第一，同行评议的主体性与非学科差异性。一方面，同行评议 14 个学科（占比 61%）仍然表现出良好的一致性，可见同行评议在高校人文社科成果评价中存在不可替代的作用，这与大多数同类研究的结论相符，在未来的改革中坚持同行评议这一根本政策不动摇也应该作为人文社科成果评价的核心理念；另一方面，同行评议不具备内部一致性的问题在基础类及应用类学科均可能出现，9 个学科中基础类学科与应用类学科比例为 4：5，不存在明显的学科差异性，因此，同行评议的模式有待优化。比如在访谈中，有老师提到作为同行评议专家，面临巨大的工作量压力，导致同行评议质量下降。从工作荷载上看，评审专家的增量跟不上项目成果评价的增量，导致同行评议专家工作量陡增，评审质量下降。同行评议虽然具有一定的科学性，但不等同于只能完全依赖同行评议这种单一的评价手段，尤其是在某些同行评议一致性较低的学科中，采用定性定量相结合的综合评议方式或可提高评价的有效性。因此，未来在成果评价的改革探索中，评价方式的提升改进或许应该成为集中关注的重点。

第二，主观效应引发的学术圈层现象影响评价有效性。同行专家对某一评价客体所给出的判断，都是基于该专家个人对被评对象的理解层次，这种理解从很大程度上讲具有主观性。对于同一研究成果，不同的评审专家会受到阅历、知识、利益等多因素的影响而做出差别性评价。这主要表现为评价不具备内部一致性而引起的学术圈层现象，即以个人或所在团队学术利益为中心而产生的“亲疏远近”，其特点是信息在同级别圈层中传播速度快，而在跨圈层之间很难形成流通。因此，在越靠近个人主体的层级中，信息交换越频繁，合作关系越密切。

第三，优势积累引起的马太效应影响评价有效性。国内外学者围绕学术马太效应与资源分配关系开展了大量研究，充分揭示了马太效应对学术资源配比的影响。在本书组织的焦点团体访谈中，11 位专家中有 8 位（占比 73%）认同成果评价中有马太效应现象存在，这部分专家认为，资源占有处于绝对优势的研究团队，其产出成果较其他团队也更容易被同行所认可。但随即有专家提出质疑，认为学术权威有可能会使得双盲原则形同虚设。

二 成果评价的可行性分析

可行性分析的重点是考察在现有资源配置的客观条件下，能否确保预设计划的顺利执行，高校人文社科成果评价的可行性分析是全面提倡破

“五唯”之后强化评价保障与管理服务的关键。通过可行性分析，能进一步优化管理与服务，在“破唯”的基础上提出更具前瞻性、战略性、全局性的成果评价改进策略。就国社科成果评价而言，可行性分析是考察评价活动能否在现有条件下顺利开展、能否获取各方利益主体的支持、评价设置是否具有可操作性、评价开展是否具备稳健性等。因此，国社科成果评价的可行性研究可分为三个维度：评价项目可行性、评价政治可行性、评价经济可行性。第一，如果评价具备良好的项目可行性，则表示主客体双方责权明确，违约风险较低，评审全过程能顺利推进；第二，如果评价具备良好的政治可行性，则说明在成果评价活动的开展过程中，评价主体的内部联动机制健全，评价活动能够得到各方利益相关者的支持和理解；第三，如果评价具备良好的经济可行性，则代表资源配置合理，评价体系的顶层设计完善，能实现效率及效益的最优配置。本指标的测量是从内部视角及外部视角出发，通过两个步骤实现对该指标维度的测评：第一步，内部视角上，对所收集的国社科项目成果评价相关文本及案例进行内容分析，得出分析报告；第二步，外部视角上，将分析报告发放给调研选定的专家组成员，组织专家对核心问题展开讨论与交流。分析结果如图 7－7 所示。

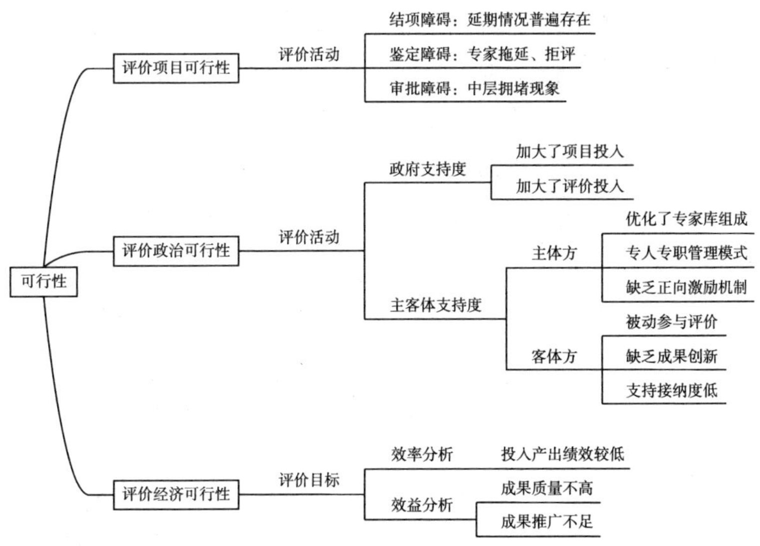

图 7－7　国社科元评价可行性分析结果

（一）评价项目可行性

F1 指标的考察点为既有评价全生命周期六要素中的“评价活动”，考察目的是检验评价项目实施的可行性。由于国社科成果评价采用的是项目制管理模式，因此，项目可行性是国社科项目成果评价的前提及基本属性。依据项目管理的相关理论及研究范式，国社科成果评价项目可行性考核应针对项目实施情况与项目障碍排查这两大核心要素展开。鉴于此，本书对国社科成果评价项目可行性的考察是通过对既有成果评价进行分析，核查评价在实施过程中是否存在推进障碍，以及在当前评价机制下是否存在“卡脖子”问题。依据前文梳理的国社科成果评价全生命周期流程图得出，国社科成果评价全过程中可能在三个环节出现推进障碍：结项障碍、鉴定障碍、审批障碍。以下对三个障碍环节进行详细分析。

1. 结项障碍

国社科成果评价的结项障碍主要表现为项目负责人无法在预定的项目截止时间内提交结项。目前国社科项目结题及成果评价管理采用绩效管理模式，依据国社科相关管理规定，对于按时结题且成果评价为优秀的项目负责人，在其申请新的国社科项目时给予合理的政策倾斜。而对于逾期未结项的负责人，根据不同情况采取不同的处理方式：情况一，对于能够在五年清理期内完成的项目，适度放宽结项时间要求，无须再次提交延期申请；情况二，对于个别研究难度较大，在清理期内无法提交结题报告的项目，按照相关规定及流程提交延期申请报主管部门审批；情况三，对于超出清理期限且通过延期申请的项目，根据国社科项目清理规定作终止处理，同时要求项目负责人所在的二级管理单位冻结项目剩余经费，并在 30 日内退回经费①。近年来，国社科加强了项目的常态化管理与动态跟踪，对逾期未完成的项目采取集中清理和常态化清理相结合的方式。一般情况下，管理部门在每年年初划定本年度的集中清理范围，并会在清理截止日期前 6 个月、3 个月、1 个月等几个重要时间节点通知学校科研管理部门督促本单位开展项目清理工作。此外，对获准延期的项目，实行常态化清理，即每月初管理部门（如国社科在京管理中心）将当月的待清理名单发

---

① 全国哲学社会科学工作办公室：《关于做好今后国家社科基金项目清理工作的通知》（社科工作办通字〔2019〕第 10 号）。

送给各管理单位（高校及科研院所等），逐项落实清理工作。逾期仍未提交结项材料的，由所在单位科研管理部门提交情况说明，按序完成报批审批流程。调研时了解到，国社科成果结项的整体进度不容乐观，国社科管理人员强调成果评价的目标不是结题导向，而是质量导向。他提出，评价要严把出口关，坚决抵制所谓的“打招呼”现象，坚持对质量低的成果“零容忍”，要发挥专家意见在成果提升与改进中的重要作用，以评价促提高，而不是赶工期似的仓促结项。

2. 鉴定障碍

国社科成果评价的鉴定障碍主要表现为同行评议专家拖延提交或者拒评项目成果。一般来说，对于从专家库挑选的评审专家，国社科管理部门会通过电话、邮件等方式进行联系，在专家同意参评的前提下，再将评审材料发送给专家，并要求其在规定期限内提交评审鉴定意见。在访谈和调研时了解到，专家反馈鉴定意见拖延的情况不在少数，而且由于每个项目涉及 5 位评审专家，其中任意 1 位专家的拖延亦可造成整体工作推进停滞不前，导致评审周期延长。访谈专家 D 老师认为，同行评议拒评和拖延的情况在国内外都比较普遍。此外，学术大师参与评审的占比较低可能会导致评审质量下降。

针对此现象，访谈专家 X 老师认为，建立合理的专家评议正向引导机制（如授予荣誉等）或可提高专家参与评审的积极性，这成为未来降低专家拒评与拖延频率的工作思路。

3. 审批障碍

国社科成果评价的审批障碍主要表现为职能管理部门内部联动低效，致使工作量严重堆积，从而形成“中层拥堵”现象，降低了成果评价的时效性。国社科成果评价全生命周期中，涉及的职能管理部门为“三主体”，即各单位科研管理部门、省级管理单位（本案例为在京委托管理机构）、全国工作办。因此，发生“拥堵”的主要原因是评审“三环节”（二级单位审核环节、委托管理机构组织环节、全国工作办终审环节）上的审核延迟。

拥堵环节一，项目负责人所在的二级单位（高校及科研院所等）审核时间较长，尤其是对二次结项的情况，其流程更为烦琐。为此，专家建议应进一步落实“放管服”改革，推进一站式服务，简化审批流程，减少签字盖章。

拥堵环节二，委托管理机构组织评审及材料审查时间较长。国家社科基金年度项目由全国工作办委托各省区市社科管理部门或在京委托管理机构负责组织鉴定。总体来看，管理机构人员编制紧缺，经费使用困难，工作人员除了负责国社科项目管理外，还需处理大量事务性工作。近年来，国家社科基金立项数逐年提升，工作量大幅增加，工作人员不堪重负。此外，管理机构内部也有严格的审核、报批程序。工作人员遴选专家后须按程序层层报批，最终通过后才能开始评价，也影响了评价工作的效率。

拥堵环节三，全国工作办对评审材料的终审时间长。同行评议结束后，管理机构将专家评价意见和本部门审核意见报送全国工作办进行最终审核，审核工作主要由全国工作办个别处室和外聘专家承担。本书在实地调研时了解到，近年来，全国工作办每月受理的结项申请均在500项以上，工作人员需逐项阅读专家意见，并给出最终审核意见。对部分存在较大学术争议或敏感度较高的项目还需要另请专家评价。在项目集中清理期，待审项目过多，也出现了“排大队”的现象，审核时间一般需要三个月，有时甚至超过半年。

（二）评价政治可行性

F2指标的考察点为既有评价全生命周期六要素中的“评价活动”，考察目的是检验评价各方对评价活动的支持度、参与度、互动性。其一，上级政府及领导的支持是国社科成果评价得以持续开展的前提保证，这是由于政治环境关系到评价的顶层设计。其二，评价主客体双方的支持是国社科成果评价稳定开展的主推力。因此，对政治可行性指标的考核可以分解为两方面。一方面，政府支持度的评价。主要分析政府在成果评价中的作为，包括外部建设及内部管理两部分。另一方面，主客体支持度的评价。主要分析评价方与被评价方对成果评价的支持度和积极性，以及主客体双方的互动性等内容。

1. 政府支持度

政府的大力支持是国社科成果评价顺利开展的前提。政府支持主要体现在外部建设及内部管理两方面。从外部建设上看，近年来受到政府的大力支持，国社科成果评价的体制机制不断得到创新，取得了一批建设性成效。成效一，经费支持逐年提升。近年来国社科成果评价受到政府的大力支持，项目投入及成果评价投入均稳步增加。根据全国工作办官网公布的数据，自 2016 年习近平总书记发表“5・17”讲话以来，国社科经费逐年增加[①]，甚至在 2021 年，各行业由于受疫情影响出现不同程度的经济下行，但政府对国社科的投入经费仍能持稳，各部门预算经费达 26.5 亿元，其中，每年用于成果评价的鉴定费高达近 4000 万元，体现了政府的高度重视与支持。成效二，建设和不断完善专家库。全国工作办经过长期机制探索建立了总人数 2.6 万人的成果评价专家信息库，并对其进行实时更新，包括更新专家联系方式、补充专家简历，重点补充最新研究成果、承担项目情况、人才奖励计划等细致的管理工作，以便能及时、全面地了解专家的学术研究情况，保障同行评议的质量及人才后备补给力量。然而，从内部管理上看，国社科成果评价虽然得到了上层的积极支持，但在传导模式上可能出现问题和瑕疵。这是由于目前国社科成果评价的顶层设计缺乏元评价机制，对整体评价缺乏内部审视分析，有可能造成一定范围内的评价误差及评价风险。因此，如何通过改善顶层设计保证外部建设所取得的成就能得以延续，是确保政治可行性的关键因素。

2. 主客体支持度

国社科成果评价的主体包含评价管理部门人员及同行专家。评价客体主要为项目负责人。访谈中有近 90% 的人员（含主客体双方成员）认同成果评价对国社科项目研究及成果质量产出具有重要的推动作用。可见，主客体双方对国社科成果评价的态度总体趋于正向，双方对评价的支持及认可程度决定其参与评价的积极性及可靠性。

第一，主体方的支持是评价可行性的核心。主体方包含两类群体，即同行专家及管理人员。同行专家方面，作为成果评价最重要主体成员的同行专家，其对评价的支持是保证评价得以持续性开展的前提。国社科成果评价之所以得到一定程度的认可，一方面得益于国社科专家库的不断迭代升级，另一方面得益于评审专家奖惩机制的建立。二者之间形成了耦合联

---

① 《全国哲学社会科学工作办公室 2021 年部门预算》，全国哲学社会科学工作办公室网站，2021 年 3 月 25 日，http://www.nopss.gov.cn/n1/2021/0325/c431036-32060837.html。

动机制，使得专家参与成果评价的积极性得以提高。

管理人员方面，实现多部门协调配合共同完成国社科成果评价工作是支持度的具体体现。在机制体制的约束下，管理人员能认真履行主体职责，各级科研管理单位基本实现了成果评价工作的制度化、常态化，尤其是在受到疫情等不利因素影响时，仍能按质按量完成工作。

然而，成果评价工作履职情况对管理部门从业人员的晋升并无显著影响，反而在操作是否规范等方面从业人员可能会面临被处罚的风险。因此，当前的管理体系设置难以对管理部门从业人员形成有效的正向激励作用。

第二，客体方的支持是评价可行性的关键。本书在实地调研时对2013～2019年的成果评价材料进行了抽样查阅。总体来看，项目负责人具备参检的积极性和自觉性。此外，项目经费基本做到了规范使用和严格管理。但也发现有个别项目存在劳务费、专家咨询费、管理费超支的情况；另有个别项目经费使用效率不高。这些问题需要各单位科研管理部门与财务部门加强合作，确保资金安全，提高使用效益。

然而，调研中暴露的问题是：项目负责人除了提交规定成果报告外，对于主动提呈创新性研究成果的积极性不高，提交材料的主要动力仍然是为了结项需求而参与成果评价。从这一点上看，项目负责人对评价的支持度表现较为被动。正如在访谈中，我们问到“如果不考虑项目管理的绩效考核要求，成果评价是否有必要?”这一类问题时，部分项目负责人持否定意见或中立态度。可见，在今后评价体系进行改革的过程中，如何协调评价体系自身缺陷及外在评价压力之间的矛盾，以及如何提升评价客体对成果评价的支持和接纳程度，都应成为成果评价在未来改进中持续关注的问题。

（三）评价经济可行性

F3 指标的考察点为既有评价全生命周期六要素中的“评价目标”，考察目的是检验国社科成果评价是否实现了既定的成果产出指标，找寻影响国社科成果产出的资源制约要素。它包含两部分：效益分析及效率分析。效率分析是考察国社科工作在整体资源配置方面是否实现了最优配置，避免了资源浪费。由于国社科是项目制形式，因此对其研究效率情况开展的绩效评价是必不可少的评价环节。其主要考察点为国社科财政资助与成果产出二者之间是否存在经费制约及内部联动低效等情况。效益分析主要考察国社科成果产出的质量，包括成果质量评价及成果价值评价两部分。

1. 效率分析

效率分析的目标就是通过调整资源配置，实现产出最大化，避免资源浪费。根据 DEA 法分析可知，863 份样本中各学科的科研成果产出综合技术效率平均值为 0.829，纯技术效率平均值为 0.899，规模效率平均值为 0.923。总体上反映成果产出效率情况良好。在 23 个学科中，有 4 个学科（理论经济、人口学、体育学、宗教学）效率分析数据表现优秀，综合技术效率及纯技术效率均达到有效值，这部分学科占比约 17%；9 个学科（法学、管理学、考古学、社会学、世界历史、统计学、应用经济、哲学、中国历史）效率分析数据表现良好，仅仅是投入产出规模设置不够合理，导致技术效率无效，但仍然能实现纯技术效率有效，这部分学科占比约 39%；另有 10 个学科（党史党建、国际问题研究、马列科社、民族学、图情、外国文学、新闻与传播、语言学、政治学、中国文学）效率分析数据表现较差，综合技术效率及纯技术效率均无效，这部分学科占比约 43%。分析结果显示，对于效率分析表现不佳的学科，可根据其所处的规模收益阶段调整投入产出规模，形成更合理的资源配置与合理投入比例，从而提高产出效率。

2. 效益分析

效益分析的作用是考察国社科成果评价工作产生的正向效果和利益的达成度，国社科成果产出效益主要取决于产出科研成果的质量及推广度。为此，作为评价主体方的管理部门投入了大量财力人力，从评价各环节入手严格把控成果结项的“出口关”。本书以效益查定的方式对国社科项目产出成果是否达到预计效益进行分析。

其一，成果质量方面。在选取的 863 份成果鉴定样本中，优秀的项目有 45 项，终止的有 41 项。计算结项率为 95.2%，优秀率为 5.2%。可见，国社科优秀成果的产出率低下，研究成果质量有待提升。据了解，从 2021 年起，国社科成果管理部门拟将各单位的项目完成情况与年度项目申报限额指标挂钩，以此来进一步强化各单位中后期管理工作的责任意识。样本成果评价优秀率低下的现状与全国总体趋势吻合。因此，在保证按时完成率的基础上如何提高研究成果质量将是今后国社科项目管理工作的重中之重。

其二，成果价值方面。我们对 863 份样本的项目研究进展及阶段性成果产出情况进行了统计分析，总体上看，大部分项目能够按照国社科管理要求和研究计划稳步推进研究工作。822 个项目的课题组在结项材料提交之前公开发表了阶段性成果，占总样本的 95.2%。然而，被中国人民大学《复印报刊资料》、《中国社会科学文摘》、《高等学校文科学术文摘》、《新华文摘》四大媒介转载的仅占全样本总数的 1.9%，在《中国社会科学文摘》《历史研究》《管理世界》《经济研究》等顶级、权威期刊上发表论文不足百篇。“重立项，轻结项”的情况不在少数，科研效益不高，成果价值方面有待提升。此外，呈现严重的两极分化现象，重点项目在成果价值及推广方面明显高于其他类型。其中，以应用对策类项目表现较为突出，这类项目通常是围绕我国经济社会发展中的重大现实问题来开展研究，项目成果中一些高质量的研究咨询报告呈送有关部门并获采纳，多项政策建议得到中央领导同志批示。但在其他项目中，成果的价值性体现不明显，一些成果在项目结题后就被束之高阁，可用于政策供给的成果数量较少，成果转化率低，产出效益不甚理想。访谈时多位专家均表示，对于今后国社科成果评价的改革方向，建议多关注项目的过程管理，提高成果质量，探索代表作制度，从而提升国社科成果价值及转化效率。

三　成果评价的适当性分析

适当性分析的目标是通过采用合理的评价方式和适切的评价行为，保证被评价客体的合法权益，使评价能合理合法地开展，且能被各方评价主体认同和接受。高校人文社科成果评价的适当性分析既是完善制度规范及监督约束的体现，亦是惩防结合、标本兼治地引导高校人文社科“双一流”建设工作、营造风清气正的良好科研教学氛围的基石。适当性达标的理想模式为既有评价是一个适切的、公正的、合法的、有协调机制的评价。因此，国社科成果评价的适当性分析包含三个维度：评价方法适切性、公正性与合法性、利益冲突协调度。第一，如果评价方式具备适切性，则表示评价方法能合理协调定性定量评价的关系，不会出现因评价方法不适切导致的结果呈现学科差异性，即评价结果能最大限度反映被评价客体的情况；第二，如果评价是公正的、合法的，那么既有评价应该是一个有法可依、有规可循的活动；第三，如果评价开展过程中具有良好的利益冲突协调机制，则评价监督机制完善健全、反馈渠道畅通、风险管理到位。分析结果如图 7－8 所示。

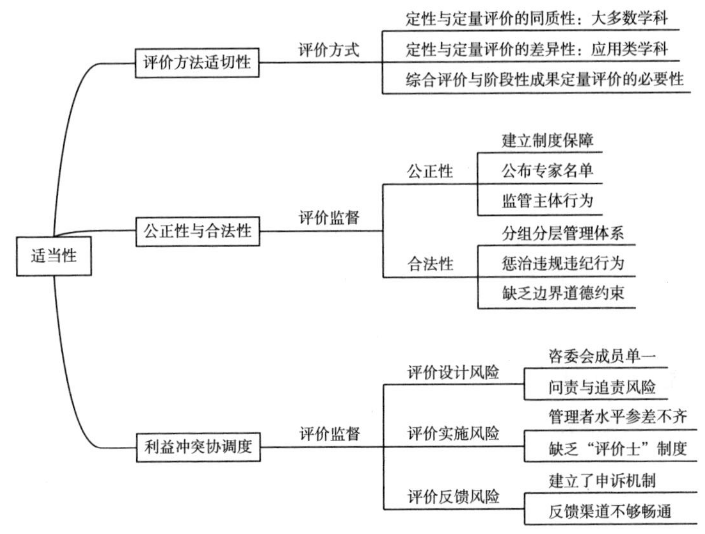

图 7－8　国社科元评价适当性分析结果

（一）评价方法适切性

P1 指标的考察点为既有评价全生命周期六要素中的“评价方式”，考察目的是检验国社科既有成果评价方式的适用性程度。国社科成果评价现行的评价方式是针对最终成果实行的双向匿名同行评议制度，暂未纳入阶段性成果这一定量评价维度，缺乏对研究过程的跟踪和考核。这里面实际包含了两个问题：其一，评价对象上，仅将最终成果作为单一的评价对象，是否具有科学性及代表性；其二，评价方式上，仅将同行评议作为单一的评价方式，是否具有客观性及适切性。对于问题一（即评价对象选取），我们已经在前面章节中对评价范围选择合理性（U1 指标）进行了深入分析。因此，本节主要针对问题二进行分析。通过广泛查阅文献发现，学界对国家社科基金项目的现有研究也多为单一案例分析或者局限于定性讨论的模式，缺乏基于大规模面板数据的实证研究。为此，本书以调研收集到的大量国社科成果鉴定数据及专家评议等材料为样本，对现行评价方法的适切性进行定量分析。通过对这一维度的深入剖析核验，重点探讨以下问题：国社科项目成果评价的定量评价与定性评价之间是否存在差异？差异是否具有学科特异性？定量评价与定性评价之间的主次关系如何安排才能实现优缺点互补？

结果如图 7－9 所示。单就某一观测单元（即学科）而言，两组折线图中数值点距离较近表示评价结果趋同性较强，如外国文学、法学、图情、国际问题研究、哲学、考古学、党史党建等学科，提示在这类学科中，定性评价与定量评价的结果变化趋势一致。而两组折线图中数值点距离较远的学科则表示评价结果差异性较强，如体育学、管理学、人口学、理论经济等学科，提示这类学科中，定性评价与定量评价的结果变化趋势相反。总体上看，该研究结果符合学界的常规认识：一是定性和定量两种评价方式在大多数人文社科学科中的评价结果存在同质性，不会存在较大的极端出入；二是根据现有研究，学界热点趋势多在倡导推行定性与定量相结合的综合评价模式。这与本书得出的结论一致，即同行评议在人文社科的部分学科成果评价中具有不可替代的作用，但是计量评价对同行评议具有辅助作用。

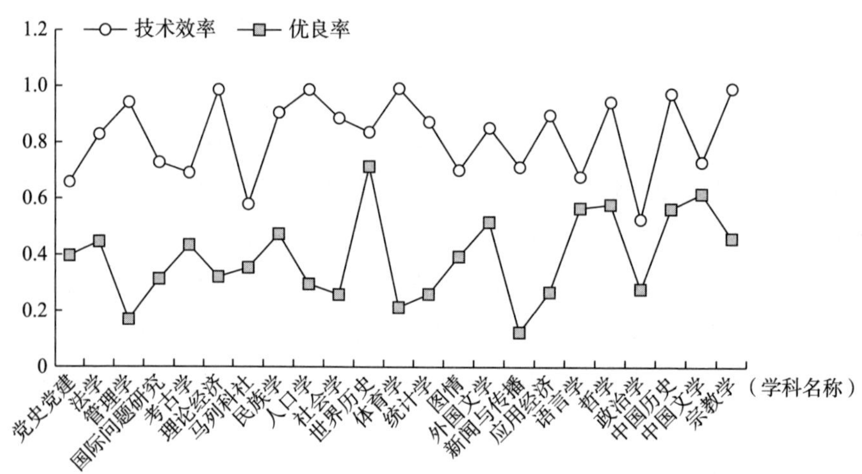

图 7－9　成果鉴定优良率及科研绩效对比

随后，本书统计的 863 个样本中有 41 个项目在结题前阶段性成果提交为零，对应的同行评价的情况为：优秀率 0、良好率 14.6%、合格率 68.3%、不合格率 17.1%。其学科分布情况为：法学 5 项、管理学 4 项、国际问题研究 1 项、考古学 1 项、民族学 1 项、人口学 1 项、社会学 5 项、图情 1 项、外国文学 1 项、新闻与传播 3 项、应用经济 3 项、语言学 3 项、哲学 4 项、政治学 1 项、中国历史 2 项、中国文学 3 项，宗教学 2 项。可得出结论：第一，阶段性成果为零的现象在学科中的分布较为广泛，没有出现学科差异性，该现象在各个学科中普遍存在；第二，阶段性成果为零的项目，其同行评议的优秀率亦为零，推断成果产出的质量可能与成果产生过程管理相关。

最后，将以上步骤得到的定性数据及定量数据统一进行无量纲化处理，采用 SPSS 进行方差分析，遴选出两种评价方法处理下差异较大的学科，寻找学科分布规律。得出结论与上述分析一致（详见第一节）。因此，对 P1 指标的检验得出以下结论。

第一，定性、定量评价具有同质性。定性、定量两种评价方式在大部分学科评价中存在同质性。根据 P1 指标对 23 个人文社科学科分别开展了定性评价及定量评价。对比后发现，两种评价方法所得结果趋同的学科共 16 个，约占 70%。说明在人文社科成果评价领域，两种评价方法对于大多数学科的评价结果差异不大，具有同质性。这也验证了，尽管同行评议存在争议，但就目前情况来看，这种评价方式在人文社科成果评价领域确实是无可替代的。尤其对于基础类人文社科研究，其成果具有隐形特质，成果周期较长，依靠同行专家根据以往研究经验和判断给出的评价可以最大限度地降低由单一计量评价引起的“短视效应”。因此，坚持以同行评议为主的评价方式是合理的、科学的。

第二，定性、定量评价具有差异性。从以上研究得出结论，在 23 个样本学科中存在 7 个学科，如果对其采用单一的定量或定性评价，则评价结果存在较大的差异性。具体表现为在阶段性成果定量评价中，这 7 个学科的 DEA 纯技术效率为 1，绩效测评结果表现优秀。但在同行评议时，优良率均低于平均值（37%）。因此，本书认为，在评价以应用类研究为主的学科时，要考虑到这类学科成果产出的特点，即在研究过程中的论文发表或阶段成果的公布具有时效性，实际上代表了较大比重的成果产出。不能搞“一刀切”，更不能为了“一碗水端平”而采用与以基础类研究为主的学科相同的评价方式。在这一类学科中，计量评价有必要成为同行评议的重要补充。

第三，阶段性成果定量评价的必要性。阶段性成果的计量评价有必要作为同行评议的辅助方式纳入综合考评。本书实证分析结果表明，在多数应用类学科中，存在同行评议部分失灵的情况（图情、新闻与传播除外），因此，如果能在传统同行评议的基础上考虑这部分学科的阶段性成果产出状况，并将其纳入成果评价进行综合测评，或可解决目前依靠单一同行评议对应用类学科成果评价存在片面性的问题。此外，对于部分基础类学科，例如理论经济，在 DEA 测评中表现出不俗的成绩（三项绩效指标均有效，位于生产前沿面上），但同行评议结果不甚理想。对于这样存在个别差异现象的基础类学科，假如将其阶段性成果的产出状况纳入综合考评，或可为同行评议提供数据参考。可见，对阶段性成果开展定量评价体现了国社科过程管理思维，是评价方法的升级与优化。

（二）公正性与合法性

P2 指标的考察点为既有评价全生命周期六要素中的“评价监督”，考察目的是检验国社科既有成果评价是否能实现结果公开、程序合法。

1. 公正性

根据公正性的原则，要求评价结果在经过主管部门审核检查后，及时向社会及被评价者公布。公正性的维护不仅有赖于主管职能部门政策法规的完善，也有赖于利益相关群体的监督参与。因此，国社科成果评价的公正性评价主要从两方面开展：一方面，考察是否建立了同行专家的行为约束机制，保证同行评议的公正性受监管；另一方面，考察是否建立了保障公开公正的规范，保证制度建构的完善。

第一，监管同行评议是公正性的核心。同行评议的公正性长期以来受评价各方的关注，评价内容包含专家名单公布是否全面、评价结果公开是否到位、评审意见反馈是否及时等。目前，全国工作办在其官方网站上每月一次公布“认真负责鉴定专家”名单，建立专家信誉档案。根据专家信誉记录实时调整增减评审专家库人员信息，并将专家库信息反馈给下一级管理部门。管理部门在组织项目成果评审时，优先选择全国工作办评选的“认真负责鉴定专家”参与成果鉴定，同时排除存在政治问题、学风问题、鉴定态度敷衍、工作拖沓情况的专家，以此实现专家组结构的不断迭代优化。从调研数据得出，2019 年共有 1700 余位专家参加了全国工作办组织的国社科项目成果鉴定。其中，来自一流大学建设高校的专家占 42%，一流学科建设高校的专家占24%，中国社科院专家占9%，90%以上的专家主持过国家社科基金、国家自然科学基金等国家级科研项目，有效保证了同行专家评议的科学性和权威性。1700余位专家的平均年龄为51.2岁，“60后”的专家占比最高，达到49%，“50后”专家占比次之，达27.1%。这两个年龄层次的专家年富力强，经验丰富，学术影响力强。其中，国务院学科评议组成员、中国社科院学部委员、教育部长江学者占专家总数的13.5%，有效保证了成果鉴定的权威性。此外，一些取得突出成就的青年学者，甚至是“80后”学者也参加到成果鉴定中，这些学者知识结构新、评审积极性高，在鉴定工作中发挥了重要作用。由以上数据可以看出，近年来，国社科管理部门在完善组织架构、坚持做好同行专家匿名评议方面的工作中开展了深入探索与改进。这主要表现为，评审专家的遴选是以问题为导向，遵循“小同行”原则，优先选择对评价领域有过深入研究的专家学者，同时兼顾专家的学术影响力和科研经历。这对评价质量的提升起到了重要的积极作用。

第二，完善制度建设是公正性的保障。尽管现有措施在一定程度上保障了同行评议的公正性，但也不可避免存在问题，主要表现为由同行专家个人认知局限造成的非共识性及滞后性影响评价公正性。同行评议结果受到专家个人认知的影响。而专家个人认识受制于两方面因素：外部因素和内部因素。外部因素主要是专家个人知识结构更新跟不上学科发展增速而导致的结构性失衡；内部因素主要是专家受个人习惯约束导致的评价保守性。本书通过访谈并结合文献分析，将由个人认知制约的评价公正性归纳为两种情况。

情况一，保守认知与学术创新的冲突引起评价非共识性，常见于中国文学、哲学、语言学等以质性研究为主的学科。同行专家在进行评议时，不可避免会受到长期适应规范的评价模式约束，形成积久成习的保守特性。多数学者可能为了求稳，在评价时偏于保守，对创新领域的认知不够而导致与被评价者研究意向的非共识性。访谈专家提到：在基础研究人文类学科中，共识程度相对较低。究其原因可能是这类研究在其子领域上具有一定的独立性。研究人员在时间精力有限的情况下，更多地选择去关注与自己研究领域有直接关联的成果；而对于关联性小的研究，即便他们去研读了，也不一定能具备对其成果价值进行判断的经验和能力。

情况二，学科发展与认知提升的断层引起评价滞后性。这常见于社会学、理论经济、图情等学科中。比如在图情学中，有学者研究了图情学领域5万余条论文数据，得出在2005～2009年，学科研究热点为竞争情报；2010～2014年，研究重心转换为知识共享及服务；2015～2019年，研究热点主要集中于大数据、知识图谱等领域[①]。由此可以看出，该学科在短短10余年内，研究热点迅速演变、新兴研究领域不断出现，跨学科研究成为趋势。刘大椿教授在《科学活动论》中整理了1901～1980年诺贝尔奖获奖滞后状况，得出绝大部分的科学家从成果产出到获奖的平均间隔约为14年[②]。因此可以看出，科研成果这种“先问世后出名”的滞后性是普遍存在的，在成果产出到被同行认可的过程中，需要经历年限不等的时间间隔。且由于我国同行评议激励机制的缺乏，专家更愿意停留在舒适区进行纵向拓展，无形中延长了滞后性的时间周期。

可见，学科发展与专家认知出现的结构性失衡，导致了同行评议的公正性降低。从学科发展看，现有专家库多为资深学者，由于学科交叉与信息化的影响，部分专家存在专业知识更新缓慢或者落伍的情况，引起评价滞后性。因此，对同行评议的监管，不仅需要通过定期公开优秀专家名单来实现对评审专家的信誉约束，而且需要建立适当的反馈机制，如公开一部分评审上的“冤假错案”，保证复议与申诉渠道畅通。

2. 合法性

合法性是保证评价公正公开的前提。国务院办公厅早在2016年《国务院办公厅关于优化学术环境的指导意见》中就提出“依法治学”的理念，要求“建立保障学术自由的法治基础，强化知识产权保护，依法保障科技工作者开展学术活动的权利，引导科技工作者自觉遵守宪法和法律法规，抵制学术不端行为”[③]。国社科主管部门在多年开展成果评价的实践过程中不断总结经验，制定颁布一揽子相关规定保证成果评价活动开展的规范运行。在国社科管理办法中，明确规定对于存在“剽窃他人科研成果或

---

① 秦成磊、章成志：《大数据环境下同行评议面临的问题与对策》，《情报理论与实践》2021年第4期。

② 刘大椿：《科学活动论》，中国人民大学出版社，2010。

③ 《国务院办公厅关于优化学术环境的指导意见》，全国哲学社会科学工作办公室网站，2016年3月30日，http://www.nopss.gov.cn/n1/2016/0330/c219468-28238466.html。

者弄虚作假等学术不端行为的”项目负责人及研究成员，直接作撤项处理，而对于存在同样行为及问题的评审专家，“由全国社科工作办给予警告，责令改正；情节严重的，通报批评，不再聘请”。此外，对于国社科职能部门的管理人员，如有任何违规行为（如未申请回避、透露不公开信息、干预评审、不正当谋利），将“由全国社科工作领导小组给予处分”。从该管理办法可以看出，其对成果评价主客体方均做出了相应的约束及规定[①]。2019 年全国工作办颁布了《关于进一步完善国家社会科学基金项目管理的有关规定》[②]，其在第四大条“营造优良学术环境”的第 13 条中明确规定了要“强化相关参与人员公正性承诺制度”，要求全体项目申请人、项目参与者、评审专家、国社科管理人员“均需签署相关维护国家社科基金公正性的承诺，杜绝各种干扰评审（鉴定）工作的不端行为”。并且，明确列出了对违纪行为的惩治流程，即“对于发现和收到的涉及违背承诺的违纪违规线索和举报，将按照管理权限移交责任单位或相关纪检监察部门处理”。从中可以看出评价规范化及制度化在本条例中的重要地位，同时也体现了全国工作办对于整治成果评价中存在的不端行为的决心。

但是，由于我国暂未制定针对人文社科成果评价的立法或约束性政策，因此在发生利益冲突时，没有一个有效的判定依据和标尺。在某些情况下，会发生违反规定的边界行为。比如，评价客体方在某些利益驱使下，为了转变自身在评价中的不利处境，会考虑通过利用机会主义的策略去提升评价等级，现有机制对边界违规行为缺乏有效的判定依据和约束，“跑关系”等现象也时有发生。

因此，构建国社科成果评价合法性保障体系的重要途径是要实现“法治—规范—道德”的三管齐下策略。首先，加快立法进程，保证各利益群体能“有法可依、违法必究”；其次，出台公开性管理规范，在缺乏相关立法的背景下，条例和规范的制定颁发对于维护成果评价的合法性、保障其规范性起到了重要的替代作用，并且，在规范推行的过程中，要保证制度规范的宣讲到位，确保利益群体对评价工作及流程的熟悉了解，做到对

① 《关于印发〈国家社会科学基金项目资金管理办法〉的通知》，全国哲学社会科学工作办公室网站，2021 年 11 月 10 日，http://www.nopss.gov.cn/n1/2021/1110/c431036-32278518.html。

② 《关于进一步完善国家社会科学基金项目管理的有关规定》，全国哲学社会科学工作办公室网站，2019 年 4 月 30 日，http://www.nopss.gov.cn/n1/2019/0430/c219469-31060172.html。

评价约束机制及违规惩处机制心中有数，以此形成舆论监督；最后，加强道德建设，对于不足以判定为违规处理的边界行为，要考虑通过引导评价主体方秉公执法、善用职权，实现对自我行为的约束，同时，要倡导不同利益群体超越关注自身利益的狭隘思维，上升至共同构建良好评价生态环节的格局，以此来避免发生道德冲突。综上，未来改革的重点是进一步厘清逻辑，完善制度法规，加强对边界行为的道德教育与约束，力求做到“亲”且有度，“清”且有为，保证国社科成果评价合法、合理、合道德地开展。

（三）利益冲突协调度

P3 指标考察点为既有评价全生命周期六要素中的“评价监督”，与 P2 指标的区别在于，P3 指标主要考核在评价双方利益发生冲突时，是否有健全的协调机制处理冲突风险以及对风险应对的方式是否合理恰当。通过对该指标进行测评，有利于转换主体视角，协调评价主客体矛盾冲突，提升评价合理性。

本书根据调研及访谈内容，分析得出在国社科成果评价的全生命周期过程中可能发生评价风险，进而产生利益冲突的阶段环节有三：评价设计阶段、评价实施阶段、评价反馈阶段。发生评价风险的原因为当前国社科成果评价缺乏相应的风险预警机制，主要表现为：主体职能部门关注重点一直集中在评价本身，反观评价的意识薄弱，缺乏良好的风险预警机制及风险管理策略，缺乏健全的问责机制。此外，会谈时个别项目负责人反映，评价后期的反馈渠道不够畅通，如缺乏相应的约束政策及详细的复议流程等。

风险环节一，评价设计阶段。在此阶段中，全国工作办负责全局统筹，下设国家哲学人文社科研究专家咨询委员会（以下简称“咨委会”）。该咨委会委员由全国工作办聘任，首批委员共 30 人，由学术贡献突出、学界威望较高的资深专家组成，咨委会是全国工作办领导小组进行决策的顾问机构，主要发挥为评价规划提供咨询建议的智库作用。然而，从当前咨委会的组织架构现状看，评价成员组成较为单一，难以回应被评价者对于评价偏差的质疑，存在因问责机制不健全而引发的“追责”风险。问责机制是建立健全评价体系的重要方面，其主要目的不是追究主体责任，而是通过赋予被评价者权利来落实对评价主体及评价活动的监督权。成果评价作为公正科学的评价模式，必须接受来自内外部的监督，以此来保证权责的履行。因此，健全且规范的问责机制，是为成果评价设置的一道“紧箍咒”，也是成果评价真正落实到“以评价促发展，以评价促提升”的有力保障。

风险环节二，评价实施阶段。该环节中由于涉及多方主体参与，流程环节繁复，因而存在评价不当甚至错误评价的风险。目前国社科成果评价在整体设计架构上，仍然把注意力集中在评价本身，对评价科学性及合理性的反观意识薄弱。尤其是在对评价主体的关注度上，精力还是集中在争议较大的同行专家评议上，对评价管理人员的培训及考核较为缺乏，导致评价管理人员素质参差不齐。然而，在国社科成果评价中，各级职能部门的管理人员对评价结果的走向起到不可忽视的作用，这是由管理人员的工作内容决定的。比如，在国社科成果评价的专家遴选环节，要求管理人员认真阅读成果简介等材料，并通过中国知网在线数据库，查阅国内该领域的相关研究文献，做到对结项成果内容和国内前沿研究的基本了解。之后，按照专业匹配、学术权威、学风优良的原则，充分利用期刊论文数据库、基金项目数据库等网上资源加强对拟抽选专家近年来研究方向、研究成果和学术影响的考察，确保评审专家熟悉成果内容。这一步非常关键，决定了评议专家与被评成果的“匹配度”。随后，在鉴定过程中，要求管理人员坚持以专家为本，为专家服务，事无巨细。针对部分专家在鉴定过程中出现的各种问题，能迅速做出反应，选取恰当的解决方式，保证鉴定顺利进行。鉴定完毕后，要求管理人员在认真阅读每位专家意见的基础上，在全面了解项目完成情况及专家鉴定情况的前提下，归纳整理形成审核意见并上报全国工作办。从整个过程可以看出，管理人员的专业性、职能性、知识性等职业素养在一定程度上决定了成果评价的质量。我国没有类似日本科研评价中“评价士”的制度，在培养评价从业人员时，缺乏相应的模板范式和案例参考，对评价风险的掌控与把握能力有限。

风险环节三，评价反馈阶段。现行的国社科成果评价体系虽然设立有评审结果复议环节，但复议制度仅针对未通过结项的项目，允许其在规定时间内重新修改后提交复审或重新评价。之后根据复议相关流程办理结项或作终止处理。而对于其他已通过结项的项目暂未设置复议流程。此外，对于评价全过程管理也没有相应的意见收集与调研工作，缺乏相应的约束政策及详细的复议流程，使得整体反馈渠道不够畅通。建立成果评审意见的申诉制度，能在一定程度上弥补同行评议带来的知识结构断层的问题。即当被评价者对评审结果有异议时，可以通过提交证明材料或说明的方式进行申诉，并由原评审专家进行回应，以此来维护被评价者权益，保证同行评议的科学性。此外，反馈机制的建立也有利于工作效率的提升与改进。

从以上分析可见，国社科成果评价在不同开展环节存在不同程度的风险。然而，既有成果评价在总体设计上不仅缺乏相应的评价风险的预警机制，也缺乏风险管理的对标评价量表。这导致现有模式无法实现评价过程中对潜在风险的管理与控制，一旦评价风险发生，难以回应因评价误差而引发的客体方的“问责”。此外，冲突协调机制的不健全容易导致评价失去利益群体的支持。

四　成果评价的准确性分析

准确性分析的目标是考察评价结果对客观实际反映的准确程度，即评价结果是否能最大限度反映被评价方的真实客观情况。高校人文社科成果评价的准确性分析是评价人才培养质量的保证，对高校人文社科成果开展评价是为了让高校师生对科研活动进行自我反思，以评价促提升。而评价结果反映被评价方客观情况的程度越高，则表示评价的准确性越高。准确性达标的理想模式为既有评价应该是一个真实的、科学的、适当的评价。因此，国社科成果评价的准确性分析包含三个维度：评价信息真实性、评价目标适配性、评价指标科学性。第一，只有在保证评价信息真实的前提下，既有评价才可能是有效的评价。任何带有学术违规性质的虚假成果材料都会对评价造成误差。第二，在评价开展的过程中，通过不断将评价达成度与预置目标进行对标检验，才能保证既有评价的开展能实现既定目标，评价才不会发生偏离目标的现象。第三，评价指标体系设置是否科学，决定了评价结果的合理性，通过对事后评价的反观与检验，对既有指标体系做出调适，能提高评价的准确性。分析结果如图 7 - 10 所示。

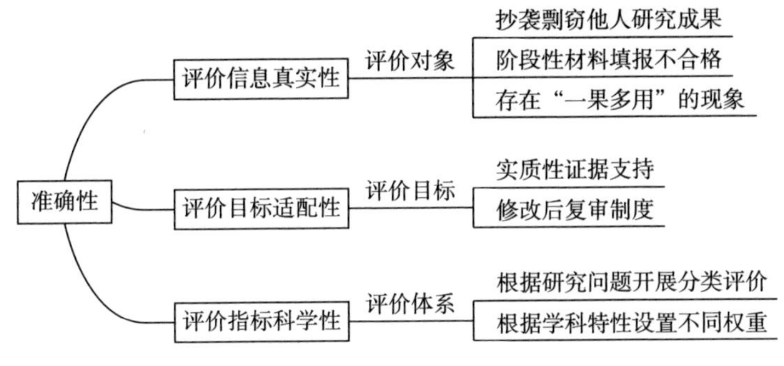

图 7－10　国社科元评价准确性分析结果

（一）评价信息真实性

A1 指标的考察点为既有评价全生命周期六要素中的“评价对象”，考察目的是检验在国社科成果评价的开展过程中，由项目负责人提交的所有材料是否真实有效。包括提交材料是否规范、是否存在学术违规、是否真实可靠等。近年来，国社科成果评价不断在探索新模式，提出探索多元评价、坚持学术不端“零容忍”。2017 年全国工作办在《国家社会科学基金关于进一步防范和惩处学术造假行为的通知》中对学术造假行为进行了界定，包括伪造个人信息和前期成果、剽窃他人研究成果和论证内容、项目阶段性成果和最终成果有明显抄袭现象、项目负责人违规套取资助经费等①。对界定范围内的行为进行了重申并列出四条明确的约束性要求。为起到警示作用，该通知中还对违反规定的行为制定了相应的惩处措施。本书依据该通知中对于学术违规的内容界定，选取了典型案例，对其被评价材料的可靠性指标检验开展文本分析，从中寻找普遍规律。本书对 863 个样本进行了统计：成果评价（鉴定）首次通过率为 72.6%；其余 27.4% 为首次鉴定未通过，申请暂缓结项的样本（包括修改后复审类项目及修改后重新评价类项目）。在资料整理过程中发现，首次通过鉴定的项目中存在材料提交问题的情况极少，但是在暂缓结项的项目中，材料规范性及可靠性问题普遍存在，因此，我们在申请暂缓结项的样本中，综合考虑学科完备性、成果形式多样性等原则进行了随机抽样。抽取成果评价样本共 50

① 《国家社会科学基金关于进一步防范和惩处学术造假行为的通知》，全国哲学社会科学工作办公室网站，2017 年 5 月 22 日，www.nopss.gov.cn/n1/2017/0522/c219469－29291493.html。

个，对其首次鉴定的成果报告、专家意见、工作办审核意见等材料逐一进行文本分析。归纳出普遍存在且较为凸显的共性问题有：抄袭剽窃他人研究成果、阶段性材料填报不合格、存在“一果多用”的现象。

1. 抄袭剽窃他人研究成果

抄袭与剽窃是成果报告中存在的一类主要问题，表现为抄袭他人学术成果、引文不规范、综述性摘抄或转述等。为此，本书在大量文本分析的基础上，列举了几个典型案例进行说明。但是考虑到国社科项目成果负责人的学术隐私，以下文字中隐去项目成果名称、负责人姓名等敏感信息，仅对案例中的问题进行呈现与分析。

成果 A：该成果研究领域为政治学，2016 年提交了结项申请，首次鉴定未通过。通过对该成果提交的全部材料进行分析发现：除了重合课题组成员的文章外，各部分的文字重合率很高。表现为：在检测系统显示有大面积字段飘红，通过成百上千字数的东摘西抄，集成到该成果报告的不同地方，形成了明显的抄袭和拼凑痕迹。其中，在该成果报告的第二章中，最高部分的单篇文字复制比高达 40. 1%。经分析，该部分为全文引用了中华人民共和国国务院新闻办公室的“中国的政党制度”，但是在该成果报告的行文中并未标注和注释。专家意见对其进行的明确指正为“引文必须准确，尊重引文原意并使用引号，不可断章取义，这是引文的基本规范”。

成果 B：该成果研究领域为社会学，2014 年提交了结项申请，首次鉴定未通过。该成果存在的问题为：大量照搬已有的文献资料。成果报告中与非本课题组成员的学者文章重合率为 19. 5%，完整地抄袭了 1000 余字。而且删掉了原文中的引文；此外，与另外两位同领域学者（但非本课题组成员）文章的重合率为 29. 7%。该成果报告完整地抄录了该文 2000 余字，全部照搬了原文第二部分的内容。并且，通过比对发现，成果报告 B 的抄袭行为表现为：仅挪用了原文的文字，却删除了原文中的 10 余条注释符号。

成果 C：该成果研究领域为体育学，2018 年提交了结项申请，首次鉴定未通过。根据材料分析得出，该成果内容基本是综述性的摘抄或转述，而且大量介绍或转述的内容不知来源何处。内容多为蜻蜓点水般地摘抄他人成果，如对核心概念范畴的界定，完全抄袭了已有研究，本项目只是照搬过来简单地下个定义，或者贴个标签，并且没有联系本课题的实际需求，更没有在其后的所谓研究中展现出来，总体表现为缺乏自有研究，对本领域的新知识和新视角没有研究增量的贡献。如鉴定专家之一在意见中指出的“这方面的成果不仅多，而且远比该成果做得好”、引用内容与课题设计“两张皮”、“这是引用吗？拿摘抄的话作为自话（准确性存疑），这样断章取义的摘抄文字已超出引文原意，不属于学术引用”。此外，引用标注不规范。体现为部分内容该注的不注，另有部分内容没有引自原创，而是摘取、抄袭来源不清的二手资料。

2. 阶段性材料填报不合格

国社科成果评价是以最终成果报告为评价对象，而目前针对阶段性成果的评价仅作为审查的环节之一，并未纳入成果评价，因此阶段性材料不合格、不规范现象成为普遍存在，是成果评价问题凸显的重灾区。主要表现为：阶段性成果填报失实、无基金标注、与项目成果主旨关联性弱等。

成果 D：该成果研究领域为统计学，2013 年提交了结项申请，首次鉴定未通过。该成果的初审意见判定为“未如实填报阶段性成果，大部分阶段成果与本项目主题无关”。对该成果的阶段性成果材料进行分析发现，该成果存在填报不诚实现象，表现为绝大部分的阶段性成果与最终成果无密切关系。本项目总共填报了 17 篇阶段性成果，只有 3 篇标注了本基金，其余 14 篇均为非项目基金资助标注的成果。在标注的 3 篇中有 2 篇与本项目主题无关，表现为在其发表带有基金号标注的文章中，题名及摘要中的关键词均未出现在最终成果报告中，不能证明这些专著和文章能作为本项目的阶段性成果。因此推断其并非本项目在研究过程中产生的成果。

成果 E：该成果研究领域为图情学，2015 年提交了结项申请，首次鉴定未通过。主要问题仍然为填报阶段性成果与本项目主题无关。本项成果提交了 4 项内容作为阶段性成果，其中 2 项属于某发展报告中的分报告。问题在于：其一，作为阶段性成果之一的专著所填题名，经查，无此书，判断为负责人自拟的题目；其二，“分报告”只是介绍当年工作进展情况，而不是学术论文，且内容也与本项目主旨无直接关系；其三，责任者不清，成果报告中将合作文章以个人署名进行填报。

3. 存在“一果多用”的现象

“一果多用”现象在国社科研究领域并不少见。通常有几种表现：将往期发表的论文作为项目成果使用，或是将同一负责人别的基金项目成果以调换概念或修饰项目名称等方式进行嫁接转移。

成果 F：该成果研究领域为哲学，2019 年提交了结项申请，首次鉴定未通过。该项目负责人通过改变已有研究的项目名称、调换概念的做法对项目成果进行了迁移挪用。对项目负责人提交的全部成果及项目主持情况分析发现，该国社科项目成果属于典型的“一题多报，重复资助”。该项目结项形式为论文集，总共提交了 16 篇学术论文，绝大多数属于“一果多用”。提交的论文中有 7 篇隶属于项目负责人此前获批的市级哲学社会科学规划项目中的研究成果，另有 4 篇属于该负责人已结项的国社科项目成果，有 2 篇从研究内容上看属于同一研究问题，只是换了个角度而已。可以看出，该项目是“一题多处吃、多头吃”，是典型的重复使用成果行为。项目负责人只是不停地“变换马甲”，以偷梁换柱的方式不断地变更词汇和角度，从而在形式上实现主题概念的变换。因此，这种投机取巧的方式在专家鉴定时受到了极大否定。“成果只是蜻蜓点水，虚晃一枪”，“其后的内容讲的就是心灵哲学内容。与其前期成果就是偷梁换柱、调换概念，但依然是换汤不换药”。

成果 G：该成果研究领域为应用经济学，2017 年提交了结项申请，首次鉴定未通过。该项目主要研究反对贸易保护的问题，除了成果报告中存在大量抄袭以外，该项目存在“一果多用”现象。表现为：该项目负责人总共提交了 7 篇论文作为阶段性成果，其中 2 篇标注非国社科项目，经查后发现这两篇论文为该项目负责人在 2005 年立项的部级人文社科研究项目的研究成果。据此推测项目负责人应该是将此前部级项目的内容进行了简单归纳后列入国社科的项目研究成果，从而导致所提交的成果报告张冠李戴。

此外，按照国社科管理办法规定，如果是以“博士学位论文或博士后出站报告”作为国社科项目前期研究基础进行申报且获得资助的项目，在其提交结项材料时，不仅需要提供博士学位论文或者博士后出站报告的全部电子版原文，而且必须说明该项目研究成果与前期已有研究的区别。

（二）评价目标适配性

A2 指标的考察点为既有评价全生命周期六要素中的“评价目标”，考察目的是检验在国社科的成果评价是否实现了预期既定目标。通过分析国社科相关政策文件的文本，结合专家访谈内容得出，既有国社科成果评价为质量导向型评价，其最终目标就是通过“以评促建”，导向人文社科研究的质量提升。本书采用“证据审查”的方法，通过在既有评价案例中寻找证据支持，对国社科成果评价活动既定目标的达成情况进行检验。根据证据审查法的要求，假如针对国社科成果评价的研究中，有 1 ~ 2 个严谨设计的研究支持该评价活动对人文社科成果研究质量的提升有促进作用，则针对评价目标达成度可被划分为“有一些证据支持”；假如有 5 个及以上精心设计的研究佐证上述结论，该研究则可被划分为“有实质性证据支持”。因此，本书选用文献分析结合案例研究的方法，对 A2 指标进行了测评。

首先，在 CNKI 中以“国家社科基金”“成果”“评价目标”三类关键词进行检索得到文献总共 280 篇，其中包含中文文献 193 篇，外文文献 87 篇。绝大部分（约 87%）的文献认为国社科成果评价对提升成果质量具有积极促进作用，因此，可认为对于评价目标这一要素的达成情况“有实质性证据支持”，但也有不少文献提出国社科成果评价中有待优化的问题。由于此类研究成果众多，此处仅列举学科内具有影响力期刊的代表篇目进行说明，如表 7 – 8 所示。

表 7 – 8　国社科成果评价相关文献

文献篇名	主要观点	年份
《“十三五”图情档学科进展：国家社科基金项目解析》	图情学科“十三五”期间国社科项目成果研究质量稳步提升。图情学与医工学科实现了交叉融合	2021
《中国学术著作外译与传播能力提升策略——以国家社科基金“中华学术外译项目”为例》	国社科“外译项目”的开展对提升中国人文社科成果的国际影响力发挥重要推动作用	2018
《国家社科基金项目成果视角下图情领域知识扩散研究》	国社科项目促进图情领域研究交叉、成果增长、跨学科知识的扩散	2017
《中国“三农”问题研究现状及其成果评价——基于国家社科基金项目及其成果论文的计量分析》	国社科项目资助与扶持为“三农”问题的研究提供了政策、资金保障，研究成果的质量逐年提升、数量逐年增加	2018

续表

文献篇名	主要观点	年份
《国家社科基金项目分布与影响力分析——以新闻学与传播学项目为例》	国家社科基金推动新闻学与传播学的发展，表现为：推进了研究的深入、提升了成果产出效率、促进了跨学科合作与资源流动等	2016

资料来源：马费成等：《“十三五”图情档学科进展：国家社科基金项目解析》，《图书情报工作》2021 年第 5 期；张艳、何丽云：《中国学术著作外译与传播能力提升策略——以国家社科基金“中华学术外译项目”为例》，《科技与出版》2018 年第 7 期；张玲玲、张宇娥、杜丽：《国家社科基金项目成果视角下图情领域知识扩散研究》，《图书馆工作与研究》2017 年第 10 期；孟凯、王东波：《中国“三农”问题研究现状及其成果评价——基于国家社科基金项目及其成果论文的计量分析》，《重庆大学学报》（社会科学版）2018 年第 3 期；李志军、杨梅：《国家社科基金项目分布与影响力分析——以新闻学与传播学项目为例》，《中国出版》2016 年第 4 期。

其次，本书选取了国家社科基金研究中产出的优秀成果进行案例分析。2013～2019 年的参检项目中产生了一批有代表性的优秀成果，体现了研究人员对国社科项目的高度重视。国社科成果评价的指挥棒作用对高校人文社科发展产生了促进效应，表现为三方面：产出了精品成果、供给了政策建议、强化了科研育人。

精品成果产出方面，国社科研究中不断产生和推出一批反映中国特色的原创性、引领性、标志性学术成果。以研究成效彰显力量，取得了一批标志性成果，涌现出一批高水平的优秀成果，这些成果在一定程度上成为项目负责人研究生涯的里程碑及代表作。如 Y 教授的论文集，成果先后发表在《哲学研究》（3 篇）、《哲学动态》（1 篇）等权威期刊上，5 篇论文被中国人民大学《复印报刊资料》全文转载，其中 1 篇被中国人民大学《复印报刊资料》和《新华文摘》共同转载。同行评议专家认为“成果具有突出的创新性，其水平处于国内马克思主义哲学研究的领先地位”；L 副研究员的《海内外 ******* 书的调查与研究》是迄今为止同类研究中最为详尽的一次实录，具有填补空白的重要学术意义；G 教授的《制礼 ** 与 ** 文献的生成研究》对于充分认识 **（朝代）文化的价值、深化 **（朝代）文献研究具有重要学术价值；M 教授的研究报告，调查深入，数据翔实，对策性强，引文规范，阶段性成果丰富，同行专家认为“不论在研究选题的重要性、迫切性和前瞻性、创新性等方面，抑或在研究内容的广度、深度和难度等方面，还是在研究视角、方法的学科交叉性方面，都具备了很高的成熟度和研究质量，是一份标准的、具有示范与推广价值的国家社科基金重点项目的优秀研究成果”。可见，人文社科成果评价中建立代表作制度具有重要意义，有利于构建一个让研究者能“坐住冷板凳”的潜心研究环境，有利于精品成果的产出。

政策建议供给方面，建设了一批新型高校智库。根据调研，在京高校拥有首批国家高端智库建设试点单位 3 家，2020 年新增试点单位 1 家，经费来自国社科，由全国工作办对其进行日常管理。各试点单位充分利用高校学科、人才、文献资源和良好学术氛围等优势，汇聚资源、整合力量，在体制机制、组织架构、人才培养、决策咨询、成果产出、对外交流合作等方面不断探索，取得了显著成效。作为试点的高校智库在很大程度上推动了我国的科学民主决策、加快了国家治理体系与治理能力现代化进程、增强了国家软实力，尤其是为建设新型高校智库积累了宝贵经验。本书初步统计结果显示，“十三五”期间，三家首批试点单位通过各种渠道报送高质量研究报告 1700 余份，刊发《国家高端智库报告》38 期，获得党和国家领导人肯定性批示 170 余次。应用对策类项目紧紧围绕我国经济社会发展中的重大现实问题开展研究，一些高质量的研究咨询报告呈送有关部门并获采纳，多项政策建议得到省部级以上领导的批示。例如，Z 教授主持重点项目向中办提交咨询报告；G 教授主持的重点项目，其阶段性成果刊发于中央政策研究室《简报》，该文受到多位中央领导同志的批示；L 教授主持的青年项目，完成 2 篇内参报告刊发于《光明日报》，受到领导的批示。由此得出启示，未来在成果评价体系改革时，可考虑将政策供给作为衡量成果的社会效益贡献度的重要指标，探索多维度的增值评价方式。

科研育人强化方面，在国社科研究过程中，不仅产出了优秀科研成果，而且项目负责人与课题组成员之间通过耦合发力完成了科研对教学育人的反哺，其形式包括大师引领学术方向、师生传承科学研究等。如 W 教授的专著调查翔实，资料丰富，视野宽阔，使该研究成为国内同类研究中最为完备的多重案例综合分析文本。作为行业领域的先驱者，该成果在创作实践和人才培养上，由大师和巨匠把握了学术新人研究和前行方向，具有较高的引领价值。Z 教授的研究实现了价值哲学与当下中国实践最重大的现实问题之间的联结，开创了中国价值哲学研究的新格局，具有开拓性和前沿性，为后续同类研究提供了借鉴。评审专家认为："该成果总体上看是一项近年来不多见的优秀研究成果。"此外，师生传承的模式使得科研成果转化为教学资源，是科研育人的另外一种体现形式。如 Y 教授的专著首次系统、全面地探讨了涉及媒体侵权的理论问题，从而系统地建构了媒体侵权的理论体系，为我国有关媒体侵权的理论奠定了学术基础。更值得一提的是，该成果在此基础上建立了一套相对完备的媒体侵权的规则体系，特别是提出了 132 个具体的规则条文，对这些条文进行了理论分析与案例评析，并将研究成果裁剪为案例转化为课堂教学资源，反哺了教学，使本项目的研究成果得以实现更高效、更方便的转化，增强了学术利用理论分析解决实际问题的能力。

（三）评价指标科学性

A3 指标的考察点为既有评价全生命周期六要素中的"评价体系"，考察目的是检验国社科成果评价体系中指标设置的科学性。国社科成果评价是以最终成果报告为评价对象，依据分级分类的指标体系开展专家评阅及打分。具体流程为：管理部门工作人员依据项目成果类型选择对应的评分表，将该表连同最终成果报告一并寄发至 5 位同行评议专家。各专家根据成果质量情况给出评议分值，将评分表及鉴定意见返回管理部门，最后由管理部门汇总 5 位同行专家评分及意见，之后转呈全国工作办。分级分类的指标体系设置体现了国社科分类评价理念的雏形。"分类"是指按照成果形式将评分表分为三类：专著类、论文类、研究报告类。每一类评分表的指标设置各异；"分级"是指该评分体系由 3 个一级指标和多个二级指标构成，二级指标是对一级指标的描述与阐释，专家可根据成果情况对每个二级指标在 1 ~ 10 区间内打分，指标分级分类情况见本章第一节。

尽管分级分类的体系设置具备一定的科学性，但访谈时不少专家提出，既有成果评价评分方式仍存在提升改进空间。第一，分类评价应考虑以研究问题为导向。目前根据成果类型选择评分量表的做法主要是考虑到不同成果类型的差异和评价侧重点，然而"这种划分方式极有可能忽略成果实际情况，是偏实践研究还是偏理论研究?"（访谈对象：国社科管理人员 X）。分类评价理念的落实，不能仅根据负责人填写的成果类型划分，而应在对成果特性及其所研究的问题进行整体把握的基础上做出预判。

第二，评价表应根据学科特性设置不同权重。由于基础类和应用类学科在学理性和社会性上有明显差别，因此，在未来的改革中，要科学设置考核指标，关注多元测度，将结果评价与过程评价相结合、学术价值评价与社会成效评价相结合，并对不同学科设定不同权重，实现指标趋同、权重各异的评价体系，以提高不同学科评价时的适切性[①]。

① 钱蓉：《基于同行评议的复合型人文社科学术评价——以复印报刊资料为例》，《河南大学学报》（社会科学版）2016 年第 5 期。

第八章

高校人文社科成果评价的风险管理

高校人文社科成果评价的结果对学科发展及人才培养具有导向作用。然而，近年来学术生态环境的变化及国家政策调整等外界影响，给该项工作的推动带来诸多不确定性。清“五唯”、“去帽子”、“去SCI化”等规范的出现，在适应评价体系改革的新要求时也不可避免地产生潜在的评价风险。目前，从国内对高校人文社科成果评价改革的总体情况来看，着力点主要集中于评价理念践行及评价指标构建等方面，对成果过程中风险管理的关注度较为缺乏。因此，通过借鉴项目风险管理的理论与方法对高校人文社科成果评价全过程进行风险监控，具有必要性及科学性。

元评价与风险管理是高校人文社科成果评价顺利开展的双保险，二者的结合体现了高校人文社科成果评价的结果管理与过程管理，即通过静态评估与动态监测相结合保证我国高校人文社科成果评价的信效度。在前一章节的国社科元评价案例分析中，本书得出基于评价全生命周期六要素的评价偏差及风险点。而纠偏的实现不仅需要改进既有评价模式，更有赖于在新一轮的成果评价循环中对偏差及风险形成监控。因此，本章以国社科成果评价为对象，综合运用全生命周期理论及风险管理理论，基于前一章节元评价案例分析得出的结论，梳理国社科成果评价中的风险源，构建了国社科成果评价全生命周期风险管理模型，形成对国社科成果评价全过程的实时监控，以保证高校人文社科成果评价既定目标的实现。

第一节　国社科成果评价全生命周期风险管理要素

一　评价风险管理的要素范畴

高校人文社科成果评价风险，是指评价结论与预期目标相背离而导致评价失真的概率或可能性，它包含两层含义：一是评价准确度的不确定性，即由评价不恰当引起评价误差，使得高校人文社科成果评价不能完全反映被评价客体的真实情况的发生概率；二是损失及代价的不确定性，即评价风险发生后，对评价客体产生后果的影响程度不确定。

基于元评价的全生命周期评价风险管理，是指在元评价分析结论的指导下，通过构建全生命周期的风险管理体系，实现评价前、评价中、评价后的一体化风险管理，并建立管控、预警、调适的反馈迭代机制。这包含两层含义：一是在元评价发现偏差及问题的基础上，通过采用全面的、动态的方法制定风险管理策略，实现对评价全部环节的监控及过程管理；二是通过建立反馈迭代机制，使评价风险管控与评价活动开展保持高度协同，及时跟踪各职能部门的履职情况，不断更新风险源表单并反馈至元评价系统，及时调整元评价监测指标，以此形成闭环及动态系统。

针对以国社科成果评价为代表的高校人文社科成果评价全生命周期的风险管理具有确定范畴。本书在之前章节中定义了国社科成果评价全生命周期的范畴应包含三个核心理念：一是评价活动从开始至结束的“全过程”理念；二是评价视角从内部到外部的“全方位”理念；三是评价设计从体系到组织的“全要素”理念。因此，基于元评价的国社科成果评价全生命周期风险管理要素的范畴同样要求站在评价“全过程”“全方位”“全要素”的角度进行全面规划，即评价全周期内所涉及的评价活动、评价视角、评价设计等全部要素及环节都应作为风险管理的对象。首先，“全过程”是指以国社科成果评价的三个阶段即材料初审阶段、同行评议阶段、结项终审阶段为全生命周期主线来构建风险管理框架；其次，“全方位”是指国社科成果评价风险管理策略的制定要综合考虑内部体系运行及外部监管设置的协调，因此，风险管理的执行须由一个架构稳定、运营高效的人文社科成果评价风险管理组织机构进行全面统筹；最后，“全要素”是指国社科成果评价的风险管理要涵盖评价全生命周期的六项要素。从国社科成果评价的全生命周期来看，与六要素对应的评价实施环节均有可能产生相应的风险，因此，评价风险管理策略的制定要基于全生命周期理念，对各环节各要素的风控务必涵盖风险管理全过程，即风险识别、风险评估、风险应对、风险监控四个风控流程。

二　评价风险管理的要素特点

在元评价结论指导下划分的国社科成果评价风险要素具备三个特点：必然性、损失性、可控性。必然性是指评价风险在国社科成果评价的全生命周期进程中是客观且普遍存在的，风险不能被完全消除，只能通过合理的风险控制措施实现监督与防控，承认风险的必然性是实现风险认知的前提，也是开展风险管理的必要途径。损失性是指风险发生后对评价结果引起的偏差概率及影响程度，在国社科成果评价的全过程中，评价不确定性及所致后果两部分均可能导致评价结果与预期不一致，形成评价风险源，造成不同程度的损失，因此要对评价全过程中的风险源开展预警与监控，降低损失的危害及发生概率。可控性是指通过采取有效的风险管理措施，使已经发生评价偏差的状态恢复到可控状态。国社科成果评价的可控性包含两部分，一是对已发生的评价风险进行减损；二是对评价各阶段的潜在风险进行规避。国社科成果评价风险的可控性是设置风险阈值预警、实现最优控制的重要手段。

准确而又清晰地划分国社科成果评价风险管理的要素范畴具有重要意义。这是因为，以国社科成果评价为代表的高校人文社科成果评价风险的产生，不仅会产出评价偏差，也会产出不良的社会经济效应。因此，构建与之相适应的成果评价全生命周期的风险管理体系，预估和辨识在评价过程中可能出现的、影响评价结果及导向的潜在风险，及时分析判断风险特性及危害程度，并对此采取风险预警和积极应对措施，能最大限度保证成果评价实现既定目标，减少因风险导致的偏差与损失。第一，有利于提高成果评价的准确度。国社科成果评价的准确度问题，一直都备受关注。评价偏差广泛存在于评价的全过程中，除了要使用合理的评价方法和评价体系外，还应当对既有评价进行二次评价和元评价，观察是否存在问题。根据元评价结果制定相应的风险管理策略，能够在新一轮的评价中形成监督并反馈，纠正过失误差，减少偶然误差，及时识别和排查评价风险，不断提高成果评价的准确度。第二，有利于提升成果评价的公信力。国社科成果评价核心成员由管理机构、评议专家、被评价方三者共同组成。管理机构为了使成果评价获得最大限度的客体支持，会通过不断完善评价机制来协调评议专家与被评价方的冲突，保证评价工作的顺利推进。国社科成果评价的管理机构具有一定的权威性和独断性，因此应在评价全生命周期内开展风险管理，逐步完善内控机制，提高管理方信誉度，塑造公正形象，提升主客体双方参与评价的积极性和主动性，从而提高人文社科成果评价活动组织的施政水平。第三，有利于坚持成果评价的科学性。国社科成果评价全生命周期风险管理是通过将评价活动的整体进行各阶段任务分解、策略落实，形成动态反馈的周期性循环管理模式。在首轮的评价风险管理过程中，根据风险策略表，定点监控并解决已列入表单的风险源，对这部分风险按照既定目标进行识别和控制。而对于新发现但暂未列入表单的风险源，则需将已有经验与新外部环境相结合，对新风险的特性做好实时记录，在进行下一轮评价风险管理时更新风险源列表，形成新的循环。经过这样一种动态反馈机制，实现评价风险管理的科学迭代拓展及持续改进。

第二节　国社科成果评价全生命周期风险管理模型

当前国社科成果评价处于不断改革与发展的转型时期，评价理念、评价标准等要素受当前政策环境及国内外形势的影响与制约，改革创新的同时也面临较大的评价风险，且国社科成果评价一直具有较高的关注度。因此，对其开展评价风险管理必不可少。在元分析所得结论的基础上，建立科学的成果评价风险管理体系，能有效降低评价偏差，发挥成果评价的指挥棒作用，最大限度挖掘优秀成果。本节以经典理论为指导，结合案例进行适用性调整，构建了国社科成果评价全生命周期的风险管理模型。

一　评价风险管理的模型设计

高校人文社科成果评价风险的有效管控，有赖于科学合理的风险管理模型及框架的建立。只有构建与被监管对象相适应的风险控制框架，才能把握系统的组织结构及运行模式，明确各要素之间的内在逻辑，形成指导风险管理实践的可视化体系。因此，设计全生命周期理念的风险模型框架是实现国社科成果评价的风险管理的重要前提。其一，全生命周期的风险框架能及时甄别国社科成果评价中出现的“偏航”问题，归正评价方向及实施路径；其二，全生命周期的风险框架有利于确立良好的对标和预警依据，实现国社科成果评价风险管理的可操作性及可量化，降低风险发生概率，提高成果评价效率及成果产出质量。

评价风险管理的对象是被保障客体的风险源，即在某种活动或组织内部存在显性或隐性的、对客体利益产生消极后果的风险。通过加大风险管理力度，在最大程度上确保被保障客体的安全。对于国社科成果评价而言，全生命周期的评价风险管理不是仅针对某一阶段或环节进行的风险规划，而是要将国社科成果评价中涉及的全部环节和要素作为风险管理的研究对象。按照国社科成果评价的特点，将国社科成果评价全生命周期划分为三个阶段，即材料初审阶段、同行评议阶段、结项终审阶段，相应的风险管理也是基于这三个阶段展开。

评价风险管理的方法按照风险发生的阶段分为两类。第一类是预防与规避。风险发生前应具有风险防范意识，准确把握发展规律，做好事前预防，规避可能发生的风险。比如在国社科成果评价中，对于常态工作，要做好进度管理和周期管理。进度管理是按照既定目标和时间进度，对项目评审的计划、安排、成本等进行监控，保证项目成果的评价工作在预定的时间节点内完成。如果发生延期风险，则可采用必要措施降低延期概率。周期管理是对成果评价过程中设计的活动计划进行预先估测，如对成果评价的质量设置级别控制，对评价活动开展过程中专家劳务等费用进行预先成本控制等。第二类是识别与应对。风险发生时要求管理者应对其迅速识别、积极应对，将损耗降至最低限度。如在国社科成果评价中，针对某一潜在风险，可通过元评价、咨询专家、对标管理规定等方式识别风险源，评估风险危害性及影响程度，采取相应的应对措施。第一类风险管理方法是通过事前控制降低损失发生概率，第二类风险管理方法是通过事中及事后控制将损失降至最低限度。本书融合了两种风险管理方法进行成果评价风险管理模型框架的构建。

有鉴于此，本节根据国社科成果评价全生命周期元评价中发现的主要偏差点，结合已有研究中风险管理的主要内容要求，构建了国社科成果评价全生命周期风险管理的整体框架，如图 8－1 所示。该框架的运行是建立在确定的理论基础上，以国社科成果评价全生命周期为对象，筹建运行规范的风险管理组织机构，实现对国社科成果评价“从始至终”的风险管理。

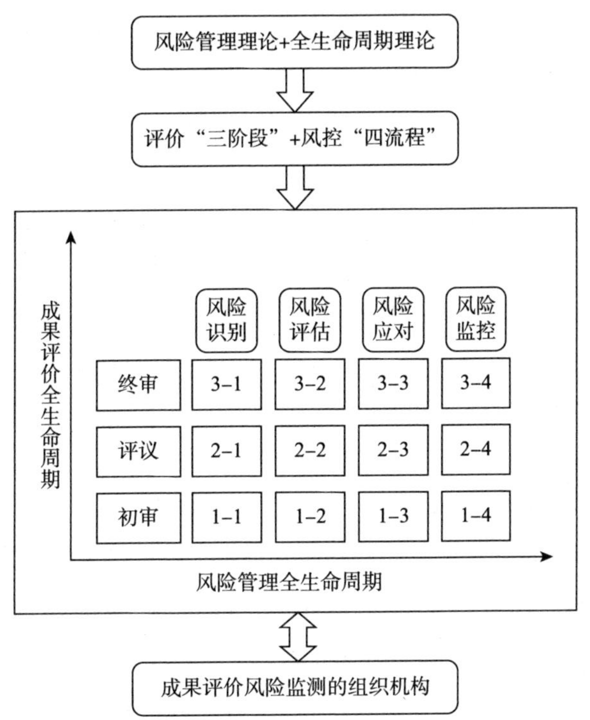

图 8－1　国社科成果评价全生命周期风险管理框架

二　评价风险管理的模型特点

国社科成果评价全生命周期风险管理模型框架，是在成果评价风险管理机构的监督下，对国社科成果评价全生命周期“从始至终”的三个阶段进行风险识别、评估、应对、监控。该框架的特点体现为纵横贯通的风险监控网状模型，包含“一个管理机构、两个生命周期、三个评价阶段、四个风控流程”。

“一个管理机构”体现为组织实施方面。国社科成果评价全生命周期风险管理的实施必须依靠相关的组织机构完成。风险管理组织机构的设立，不仅关系到风险管理各环节的有效协调与衔接，也能对各级监管机构的职能、职权、职责做出明确界定。通过筹建责权分明的组织机构，形成信息互通、反馈顺畅、衔接紧密的运行机制，提高国社科成果评价风险管理的有序性。

“两个生命周期”体现为理论基础方面。全生命周期理念秉承“从始至终”的基本思想，将研究对象的全生命过程作为一个整体的研究客体进行分析，并将这个完整的过程按照不同形态特点划分为不同的研究阶段，选取具有针对性的方式进行管理。因此，本书在风险管理理论及全生命周期理论的指导下，开展了对既有评价的元评价，梳理了国社科成果评价的特点、不足、风险源，把握风险发生的一般规律，预测了风险可能出现的环节，最终构建了一个理论基础夯实、案例实用性强、具备预设防线的风险管理模型。

“三个评价阶段”体现在纵向架构方面。国社科成果评价全生命周期风险管理框架包含横向维度（风险管理全生命周期）及纵向维度（成果评价全生命周期）两部分。其中，纵向维度体现为成果评价全生命周期的“三阶段”，即材料初审阶段、同行评议阶段、结项终审阶段。通过上一章元评价分析可以看出，国社科成果评价的偏差在这三个阶段中均有体现，因此，相应的评价风险亦可能存在于这三个阶段中。

“四个风控流程”体现为横向架构方面。横向维度是指风险管理全生命周期的“四流程”，即风险识别、风险评估、风险应对、风险监控。风险识别是通过专家咨询、案例分析等多手段，采用演绎和推理的方法对国社科成果评价过程中可能出现的风险进行识别和判断，对可能影响既定评价目标达成的风险建立预警机制，通过全面系统的梳理，形成风险源信息库，用于后续流程中风险的对标管理；风险评估是在风险识别基础上的风险定性定量评价，根据风险特性、类型，结合已有经验，判断风险可能导致的后果及影响程度；风险应对是通过制订风险应对计划，实现风险的规避、排除、控制；风险监控是通过动态监测重新凝练风险源，并采取新的风险应对策略，实现风险控制流程表与时俱进地迭代更新。这四个流程风险管理经典模型的实践化形式，是风险从发现到解决的一个完整循环。

三 评价风险管理的组织架构

国社科成果评价风险监测需要由设置合理的组织机构负责实施。组织机构设立的作用和目的是通过特定的组织架构，形成信息的有序及互动，确保国社科成果评价的风险监测活动顺利高效地开展。组织机构设立的原则是在明确各级管理主体职责的前提下，规定各自在风险监测管理中的角色、地位、作用，保证各机构在设置上达到人职匹配、不错位、不缺位，实现风险管理工作的顺利推进。参照国社科成果评价组织体系的机构设置，本书遵循垂直管理原则设计了国社科成果评价全生命周期风险管理体系，从上至下依次为三级：风险管理委员会（以下简称“管委会”）、咨询部门、执行部门。各机构职责分工如下。

（一）管委会

管委会是国社科成果评价全生命周期风险管理的顶层机构，负责风险管理的整体设计规划与执行。它包括制定风险规划的策略、出台管委会章程等。管委会主任应由全国工作办提出推荐人选，经由上级主管职能部门研究决定。管委会职责由管委会章程具体规定，应包含制定对各机构各部门风险管理的具体管理措施、委派下属机构责任负责人、监督实施风险管理方案等。

（二）咨询部门

咨询部门接受管委会的垂直管理，由相关领域内的资深专家及风险咨询师组成，充当国社科成果评价风险管理的智囊团角色。其主要职责是分析国社科成果评价风险管理的运行情况，出具专业性指导意见。此外，咨询部门必须以降低评价风险、提升评价质量为目标，整合专家团队，做好案例调研和经验积累，为风险管理提供高效服务，提升风险管理方案的适用性及可行性。

（三）执行部门

执行部门接受管委会的垂直管理，并将风险管理的执行情况反馈给咨询部门及管委会。按照国社科成果评价全生命周期的三个阶段，执行部门分为三个工作组：材料初审风险管理组、同行评议风险管理组、结项终审风险管理组。其工作职责分别对应国社科成果评价在不同阶段内的风险管理与控制。

组织机构的设立是国社科成果评价风险管理有效施行的保障。三个管理部门共同构成了国社科成果评价全生命周期风险管理的组织机构，通过由上至下的垂直管理及由下至上的信息反馈，形成相对独立又彼此联系的架构，以此明确了各部门职责权限及角色地位，实现风控管理的有序化。

第三节　国社科成果评价全生命周期风险管理策略

根据上述分析，人文社科成果评价风险可能存在于项目执行的全过程中，而风险的发生会导致在评价期内的不同阶段产生不同程度的目标偏离。由于风险具有必然性及可控性的特点，因此，通过制定风险管理的工作策略，可以利用流程管理对风险进行评价界定及应对管理，规避已识别的风险，并根据风险管理的实践情况形成反馈迭代，在下一个评价循环内提升风险管理效率。本书借鉴风险管理理论及基本方法，根据风险产生与发展的三个不同阶段，提出适用于国社科成果评价全生命周期风险管理的工作策略，如表 8 – 1 所示。该表对国社科成果评价三阶段内可能出现的风险源进行了全面梳理、自查，并按照风险管理的四步流程，即风险识别、风险评估、风险应对、风险监控进行风险发生前的管理预设，并与成果评价“以评促建”的目标进行对照检查，建立问题台账，通过组织机构垂直管理模式，深入剖析，分析问题成因，建立整改台账，制定整改措施，明确整改要求。

表 8 – 1　国社科成果评价全生命周期风险管理策略

四流程	三阶段	风险管理策略
风险识别	初审 1 – 1	组织低效：①延期风险②拥堵风险
	评议 2 – 1	评价不当：①评价对象单一②评价方式单一③主体支持度低
	终审 3 – 1	渠道不畅：①申诉机制不健全②缺乏元评价监督③反馈复议渠道不畅通
风险评估	初审 1 – 2	①逾期量化评估②实行分类管理
	评议 2 – 2	①二次界定评价对象②二次选用评价方法③定期组织团体访谈
	终审 3 – 2	①判断申诉机制健全度②检验元评价体系设置③核查复议渠道畅通度

续表

四流程	三阶段	风险管理策略
风险应对	初审 1－3	①规避延期风险②处置延期风险
	评议 2－3	①重新界定评价对象②及时更换评价方法③提升评价管理技能
	终审 3－3	①建立多预案布局②加快评价多元化③减少信息不对称
风险监控	初审 1－4	①提高设备资产管理规范性②减少或规避科研经费风险
	评议 2－4	①统筹层面：降低评价模式不恰当风险 ②高校层面：降低政策阐述不到位风险
	终审 3－4	①降低学科马太效应②加大文科扶持力度

一　风险识别

国社科成果评价的风险识别，是指通过对评价全过程的把控，推演可能发生的风险以及可能产生的后果，并预测风险发生后对国社科成果评价目标实现的影响程度，这是开展国社科成果评价风险管理的首要前提和基础。国社科成果评价风险识别的目标是实现评价风险的管控前置，即通过对风险源进行梳理和归纳，正确识别出风险源存在的环节，预设出相应的风险应对规划，实现对潜在风险的规避和已发生风险的管控。国社科成果评价的风险识别方法是根据元评价结论，形成对评价偏差点的重点监控。根据上一章的元分析结果，本节基于国社科成果评价全生命周期理念，提出国社科成果评价在材料初审、同行评议、结项终审等不同阶段存在不同的风险识别方法即风险源构成分析。

（一）材料初审阶段的风险识别

材料初审阶段是指从项目负责人提交结项成果到同行评议送审前的阶段，这一阶段的主要工作包括：负责人提交结项成果、负责人所在的二级管理单位初审、国社科管理机构开展评价前形式审查等。根据元分析的结果，在这一阶段中的风险源集中表现为组织低效问题，主要体现为：其一，延期风险，主要是项目负责人拖延提交材料，或是客体对评价认可度不高等导致的结题成果提交延期；其二，拥堵风险，主要是管理部门联动低效造成材料审查的中层拥堵，如负责人所在的二级单位盖章报批流程烦琐，成果评价材料审查责权范围划分不合理等。国社科成果评价风险的识别方法是根据元分析结果，结合实地调研情况，梳理评价活动开展过程中的风险源。

案例一：国社科成果评价材料审查案例

元分析结果显示，国社科成果评价中存在中层拥堵现象，表现为各级国社科管理部门之间的联动低效。访谈时专家提到，造成拥堵的原因之一是国社科成果评价体量逐年增加，管理人员编制紧缺，导致工作量积压。在实地调研时了解到，除了人岗匹配问题，拥堵的另一个重要原因是国社科管理部门承担了成果评价80%以上的工作量。比如，形式审查后置，即高校仅负责材料收集工作，而形式审查的压力堆积到上级管理部门，造成责权划分不合理。

（二）同行评议阶段的风险识别

同行评议阶段是指从评审专家遴选到同行评议完成的阶段，这一阶段的主要工作包括：国社科管理部门遴选参评专家、专家针对成果将评审意见及分数反馈至管理部门等。根据元分析结果，这一阶段中的风险源表现为评价不当问题，主要体现为：其一，评价对象单一，全部学科仅以最终成果为评价对象，造成片面评价风险；其二，评价方式单一，同行评议的绝对地位导致定性评价一家独大，同行评议不可避免存在局限性，比如马太效应、圈层效应等，导致评价面临同行评议效用降低甚至失效的风险；其三，主体支持度低，同行专家主体积极性及支持度较低，导致评价面临鉴定拖延、评价推进低效等问题。

案例二：应用经济学成果评价案例

分析2018年由P大学Y教授提交的应用经济学成果结项材料的专家评审意见，5位专家中4位给出的鉴定等级为优秀，一位给出的为不合格。在计算同行评议均分时，由于给出不合格的同行专家分数较低，其平均分低于优秀等级要求的85分。但是在对该项目阶段性成果进行分析时发现，标注该基金项目号的阶段性成果丰富：发表论文12篇，其中CSSCI论文有8篇，并有25万字专著1部，中国人民大学《复印报刊资料》转载1篇，提交采纳政策建议1次。可见，如果仅以单一同行评议的结果给出评价，则会造成片面评价的风险。

（三）结项终审阶段的风险识别

结项终审阶段是指从同行评议结果汇总到评价等级公布的阶段，这一阶段的主要工作包括：国社科管理部门审核鉴定结果并出具审核意见，全国工作办判定成果评价等级，组织复审或重新评价等。根据元分析结果，这一阶段的风险源表现为渠道不畅问题，主要体现为：其一，对于因个别同行专家评分较低导致整体均分降低的情况，缺乏与项目负责人的及时沟通，缺少特殊情况的申诉机制；其二，顶层设计上缺乏元评价，导致评价误差不能被及时发现和纠正，如缺乏指标科学性的考量，使得评价不能实现真正意义上的分类而平等；其三，反馈复议渠道不够畅通，影响优秀成果的熟化，且公正性及合法性有待提高。

案例三：申诉渠道不畅案例

根据 2004 年全国社科规划办出台的《关于加强和改进国家社会科学基金项目成果鉴定结项工作的意见》，项目负责人对经鉴定不予结项的鉴定结果有异议的，可申请复议。项目负责人申请复议时，要说明理由，并由 3 名（含）以上具有正高级职称的同行专家联名提请或由项目负责人所在单位的学术委员会提请，经全国社科规划办批准后，重新组织专家进行鉴定。这是目前国家社科基金各项管理办法中，关于鉴定结果的复议制度唯一明确规定，但从实际执行来看，这一制度并未得到充分落实。第一，该意见出台时间较早，部分规定已与新的形势任务不相适应，但修订不够及时，导致制度效力不高，很多项目负责人和科研管理人员对成果鉴定中是否有复议制度并不了解。第二，发起复议的条件门槛较高，一般来说，复议需要对原有专家鉴定意见和全国工作办审核意见提出颠覆性意见，而同行专家一般不愿为此承担学术责任，所在单位的学术委员会代表学校的意见，对申请复议一般持谨慎态度，青年学者更是难以调动学术委员会的力量为个人申请复议，所在单位也往往会在这一问题上以安抚为主，息事宁人，特别是一些理工类院校，校学术委员会成员多为理工科学者，不便对人文社科类成果进行评价。第三，复议程序本身不够公开透明，即使启动了复议程序，项目负责人对复议的审核方式、周期、进度等缺乏足够了解，也无法获取复议专家完整的鉴定意见，导致复议制度的公信力受到质疑。

二　风险评估

国社科成果评价的风险评估，是指依据科学的方法即评估指标体系，对国社科成果评价全生命周期过程中遇到的潜在风险及现实风险进行衡量，从而尽量客观地对风险的危害程度进行划分和定级。风险评估包含三项关键要素：确定评估对象、梳理潜在风险源、掌握风险发生时的负面影响程度。解决了以上三要素问题，即完成了风险评估的全部流程。

国社科成果评价的风险评估方法为定性定量相结合的测评。其实现形式为：以实现国社科成果评价质量导向的根本目的为出发点，构建具有合理性、可测性的风险评估策略，从而对国社科成果评价全生命周期过程中某一环节或活动发生错误或偏差的风险程度进行判定，给出风险阈值及风险定级。

国社科成果评价的风险评估分为两部分：一是对上一阶段已经识别出来的风险源开展监测与评价，并按照风险的轻重缓急程度划分风险程度（如高、中、低）；二是对国社科成果评价项目的实施状态进行动态监测，如国社科成果评价是否推动了学科发展及提高人文社科科研水平、资源分配是否合理、是否通过项目研究推动了拔尖创新人才的培养等。

（一）材料初审阶段的风险评估

材料初审阶段的已识别风险为低效问题，对此，执行部门中的同行评议风险管理组可通过设置逾期率监管策略对逾期行为进行量化评估。在风险评估中，未能按照约定时间提交材料的行为将被视为逾期行为，且随着逾期时间延长，履责风险增加。可建立规划模型对逾期行为进行定级管理。比如，按照具体逾期情况分为 A、B、C 三类。A 类：超过基本期限，但已取得较好的阶段性成果，为了争取更高水平的最终成果而需要继续开展深入研究的项目；B 类：由于不可抗因素而延期，但可在短期内完成最终成果报告的项目；C 类：由于项目成员科研投入不足影响项目成果产出，短期内不能提交最终成果报告的项目。此外，要严格限制逾期次数和逾期期数，如最多可申请 2 次 A 类或 1 次 B 类，每次不允许超过半年等。

（二）同行评议阶段的风险评估

同行评议阶段的已识别风险为评价不当问题。相应地，风险评估的三个关键结点为：评价对象、评价方式、评价支持度。在对象界定及方式选取上，咨询部门可通过采用与既有成果评价模式不同的方法开展二次评议，如重新界定评价对象、更换评价方法等。通过计算两类成果评价模式所得结果的方差值判断差异性，以此确定评价模式变更的临界预警值，并将研究结果告知执行部门参照遵守。在评价支持度上，咨询部门可通过定期安排焦点团体访谈，将收集到的各方利益主体意见及时反馈给管委会，通过定性分析预测主客体支持度偏离预警线的强度，提前向管委会发出预警信号，并及时通知执行部门采取预控对策。

（三）结项终审阶段的风险评估

同行评议阶段的已识别风险为渠道不畅问题，评估时要首先判断申诉机制健全度，咨询部门可通过保持与评价客体的紧密沟通，广泛调研评价客体需求，判断既有成果评价体系申诉机制的健全度及待完善环节；其次，检验元评价体系设置，针对国社科既有成果评价缺乏元评价体系监管的现状，一是要及早设置元评价体系，二是要在风险管理的过程中，实时检验元评价指标设置的针对性及适用性；最后，核查复议渠道畅通度，在国社科成果评价过程中，执行部门要及时发现复议反馈过程中渠道阻滞的问题，并将阻滞点上报咨询部门，咨询部门应根据获取的信息组织专家评估渠道传导阻滞的风险、开展对策分析，最终上报管委会分析结论及改进建议。

三　风险应对

国社科成果评价的风险应对，是指根据元分析结果，在掌握国社科成果评价的偏差现状、厘清人文社科成果评价内在逻辑、追踪国内外成果评价动态的基础上，对风险触发事件采取积极主动的防御反应，并制定相应的风险管理策略，分派风险应对措施。国社科成果评价的风险应对流程为：根据矩阵理念，在风险识别和风险评估的基础上，针对不同评价阶段存在的不同风险源特性，采取有针对性的风险应对措施，提供风险疏导预案。

国社科成果评价风险应对的实现形式有两种：规避风险、处置风险。规避风险是指通过制定约束性标准，消除国社科成果评价过程中已预估的风险；处置风险是指评价风险发生后，采用风险应对措施将风险控制在可接受水平，谨防蔓延扩大，以此降低不良事件带来的损失。

（一）材料初审阶段的风险应对

材料初审阶段的风险，主要是成果评价主客体双方的拖延低效导致成果评价周期延长，评价推进存在障碍。为此，对国社科成果评价材料初审阶段的风险应对，要根据风险所处的阶段，采取“预防为主、主动出击”的方式，有效规避或处置风险。在风险规避方面，要在材料初审甚至国社科成果评价工作开展之前，就积极宣传政策，尽量防止延期风险的发生。此外，在项目执行的中期，风险管理的执行部门可以对项目负责人进行提醒和预警，将延期风险进行前置处理。风险处置方面，一旦延期风险发生，根据风险评估等级确定延期的影响程度，并按照不同程度给予不同处置方法，如程度较低时，可以通过提醒发出警示；中等程度时，可作撤项处理；对于程度极其严重的情况，可在一定时间内限制同一项目负责人申报新的国社科课题。

（二）同行评议阶段的风险应对

同行评议阶段的风险，主要来自评价方式不当引起的客体质疑。在这个阶段，评价信效度问题是风险应对工作的主要内容，因此，风险控制策略主要是降低评价极差，包括优化评价技术以规避风险，提升评价管理以处置风险。首先，在评价准确度风险发生前，可由执行部门将风险信息反馈咨询部门，利用现代技术和算法对二次评价的结果进行比对分析，选取最恰当的评价对象范畴及评价方法；其次，评价支持度下降风险发生后，通过提升管理技能，如推行分类评价制度、建立成果评价准确性的评估机制等方式提升客体对成果评价的信心，通过评价实现对人文社科成果的挖掘与孵化，是发现优秀成果、推广优秀成果的有效途径，这是成果评价创新性的管理策略。支持度风险的控制，一来可以减少误判，在成果产生的早期阶段对其进行有效保护与资助，促进成果熟化；二来能有效避免学术浮躁，促进高校教师静心开展科研，回归科研育人的本位。

（三）结项终审阶段的风险应对

结项终审阶段的风险，主要来源于信息传导阻滞问题，因此，疏通渠道是应对国社科成果评价效率和政策传导机制阻滞的核心，在这一阶段，咨询部门起主导作用。首先，在风险规避方面，做好问责前防御。一方面，要进行多预案布局，实现渠道疏通，即根据前两个阶段的风险识别和评估，划分出阻滞点，提出各个阻滞点发生时的具体策略，咨询部门联合其他三部门做好布局研究，以国社科成果评价顺利开展为目标，进行多层次、多预案的布局；另一方面，做好预期管理，树立被评价客体对评价公平性的信心，平衡监管与导向的关系，设定充足的预期，防止各方利益群体对由政策不稳定、评价耦合关系造成的变化产生抵触。其次，在风险处置方面，处理问责后应对。一方面，一旦发生问责，要有及时的回应措施，前提是保证被评价客体的合法权益，执行部门收到意见反馈后，要联合咨询部门分析复议情况，根据情况判定是否复审，管委会在之后要根据案例情况，适时调整，三部门联合做出风险应对策略，如针对复审申请，首先要判断分析、提呈、驳回或复审；另一方面，加快评价多元化，减少信息不对称，建立成果评价的信用体系，疏通传导渠道，搭建国社科成果评价管理部门与高校之间的桥梁，降低渠道不畅引发的影响。

四 风险监控

风险监控是指在一个风险管理全生命周期完成后，既有风险监测体系务必要根据实际情况进行动态调适，同时要将已处理的风险结果反馈给原系统，以此实现风险管理系统的升级与更新。当前国社科成果评价最根本的风险表现为缺乏与高等教育及高校教师评价的衔接，导致科研与教学“两张皮”，这也是当前我国高校人文社科成果评价的显著弊端。因此，成果评价风险监控的重点是解决科研评价与学科建设、教师发展之间的脱轨问题。第一类监控点，通过成果评价促进人文社科学科建设发展，主要监测点为学科建设情况的定性自评及学科建设经费的分配使用情况；第二类监控点，拔尖创新人才培养情况，主要监测点为导师在科研过程中的责任落实与教书育人情况、培养过程评价（含教学成果奖、博硕导师数量、学生代表论文发表情况、正教授参与本科授课情况）、毕业就业情况、国际交流与合作等；第三类监控点，一流师资队伍建设，主要监测点为专任教师队伍、师资队伍国际水平；第四类监控点，科学研究水平提升，主要监测点为科研与实践创新、科研平台建设、国际影响力；第五类监控点，社会服务评价，主要监测点为科教协同育人情况自评、服务国家战略新兴产业、重大区域发展规划等标志性成果。

（一）材料初审阶段的风险监控

材料初审阶段的情况未体现在元分析结果中，但仍有可能发生的风险还包括财务管理风险。国社科的管理模式为项目，高校教师的项目获批后，管理部门划拨相应额度的科研经费，因此，财务管理是国社科管理的重要部分。财务风险主要体现为财务管理问题，包括设备资产、科研经费、人员费用等。针对财务风险的评估，执行部门及管委会可通过定性方式实现。比如，在设备资产方面，重点核查招投标报批报备是否完善、合同变更是否合规、依托单位管理费等资金使用是否规范；科研经费方面，重点核查外协外包项目与科研项目本身的关联程度，是否存在与项目负责人连带交易、合同结题结账延期等情况；人员费用方面，核查劳务费发放是否合理，差旅报销是否合规等。

（二）同行评议阶段的风险监控

国社科成果评价的管理部门的主观认知和人情因素等因素亦会引发评价风险。统筹层面上，体现为评价规划的制定及对标模式的选取的科学性风险，国家强调在建设“一流”学科时，要求具备国际视野，建立科学的评价体系，改革现存桎梏。但是，对于学术成果的认定与评价，却不能简单地照搬“世界一流”标准，要在分析中国高校现状的基础上行动，着眼中国国情，及时评估出“水土不服”的洋指标并发出预警。高校层面上，对于评价政策的解读与阐释不到位的风险，通过广泛调研及渠道沟通，评估出诸如政策的附加执行、政策曲解及盲目执行、政策宣传不到位等风险。

（三）结项终审阶段的风险监控

对学科布局结构性失衡风险的评估亦不容忽视。2017 年公布的“一流”学科建设名单中，自然科学类学科约占 68%，人文社科类学科约占 32%。而在人文社科类学科中，经济学及管理学等应用类学科又占据主流。因此，可以看出，“双一流”建设对传统人文类学科扶持力度较小，理工类学科由于其学科优势获得较多资源，马太效应严重，而体现中国特色的人文社科类学科却可能会因资源不足而发展弱化。因此，在开展国社科成果评价风险管理时，不仅要综合考虑元评价结果得出的风险因子，还要兼顾人文社科成果评价的自身脆性及所处环境，以此评估和应对风险。而对于已经实际发生的风险，可采用转嫁或减轻等方式降低风险指数，如针对重理轻文的学科布局失衡问题，可适度加大对文科的扶持力度，保证学科建设均衡发展。

参考文献

鲍威、王嘉颖：《象牙塔里的压力——中国高校教师职业压力与学术产出的实证研究》，《北京大学教育评论》2012 年第 1 期。

卞辉、顾笑：《基于双因素理论的新时代大学生村官激励机制研究》，《甘肃农业》2021 年第 3 期。

蔡蓉华：《同行评议的难点》，《甘肃社会科学》2015 年第 4 期。

陈楠楠：《试论借鉴国外经验完善我国高校科研评价体系》，《高教探索》2017 年第 1 期。

陈涛：《科研成果向教学转化的机制建设初探》，《武警学院学报》2008 年第 3 期。

陈向明：《质的研究方法与社会科学研究》，教育科学出版社，2000。

党生翠：《美国标准能成为中国人文社科成果的最高评价标准吗？——以 SSCI 为例》，《社会科学论坛》2005 年第 4 期。

党小松、赵小伟、霍小姣：《科研单位项目风险的多维度识别与管理》，《行政事业资产与财务》2014 年第 7 期。

邓毅：《建立科学评价机制　改进成果评奖办法——关于人文社会科学研究成果评价的若干思考》，《华南师范大学学报》（社会科学版）2004 年第 5 期。

段志光、卢祖洵、王爱珍等：《诺贝尔生理学或医学奖获得者论文影响力研究》，《科学学研究》2006 年第 5 期。

冯晖：《基于测试的元评价技术》，《上海师范大学学报》（哲学社会科学版）2007 年第 5 期。

〔美〕弗兰克·H. T. 罗德斯：《创造未来：美国大学的作用》，王晓阳、蓝劲松等译，清华大学出版社，2007。
符美芬、吴胜男、徐秀等：《基于 h 指数和 g 指数的中国大气科学学科的论文评价》，《数学理论与应用》2014 年第 2 期。
《高校社科论文发表统计》，https://www.sinoss.net/2016/1214/15510.html。
顾正萍：《基于 SSCI 的中国高水平大学社会科学学术论文发表状况分析》，《中国高教研究》2009 年第 12 期。
《关于加强和改进国家社会科学基金项目成果鉴定结项工作的意见》，全国哲学社会科学规划办公室网站，2011 年 4 月 21 日，http://cpc.people.com.cn/GB/219457/219644/14639823.html。
《关于进一步完善国家社会科学基金项目管理的有关规定》，全国哲学社会科学工作办公室网站，2019 年 4 月 30 日，http://www.nopss.gov.cn/n1/2019/0430/c219469-31060172.html。
《关于印发〈国家社会科学基金项目资金管理办法〉的通知》，全国哲学社会科学工作办公室网站，2021 年 11 月 10 日，http://www.nopss.gov.cn/n1/2021/1110/c431036-32278518.html。
郭丽芳：《评价论文学术质量的文献计量学指标探讨》，《现代情报》2005 年第 3 期。
郭沛超：《美国私立大学教学与教研、科研的关系考察》，《民办教育研究》2007 年第 6 期。
《国家社会科学基金关于进一步防范和惩处学术造假行为的通知》，全国哲学社会科学工作办公室网站，2017 年 5 月 22 日，http://www.nopss.gov.cn/n1/2017/0522/c219469-29291493.html。
《国务院办公厅关于优化学术环境的指导意见》，全国哲学社会科学工作办公室网站，2016 年 3 月 30 日，http://www.nopss.gov.cn/n1/2016/0330/c219468-28238466.html。
《国务院关于印发统筹推进世界一流大学和一流学科建设总体方案的通知》，中国政府网，2015 年 11 月 5 日，http://www.gov.cn/zhengce/content/2015-11/05/content_10269.htm。
何小清：《建国以来我国人文社会科学学术研究国际化发展学科分析——基于 SSCI、A&HCI（1956~2006）的定量分析》，《东岳论丛》2008 年第 3 期。

贺颖:《基于科学计量视角的同行评议专家遴选问题研究》，博士学位论文，天津大学，2008。

贺祖斌:《高等教育评价的元评价及其量化分析模型》，《教育科学》2001年第3期。

〔法〕亨利·法约尔:《工业管理与一般管理》，王莲乔等译，四川人民出版社，2017。

侯光文:《试论教育评价元评价》，《教育理论与实践》1998年第4期。

〔英〕J. D. 贝尔纳:《科学的社会功能》，陈体芳译，商务印书馆，1982。

贾哲敏:《扎根理论在公共管理研究中的应用：方法与实践》，《中国行政管理》2015年第3期。

蒋玲、杨红艳:《大数据时代人文社科成果评价变革探析》，《情报资料工作》2015年第3期。

蒋悦、卞曰瑭、钱钢:《基于元评价的政府绩效评估模型研究》，《情报杂志》2008年第12期。

《教育部办公厅关于印发〈促进高等学校科技成果转移转化行动计划〉的通知》，教育部网站，2016年10月20日，http://www.moe.gov.cn/srcsite/A16/moe_784/201611/t20161116_288975.html。

《教育部　财政部　国家发展改革委关于印发〈“双一流”建设成效评价办法（试行）〉的通知》，教育部网站，2021年3月23日，http://www.moe.gov.cn/srcsite/A22/moe_843/202103/t20210323_521951.html。

《教育部　科技部关于加强高等学校科技成果转移转化工作的若干意见》，中国政府网，2016年8月3日，http://www.gov.cn/gongbao/content/2017/content_5191706.htm。

《教育部　科技部印发〈关于规范高等学校SCI论文相关指标使用　树立正确评价导向的若干意见〉的通知》，中国政府网，2020年2月18日，http://www.gov.cn/zhengce/zhengceku/2020-03/03/content_5486229.htm。

《教育部印发〈关于破除高校哲学社会科学研究评价中“唯论文”不良导向的若干意见〉的通知》，教育部网站，2020年12月10日，http://www.moe.gov.cn/srcsite/A13/moe_2557/s3103/202012/t20201215_505588.html。

"结题鉴定等级公告"，全国教育科学规划领导小组办公室网站，http://onsgep. moe. edu. cn/edoas2/website7/level2list4. jsp? infoId = 1335255008686235&firstId = 1335248077826115，最后访问日期：2019 年 11 月 11 日。

金铁成：《科技论文评价中存在的三大误区》，《中国科技期刊研究》2004 年第 3 期。

金新建：《文献计量学在我国科技论文评价中的应用》，《现代情报》2008 年第 5 期。

李博等：《我国学校体育研究中访谈法运用的问题探析》，《上海体育学院学报》2018 年第 1 期。

李飞：《教学型大学科研成果转化为教学资源的影响因素分析》，《通化师范学院学报》2007 年第 9 期。

李丽娟、樊建强：《质量和创新导向下高校人文社会科学成果评价机制》，《长安大学学报》（社会科学版）2017 年第 3 期。

李文兰、杨祖国：《中国情报学期刊论文关键词词频分析》，《情报科学》2005 年第 1 期。

李志军、杨梅：《国家社科基金项目分布与影响力分析——以新闻学与传播学项目为例》，《中国出版》2016 年第 4 期。

林素仙、何义珠：《智库参与高校人文社科研究与成果转化的对策研究》，《情报杂志》2017 年第 8 期。

刘承波：《世界一流大学的学术品质评估对"双一流"建设的启示》，《中国高教研究》2017 年第 9 期。

刘大椿等：《人文社会科学研究成果评价体系研究》，经济科学出版社，2009。

刘大椿：《科学活动论》，中国人民大学出版社，2010。

刘洪伟、和金生：《"双因素"理论——一个具有普遍性的管理问题》，《天津大学学报》（人文社科版）2003 年第 2 期。

刘晶晶：《基于协同理论的高职教育产教融合机制及优化策略研究》，硕士学位论文，华中师范大学，2019。

刘兰剑、应海涛：《基于立法的日本科研评价体系研究》，《科研管理》2017 年第 4 期。

刘娜、王伟：《美国实用主义哲学与社区学院的发展关系辨析》，《石家庄经济学院学报》2007 年第 6 期。
刘睿、郭云贵、张丽华：《学术氛围、科研投入对高校教师科研绩效的影响》，《现代管理科学》2016 年第 10 期。
〔美〕罗伯特·K. 殷：《案例研究：设计与方法》，周海涛主译，重庆大学出版社，2004。
马恩斯等：《比较研究下高校科技评价指标的优化》，《中国高校科技》2019 年第 10 期。
马费成等：《“十三五”图情档学科进展：国家社科基金项目解析》，《图书情报工作》2021 年第 5 期。
马俊峰：《评价活动论》，中国人民大学出版社，1994。
马宁锋、李卫东、薛艳泽：《基础教育学业成绩元评价的探析》，《中国电力教育》2009 年第 8 期。
马永霞、仇筎熙：《“不唯”≠“不评”：论人文社会科学成果评价方式的改进》，《重庆大学学报》（社会科学版）2021 年第 3 期。
孟浩、周立、何建坤：《自然科学基金投入与科技论文产出的协整分析》，《科学学研究》2007 年第 6 期。
孟凯、王东波：《中国“三农”问题研究现状及其成果评价——基于国家社科基金项目及其成果论文的计量分析》，《重庆大学学报》（社会科学版）2018 年第 3 期。
〔英〕尼尔·胡德、〔英〕斯蒂芬·扬：《跨国企业经济学》，叶刚等译，经济科学出版社，1990。
庞景安编《科学计量研究方法论》，科学技术文献出版社，2002。
彭丽芬：《论科研成果转化教学资源的意义、形式及影响因素》，《当代教育理论与实践》2019 年第 6 期。
〔美〕普拉卡什·A. 希马皮等：《整合公司风险管理》，王瑾瑜、郑海涛译，机械工业出版社，2003。
戚湧、李千目：《科学研究绩效评价的理论与方法》，科学出版社，1999。
钱蓉：《基于同行评议的复合型人文社科学术评价——以复印报刊资料为例》，《河南大学学报》（社会科学版）2016 年第 5 期。
秦成磊、章成志：《大数据环境下同行评议面临的问题与对策》，《情报理论与实践》2021 年第 4 期。

《清华大学发布〈关于完善学术评价制度的若干意见〉》，清华大学科研院网站，2019 年 4 月 19 日，https://www.rd.tsinghua.edu.cn/info/1002/1063.htm。

邱均平：《文献计量学的理论、方法和应用》，《图书情报知识》1984 年第 4 期。

全国哲学人文社科工作办公室：《关于做好今后国家社科基金项目清理工作的通知》（社科工作办通字〔2019〕第 10 号）。

《全国哲学社会科学工作办公室 2021 年部门预算》，全国哲学社会科学工作办公室网站，2021 年 3 月 25 日，http://www.nopss.gov.cn/n1/2021/0325/c431036-32060837.html。

〔美〕R. K. 默顿：《科学社会学——理论与经验研究》，鲁旭东等译，商务印书馆，2009。

任全娥：《人文社会科学成果评价研究》，中国社会科学出版社，2010。

尚虎平、赵盼盼：《项目申请者的哪些特征影响科研绩效提升？——一个面向国家自然科学基金产出的倒序评估》，《科学学研究》2014 年第 9 期。

盛明科、杨可鑫、牛敬丹：《高校科研成果转化为教学资源的理论逻辑与实践路径》，《当代教育理论与实践》2019 年第 6 期。

单文戈：《期刊影响因子与论文被引频次的关系研究》，硕士学位论文，中国人民解放军军事医学科学院，2007。

石鸥：《唤醒蕴藏在大学中的巨大能量——美国大学科研成果转化对我们的启示》，《高等师范教育研究》2000 年第 5 期。

史晓东：《政府主导下高技术船舶科研项目的风险评价研究》，硕士学位论文，哈尔滨工程大学，2018。

《(授权发布) 习近平：在哲学社会科学工作座谈会上的讲话（全文）》，新华网，2016 年 5 月 18 日，http://www.xinhuanet.com/politics/2016-05/18/c_1118891128.htm。

孙大松、骆海英、周杰等：《基于模糊理论的气象科研项目风险与绩效评估》，《南京信息工程大学学报》（自然科学版）2014 年第 3 期。

孙贺群：《基于有效性验证经验的美国早期教育质量评价的元评价研究》，《四川师范大学学报》（社会科学版）2018 年第 3 期。

孙晓娥：《扎根理论在深度访谈研究中的实例探析》，《西安交通大学学报》（社会科学版）2011 年第 6 期。

覃红霞、张瑞菁：《SSCI 与高校人文社会科学学术评价之反思》，《高等教育研究》2008 年第 3 期。

谭春辉：《高校人文社会科学研究成果评价机理研究——基于利益相关者的视角》，《社会科学管理与评论》2013 年第 2 期。

唐圣姣：《高校科研绩效奖励的风险管理及控制策略研究》，《宁德师范学院学报》（哲学社会科学版）2019 年第 1 期。

田锋：《英国科学研究卓越框架研究》，《高教发展与评估》2012 年第 6 期。

田腾飞、刘任露：《元评估——教育评估专业化发展之必需》，《外国教育研究》2014 年第 6 期。

〔美〕托马斯·库恩：《科学革命的结构》，金吾伦、胡新和译，北京大学出版社，2003。

王从双、向德全、董彦省等：《教育评价的元评价初探》，《空军工程大学学报》（军事科学版）2005 年第 3 期。

王法硕、王翔：《我国政府数据开放利用的影响因素与实现路径——一项基于扎根理论的质性研究》，《情报杂志》2016 年第 7 期。

王红梅、智强、费继鹏：《青年科学基金对我国高校青年教师科研绩效的影响——基于 1995 ~ 2013 年国家自然科学基金的实证分析》，《教育研究》2016 年第 7 期。

王建军：《论高校教师评价中绩效管理理论的应用》，硕士学位论文，华南师范大学，2004。

王建明、贺爱忠：《消费者低碳消费行为的心理归因和政策干预路径：一个基于扎根理论的探索性研究》，《南开管理评论》2011 年第 4 期。

王宁：《对人文社会科学现行学术评价系统的确认与辩护》，《学术研究》2006 年第 3 期。

王守昌、苏玉昆：《现代美国哲学》，人民出版社，1990。

王贤文等：《连续、动态和复合的单篇论文评价体系构建研究》，《科学学与科学技术管理》2015 年第 8 期。

王晓刚：《基于全生命周期的高铁技术知识产权风险管理研究》，博士学位论文，中国铁道科学研究院，2019。
王孝宁等：《基于文献计量学研究方法的科技论文定量评价》，《科学学与科学技术管理》2004 年第 4 期。
魏红、程学竹、赵可：《科研成果与大学教师教学效果的关系研究》，《心理发展与教育》2006 年第 2 期。
魏亮华：《基于 BIM 技术的全寿命周期风险管理实践研究》，硕士学位论文，南昌大学，2013。
温珂、张敬、宋琦：《科研经费分配机制与科研产出的关系研究——以部分公立科研机构为例》，《科学学与科学技术管理》2013 年第 4 期。
温晓阳：《美国研究型大学科研开发与成果转化的启示》，《国家教育行政学院学报》2004 年第 6 期。
吴立成：《商业银行个人贷款风险管理研究》，硕士学位论文，上海交通大学，2014。
吴勤：《基于引证强度的学术论文质量评价方法研究》，《情报学报》2007 年第 4 期。
吴增基：《“双因素理论”考证》，《管理现代化》1986 年第 3 期。
《习近平：在哲学社会科学工作座谈会上的讲话（全文）》，河北省哲学社会科学规划办公室网站，2016 年 5 月 19 日，http://kxghw.hebnews.cn/jdt/2016-05/19/content_5514833_4.htm。
《项目管理知识体系指南》（PMBOK 指南）（第 4 版），王勇、张斌译，电子工业出版社，2009。
徐红、刘在洲、陈承：《高校科研质量评价标准研究》，《高校教育管理》2016 年第 5 期。
许海云、方曙：《人文社会科学评价中“质”与“量”相结合的评价框架研究》，《图书情报工作》2011 年第 10 期。
许劲等：《内部化理论起源、特征与发展的研究述评》，《经济研究导刊》2020 年第 17 期。
严芳、汪建华：《我国教育元评估指标体系构建》，《上海教育评估研究》2020 年第 2 期。
杨海燕、姚中源：《农村小学教师职业倦怠原因及对策研究——基于双因素理论对 HGY 学区的案例分析》，《中国人民大学教育学刊》2018 年第 2 期。

杨红霞:《架构大学与市场的桥梁:美国大学技术转化机构——麻省理工学院的个案研究》,《科技管理研究》2008 年第 7 期。

杨冉冉、龙如银:《基于扎根理论的城市居民绿色出行行为影响因素理论模型探讨》,《武汉大学学报》(哲学社会科学版) 2014 年第 5 期。

杨远芬:《科技论文评价方法实证比较研究》,《科技管理研究》2008 年第 8 期。

于晓霞、康学伟:《教学型大学科研成果转化为教学资源可行性与必要性分析》,《辽宁教育研究》2007 年第 10 期。

俞立平、潘云涛、武夷山:《元评价对提高科技评价质量的影响研究》,《科学学研究》2012 年第 4 期。

袁曦临:《台湾学界对人文社会科学评鉴体制的反思》,《南京大学学报》(哲学·人文科学·社会科学版) 2010 年第 1 期。

袁颖:《论 SSCI 和 A & HCI 数据库的局限性及其在我国人文学科评价体系的运用》,《宁波大学学报》(人文科学版) 2011 年第 3 期。

曾芳芳、朱朝枝、张雪玉:《促进科研成果转化为教学资源的研究——以〈农村发展规划〉课程为例》,《理论观察》2012 年第 5 期。

〔美〕詹姆斯·杜德斯达、〔美〕弗瑞斯·沃马克:《美国公立大学的未来》,刘济良译,北京大学出版社,2006。

张玲玲、张宇娥、杜丽:《国家社科基金项目成果视角下图情领域知识扩散研究》,《图书馆工作与研究》2017 年第 10 期。

张强:《顶级国际承包商的全面风险管理研究——基于 2013 年企业年报分析》,硕士学位论文,天津大学,2016。

张荣娟、徐魁鸿:《美国高等教育元评估制度探析——以高等教育认证委员会为例》,《高教探索》2018 年第 2 期。

张殳竹青:《一流学科建设风险评估与预警方法研究》,硕士学位论文,华南理工大学,2018。

张崴、王续琨:《科研团队结构对团队创造力的影响——基于研究型大学科研团队的探索性案例研究》,《软科学》2013 年第 7 期。

张艳、何丽云:《中国学术著作外译与传播能力提升策略——以国家社科基金“中华学术外译项目”为例》,《科技与出版》2018 年第 7 期。

张志军、马彩文、王秀菊等：《项目管理视角下科研经费风险识别与防控措施研究》，《科技进步与对策》2016 年第 4 期。

赵放人：《应重视社会科学研究成果的“转化”问题》，《社会科学管理与评论》1999 年第 4 期。

赵富强、陈耘、张光磊：《心理资本视角下高校学术氛围对教师科研绩效的影响——基于全国 29 所高校 784 名教师的调查》，《高等教育研究》2015 年第 4 期。

赵恒峰、邱莞华、黄斌江：《风险间关系在研究及其在风险管理中的应用》，《科研管理》1996 年第 4 期。

赵立莹：《问责与改进：我国第四轮学科评估元评估》，《学位与研究生教育》2018 年第 2 期。

赵为众：《国际项目管理的风险量化分析与控制》，《项目管理评论》2019 年第 6 期。

赵晓军：《“万人评议政府”的元评估分析——以杭州社会评价为例》，博士学位论文，兰州大学，2018。

赵醒村、胡炜、李海燕等：《科技成果转化为教育资源的途径研究》，《科技管理研究》2010 年第 7 期。

《浙江大学优秀网络文化成果认定实施办法（试行）》。

郑国萍、张雪、姚志刚等：《高校科研成果转化为教学资源的困境与改进策略》，《湖北成人教育学院学报》2020 年第 1 期。

《中共中央办公厅　国务院办公厅印发〈关于深化项目评审、人才评价、机构评估改革的意见〉》，中国政府网，2018 年 7 月 3 日，http://www.gov.cn/zhengce/2018 - 07/03/content_5303251.htm。

《中共中央　国务院印发〈深化新时代教育评价改革总体方案〉》，新华网，2020 年 10 月 13 日，http://www.xinhuanet.com/2020 - 10/13/c_1126601551.htm。

中国引文数据库网站，http://ref.cnki.net/ref，最后访问日期：2019 年 11 月 21 日。

中国知网全文数据库网站，https://www.cnki.net/，最后访问日期：2019 年 11 月 21 日。

周碧华、方建云、杨婉贞：《基层政府绩效考核的元评估分析——以福建某县级市为例》，《新视野》2015 年第 4 期。

周媛、梅强、侯兵：《基于扎根理论的旅游志愿服务行为影响因素研究》，《旅游学刊》2020 年第 9 期。

周云、刘沃野、王建华等：《西方绩效评价理论的发展综述》，《价值工程》2012 年第 22 期。

周智华、李国斌、唐安平等：《高校教师科研成果转化为本科教学资源的形式》，《当代教育理论与实践》2017 年第 1 期。

朱剑：《学术评价、学术期刊与学术国际化——对人文社会科学国际化热潮的冷思考》，《清华大学学报》（哲学社会科学版）2009 年第 23 期。

朱少强、唐林、柯青：《学术评价的元评价机制》，《重庆大学学报》（社会科学版）2010 年第 3 期。

邹毅：《基于 PDCA 循环的高校科研管理廉政风险防控研究》，《东南学术》2016 年第 2 期。

左世荣：《基于定性比较分析的技术创新风险管理研究》，《环渤海经济瞭望》2018 年第 11 期。

A. Azar, A. K. Nozari, "Performance Appraisal of Iranian Municipalities by DEA Method," *International Journal of Management, Accounting & Economics*, 2015, 2 (9): 945 –966.

A. D. Caño et al., "Integrated Methodology for Project Risk Management," *Journal of Construction Engineering and Management*, 2002, 128 (6): 473 –485.

A. H. Mowbray, R. H. Blanchard, C. A. Williams, *Insurance*, New York: Mc-Graw-Hill, 1950.

A. K. Chakrabarti, "Technology Indicators: Conceptual Issues and Measurement Problems," *Journal of Engineering and Technology Management*, 1989, 6 (2): 99 –116.

A. Neely, M. Gregory, K. Platts, "Performance Measurement System Design," *International Journal of Operations and Production Management*, 1999, 19 (3): 275 –292.

A. Serguieva, J. Hunter, "Fuzzy Interval Methods in Investment Risk Appraisal," *Fuzzy Sets and Systems*, 2004, 142 (3): 443 –466.

B. Hammarfelt, "An Examination of the Possibilities That Altmetric Methods Offer in the Case of the Humanities," *International Conference of the International Society for Scientometrics & Informetrics*, 2013: 720 – 727.

B. M. Beamon, "Supply Chain Design and Analysis: Models and Methods," *International Journal of Production Economics*, 1998, 55 (3): 281 – 294.

B. R. Worthen, "Whither Evaluation? That All Depends," *American Journal of Evaluation*, 2001, 22 (3): 409 – 418.

B. Schneider, "Organizational Climates: An Essay," *Personnel Psychology*, 1975, 28 (2): 447 – 479.

C. Helga, N. G. Ribeiro, "The Contribution of Metaevaluation to Program Evaluation: Proposition of a Model," *Journal of Multi Disciplinary Evaluation*, 2009, 6 (12): 210 – 223.

D. Kennedy, "Disclosure and Disinterest," *Science*, 2004, 303 (5654): 15.

D. Kuchta, "Use of Fuzzy Numbers in Project Risk (criticality) Assessment," *International Journal of Project Management*, 2001, 19 (5): 305 – 310.

D. L. Stufflebeam, G. F. Madaus, M. Scriven, *Evaluation Models: Viewpoints on Educational and Human Services Evaluation*, Boston: Kluwer Academic Publishers, 2000.

D. L. Stufflebeam, "The Metaevaluation Imperative," *American Journal of Evaluation*, 2001, 22 (2): 183.

D. L. Stufflebeam, "The Methodology of Metaevaluation as Reflected in Metaevaluation by the Western Michigan University Evaluation Center," *Journal of Personnel Assessment in Education*, 2000, 14 (1): 95 – 125.

E. C. Wang, "R & D Efficiency and Economic Performance: A Cross-country Analysis Using the Stochastic Frontier Approach," *Journal of Policy Modeling*, 2007, 29 (2): 345 – 360.

European Commission, *Meta-Evaluation on the Community Agency System*, Budget Directorate General, 2013.

F. L. Leeuw, L. J. Cooksy, "Evaluating the Performance of Development Agencies: The Role of Metaevaluations," *World Bank Series on Evaluation and Development*, 2005, 7: 95 – 108.

F. Luthans, M. Normans, N. B. Avolio et al. , "The Mediating Role of Psychological Capital in the Supportive Organizational Climate—Employee Performance Relationship," *Journal of Organizational Behavior*, 2008, 29 (2): 219 -238.

G. Ahghar, "The Role of School Organizational Climate in Occupational Stress among Secondary School Teachers in Tehran," *International Journal of Occupational Medicine and Environmental Health*, 2008, 21 (4): 319 -329.

J. A. Virgo, "A Statistical Procedure for Evaluating the Importance of Scientific Papers," *The Library Quarterly*, 1977, 47 (4): 415 -430.

J. C. Yoakum, *Reasearch Productivity of Home Economic Education Faculty in Public Doctorate Granting University*, Columbus: The Ohio State University, 1993.

J. H. Klein, R. B. Cork, "An Approach to Technical Risk Assessment," *International Journal of Project Management*, 1998, 16 (6): 345 -351.

J. J. Jensen, "Research and Teaching in the Universities of Denmark: Does Such an Interplay Really Exist?" *Higher Education*, 1988, 17 (1): 17 -21.

J. J. Zhou, M. T. Koltz, N. Agarwal et al. , "100 Most Influential Publications in Scoliosis Surgery," *Spine*, 2017, 42 (5): 336 -344.

J. Newman et al. , "Performance Appraisal on the Line," *Industrial & Labor Relations Review*, 1981, 36 (4): 691.

Joint Committee on Standards for Educational Evaluation, *Standards for Evaluations of Educational Programs, Projects and Materials*, New York: McGraw-Hill, 1981.

J. P. C. Kleijnen, M. T. Smits, "Performance Metrics in Supply Chain Management," *Journal of the Operational Research Society*, 2003, 54 (5): 507 -514.

J. P. Galassi, R. Stoltz, L. Brooks et al. , "Improving Research Training in Doctoral Counseling Programs," *Journal of Counseling and Development*, 1987, 66 (9): 40 -44.

K. H. Chen, M. C. Tang, C. M. Wang et al. , "Exploring Alternative Metrics of Scholarly Performance in the Social Sciences and Humanities in Taiwan,"

Scientometrics, 2015, 102 (1): 97 - 112.

L. B. Oliver, "Metaevaluation as a Means of Examining Evaluation Influence," *Journal of Multi Disciplinary Evaluation*, 2009, 6 (11): 32 - 37.

L. Souder, "The Ethics of Scholarly Peer Review: A Review of the Literature," *Learned Publishing*, 2011, 24 (1): 55 - 72.

M. Casson, L. Wadeson Porter, "Internalization Theory: An Unfinished Agenda," *International Business Review*, 2016, 25 (6): 1223 - 1234.

M. Franceschet, A. Costantini, "The Effect of Scholar Collaboration on Impact and Quality of Academic Papers," *Journal of Informetrics*, 2010, 4 (4): 540 - 553.

M. Ikramullah, J. W. V. Prooijen, M. Z. Iqbal et al., "Effectiveness of Performance Appraisal: Developing a Conceptual Framework Using Competing Values Approach," *Personnel Review*, 2016, 45 (2): 334 - 352.

M. Scriven, "An Introduction to Metaevaluation," *Educational Product Report*, 1969, (2): 36 - 38.

M. Scriven, *Evaluation Thesaurus*, California: SAGE Publications Incorporated, 1991.

M. Scriven et al., "Patterns of Condom Acquisition by Condom-Using Men in the United States," *AIDS Patient Care and STDs*, 2010, 24 (7): 429 - 433.

O. Konur, "The Evaluation of the Research on the Arts and Humanities in Turkey: A Scientometric Approach," *Energy Education Science and Technology Part B-social and Educational Studies*, 2012, 4 (3): 1603 - 1618.

P. Folan, J. Browne, "A Review of Performance Measurement: Towards Performance Management," *Computers in Industry*, 2005, 56: 663 - 680.

P. J. Buckley, M. Casson, *The Future of the Multinational Enterprise*, London: Homes and Meier Press, 1976.

P. J. Buckley, M. Casson, "The Internalization Theory of the Multinational Enterprise: Past, Present and Future," *British Journal of Management*, 2020, 31 (2): 239 - 252.

P. Ramsden, I. Moses, "Associations Between Research and Teaching in Australian Higher Education," *Higher Education*, 1992, 23 (3): 273 - 295.

P. R. Garvey, Z. F. Lansdowne, "Risk Matrix: An Approach for Identifying, Assessing, and Ranking Program Risks," *Air Force Journal of Logistics*, 1998, 25: 16 – 19.

Q. E. Ren, X. M. Gong, "Evaluation Index System for Academic Papers of Humanities and Social Sciences," *Scientometrics*, 2012, 93 (3): 1047 – 1060.

R. A. Berk, *Educational Evaluation Methodology: The State of the Art*, Baltimore: Johns Hopkins University Press, 1981.

R. Blackburn, J. Lawrence, *Faculty at Work: Motivation, Expectation, Satisfaction*, Baltimore: Johns Hopkins University Press, 1995.

R. E. Fassinger, "Paradigms, Praxis, Problems and Promise: Grounded Theory in Counseling Psychology Research," *Journal of Counseling Psychology*, 2005, 52 (2): 156 – 166.

R. K. Kaufmann, "A Model of the World Oil Market for Project LINK Economics, Geology and Polities," *Economies Modelling*, 1995, 12 (2): 165 – 178.

R. L. Holbrook, "Contact Points and Flash Points: Conceptualizing the Use of Justice Mechanisms in the Performance Appraisal Interview," *Human Resource Management Review*, 2002, 12 (1): 101 – 123.

R. Neumann, "The Teaching-Research Nexus: Applying a Framework to University Students' Learning Experience," *European Journal of Education*, 1994, 29 (3): 324 – 336.

R. P. O'Shea, T. J. Allen, A. Chevalier et al., "Entrepreneurial Orientation, Technology Transfer and Spinoff Performance of U. S. Universities," *Research Policy*, 2005 (34): 994 – 1009.

R. Tiong, J. Alum, "Financial Commitments for BOT Projects," *International Journal of Project Management*, 1997, 15 (2): 73 – 78.

R. West, A. Mcilwaine, "What Do Citation Counts Count for in the Field of Addiction? An Empirical Evaluation of Citation Counts and Their Link with Peer Ratings of Quality," *Addiction*, 2002, 97 (5): 501 – 504.

S. Barr, "Household Waste Management: Social Psychological Paradigm in Social-psychological Context," *Environment and Behavior*, 1995, 27 (6): 723 – 743.

S. Bucheit et al. , "Intra-institutional Factors that Influence Accounting Research Productivity," *The Journal of Applied Business Research*, 2001, 17 (2): 17 - 31.

V. M. Tummala, M. M. Rao Nkasu, K. B. Cuah, "A Systematic Approach to Risk Management," *Journal of Mathematical Modeling and Scientific Computing*, 1994, 3 (4): 174 - 184.

Y. Harmes, "Total Risks Management," *Risk Analysis*, 1991, 11 (2): 169.

Y. H. Sun, J. Ma, Z. P. Fan et al. , "A Group Decision Support Approach to Evaluate Experts for R & D Project Selection," *IEEE Transactions on Engineering Management*, 2008, 55 (1): 158 - 170.

Z. Jie, S. Xinning, D. Sanhong, "The Academic Impact of Chinese Humanities and Social Science Research," *Aslib Proceedings*, 2008, 60 (1): 55 - 74.

图书在版编目(CIP)数据

高校人文社科成果评价体系 / 马永霞，仇[illegible]London熙著
. -- 北京：社会科学文献出版社，2022.7
ISBN 978-7-5228-0364-7

Ⅰ.①高… Ⅱ.①马… ②仇… Ⅲ.①高等学校-社会科学-学科建设-研究-中国 Ⅳ.①C3

中国版本图书馆 CIP 数据核字（2022）第 115736 号

高校人文社科成果评价体系

著　　者 / 马永霞　仇[illegible]熙

出 版 人 / 王利民
责任编辑 / 胡庆英
文稿编辑 / 刘红红
责任印制 / 王京美

出　　版 / 社会科学文献出版社·群学出版分社（010）59366453
地址：北京市北三环中路甲 29 号院华龙大厦　邮编：100029
网址：www.ssap.com.cn
发　　行 / 社会科学文献出版社（010）59367028
印　　装 / 唐山玺诚印务有限公司

规　　格 / 开　本：787mm × 1092mm　1/16
印　张：17.25　字　数：280 千字
版　　次 / 2022 年 7 月第 1 版　2022 年 7 月第 1 次印刷
书　　号 / ISBN 978-7-5228-0364-7
定　　价 / 128.00 元

读者服务电话：4008918866